KB136233

천하통일

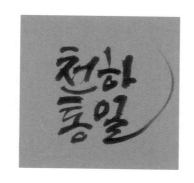

강철근 저

꾹벅

천하통일을 시작하며

중국은 우리에게 무엇인가? 아차 하는 순간에 중국은 마오 시대의 대명사인 홍위병과 교조 공산사회주의의 틀인 세계혁명의 아이콘에서 벗어나 덩샤오핑의 겸허한 도광양회의 시대에 들어서 사회 전반적인 곳을 손질하여 개혁을 이루더니, 장쩌민과 후진타오의 견고한 발전의 시대를 거쳐, 시진핑의 일대일로(一帶一路, one belt one road) 웅대한 세계경영 시대에 진입하였다. G2로 대변되는 중국의 힘은 이제 현대 세계사의 기축 파워가 되어 세계 정치 경제 문화의 중심지로 성장하였다. 그 힘의 시작은 어디서부터인가?

중국의 현대사를 간단히 조감해보면, 마오쩌둥은 막강하기만한 장개석의 국민당을 중원 땅에서 몰아내고 전쟁을 종식시켜 새로운 공산사회주의의 모델을 창조하였다. 대륙은 또 다시 요동치고, 인민의 영웅 마오쩌둥의 중국은 인민의 힘에 의한 위대한 천하통일을 이루었다. 그들은 소련의 변모된 공산주의를 수정사회주의라 비웃으며 힘차게 출발했지만, 그리 성공적이지는 못했다. 결론부터 말하면, 교조적이며 후진적인 홍위병 정치로 백성들은 수천 년만의 인민의 대표인 마오 정권의 천하통일을 기꺼이 추종하였으나 그들의 생활은 그리 나아지지 않았다. 대약진운동의 결과로 수천만 명의 인민이 굶어 죽고, 홍위병의 문화대혁명은 전통의 중국지식인들을 몰아냈다. 진시황 때의 분서와 갱유가 곳곳에서 재현되었다. 그렇지만 마오의 혁명은 무산계급 인민에 의한 통일로서 전 세계 혁명의 아이콘으로 존재의미를 남겼다.

그러나 차기 지도자 덩샤오핑은 현명하게 난관을 타개해나갔다. 그는 도광양회의 기치를 들었다. 도광양회! 덩샤오핑이 천안문사태 이후 일그러진 중국의 이미지에다 정치적으로 고립된 중국의 처지를 고통스레 감싸 안으며 내놓은 중국의 비전이었다.

도광양회! 직역하면 빛이 밖으로 새나가지 않도록 감추고 어둠속에서 은밀히 힘을 기른다는 뜻으로, 여기에 덩샤오핑은 4불2초를 행동강령으로 세웠다. 즉, 4불 적에 맞서지 말고, 적을 만들지 말고, 깃발 세우지 말고, 선두에서지 말고, 2초 초월과 초탈한다는 중국의 대외대미전략이다. 중국은 지난 50년 동안 2천 년 전 초한지의 대장군 한신처럼 적의 가랑이 사이를 기며 갖은 굴욕을 감내하는 인고의 시간을 거쳐 이제 서서히 세계의 G2거인으로 재등장하게 되었다.

이제 중국은 덩샤오핑의 도광양회 전략을 버리고 사자후를 곳곳에서 토하고 있다. 주석 시진핑은 2013년 9월 7일 카자흐스탄의 한 대학을 방문하여 전격적으로 '실크로드 경제벨트'(일대)를 처음으로 언급했다. 마치 당연한 수순을 밟듯이 무심하게 이웃나라의 한 대학에서 거대한 중국구상을 발표했다. 전인대 회의 같은 거창한 수순을 거치지도 않았다. 그리고 한 달 뒤인 10월 3일 그는 다시 인도네시아 국회로 가서 아세안 국가와의 해상 협력을 강조하며 '21세기 해상 실크로드(일로)' 건설을 발표했다. 시진핑은 지속적으로 말한다. 아시아는 운명공동체라고. 그는 일대일로의 추진전략으로 '5통(通)'을 제시한다. '정책소통,' '인프라 연통,' '무역 창통,' '자금 융통,' '민심 상통' 한마디로 세계인 모두가 중국과 함께 모든 것을 터놓고 서로 협력하여 서로 발전하며 잘 살아보자는 얘기다.

이러한 시진핑의 꿈, 중국의 꿈(그들은 이를 한 마디로 '중국몽'이라 표현한다)은 지금 어디를 향해 가고 있는가? 시진핑이 이루고자 하는 꿈, 일대일로는 시진핑의 중국이 세운 향후 30여 년간에 걸쳐 이루고자 하는 장대 무비한 꿈이다. 일대일로는 중국 주도로 육·해상 新실크로드 경제권을 형성하고자 하는 중국의 국가전략이다. '일대(一帶)'는 중국-중앙아시아-유럽을 연결하는 '실크로드 경제벨트'를 뜻하며, '일로(一路)'는 동남아시아-서남아시아-유럽-아프리카로 이어지는 '21세기 해양 실크로드'를 뜻한다. 일대일로는 시진핑이 주도하여 계획을 수립한 2014년부터 2049년까지의 대외경제 및 정치노선에 대한 '구상'이자 '비전'이다. 지금 중국은 일대일로에 목숨 걸고 있다. 중국의 모든 것을 걸고 추진하고자 한다. 그 근원, 출발점은 대체 어디 인가?

필자는 이 모든 것의 근원을 세계사에 그 유례를 찾을 수 없는 기원 전 8세기부터 기원전 3세기까지의 백가쟁명의 춘추전국시대와 이를 접수한 진나라의 천하통일에서 찾고자 한다. 중국의 모든 것이 시작된 백가쟁명의 춘추전국시대. 그 시대의 모든 철학과 전략, 인간사가 집대 성되어 이루어진 진의 천하통일. 중국의 모든 시작과 끝이 집약된 춘추 전국시대를 종식시키고 하나로 통합한 진의 천하통일. 그 춘추전국시 대 500여 년의 역사 속에서 무수한 인간들과 영웅들과 사상가들이 명 멸했다. 최고의 인간 드라마가 펼쳐졌던 춘추전국시대를 정리하고 중 국 최초최대의 천하통일을 이룩한 진나라. 장강의 물결이 도도히 흘러 가듯이 그리고 장강의 뒷 물결이 앞 물결을 치고 가듯이 인류의 역사는 흘러간다. 중국 최초최대의 천하통일을 이룩한 진나라.

춘추전국시대!
드넓은 중국, 황량하게 내던져진 지식과 지혜의 바다 속에서 인간들 은 특히 지식인들은 살아남아야 했다. 그들은 천하의 제왕들과 천하쟁 패와 부국강병 그리고 목민의 사명을 가지고 제왕학을 논했다. 무한경 쟁시대는 이미 이때부터 저 인재의 바다 중국에 놓여있었다. 춘추전국 시대의 제자백가들의 생각과 걸은 길을 따라가다 보면, 새삼스레 인간 에 대한 사랑과 겸손한 마음이 저절로 생겨난다. 대체 어떻게 까마득한 춘추전국시대인 기원전 8세기에서 3세기의 인간들이, 그토록 오래된 사람들이 어쩌면 그리도 현대적인 탁월한 생각들을 하고 있었는지 그 저 감탄스럽기만 하다.

그리고 당시 공자 맹자의 유가의 사상가들만이 다 인줄 알았는데, 그 건 그저 수많은 것들 중의 하나일 뿐, 엄청난 사상과 철학의 바다는 한도 끝도 없다. 동시에 저 기라성 같은 인재의 바다는 또 얼마나 넓은가! 그렇지만, 아무리 그렇다 하더라도, 이러한 인류의 보물들을 그냥 감탄만 하며 내팽겨 둘 수만은 없는 일. 이제 나는 천하통일이라는 이야기를 통해서 거대한 그 문을 두드려보고자 한다.

그 장대무비한 이야기에는 인간사 모든 것이 다 들어 있다. 그들은 어떻게 그 엄청난 일을 해냈을까? 그 옛날 무슨 힘으로 무슨 생각들로 그 일을 해낼 수 있었을까?

이제부터 까마득한 날들에 인류 최고의 휴먼 드라마를 펼친 진나라의 천하통일 이야기를 하고자 한다. 너무도 매력적이고 동시에 처절했던 무한경쟁의 시대, 춘추전국시대를 가르고 무수히 많은 인간들이 가슴 속의 열정과 비수 같은 머리싸움을 통해 천하는 진나라에게 돌아왔다. 중국 최초의 제국, 세계최대의 제국을 수립하는 과정을 추적하면서 우리는 가슴 뿌듯한 감동과 비애 그리고 인류의 꿈을 만나보고자 한다.

아름다운 한강의 둔치에서 한강물을 붉게 물들이는 지는 해를 바라보며 2017년의 끝자락에

저자 강철근 돈수 돈수*

---

*돈수(頓首); 상대방을 공경하여 머리를 땅에 대고 절함

I. 서막

II. 천하통일의 여명

III. 진나라, 긴 잠에서 깨어나 천하통일의 길로 들어서다

IV. 군웅할거의 시대

V. 여불위 등장하다

VI. 전국시대를 밝힌 스타들

VII. 장강의 물결이 요동치다

I. 서막

춘추전국시대,
그 무한경쟁시대의 인간학

춘추전국시대를 상징하는 인물열전

요즘과 같은 처절한 상실의 시대를 살아가는 우리 민초들의 마음을 누가 달래줄까?

언제쯤 진정한 민초들의 시대가 올까? 기도하는 심정으로 민초의 시대를 그려본다.

그러한 기도의 일환으로 춘추전국시대와 중국 천하통일 이야기를 쓰고자 한다.

춘추시대 (출처 : 위키백과)

이는 오늘날 꼭 필요한 모든 CEO의 경영의 문제와 직결된다. 인간경영, 국가경영, 세상경영 모든 것에 해당된다 하겠다.

춘추전국시대!

드넓은 중국, 황량하게 내던져진 지식과 지혜의 바다 속에서 인간들은 특히 지식인들은 살아남아야 했다. 그들은 천하의 제왕들과 천하쟁패와 부국강병 그리고 목민의 사명을 가지고 제왕학을 논했다. 무한경쟁시대는 이미 이때부터 인재의 바다 중국에 놓여있었다.

춘추전국시대의 제자백가들의 생각과 그들이 걸어온 길을 따라가다 보면, 새삼스레 인간에 대한 사랑과 겸손한 마음이 저절로 생겨난다. 대체 어떻게 까마득한 춘추전국시대인 기원전 8세기에서 3세기의 인간들이, 그토록 오래된 사람들이 어쩌면 그리도 현대적인 탁월한 생각들을 하고 있었는지 그저 감탄스럽기만 하다.

그리고 공자·맹자의 유가의 사상가들만이 다 인줄 알았는데, 그건 그저 수많은 것들 중의 하나일 뿐, 저 기라성 같은 인재의 바다에서 헤어 나올 길이 없다. 그렇지만, 아무리 그렇다 하더라도, 눈앞의 보물들을 그냥 내팽겨 둘 수만은 없는 일, 이제부터 그 문을 두드려 보고자 한다.

그 장대무비한 중국의 천하통일 이야기를 시작하기에 앞서 우리는 춘추전국시대를 가장 의미 있게 장식한 대표적인 인물들 이야기를 먼저 하면서, 춘추전국시대의 의미를 살피고자 한다. 그들은 춘추전국시대를 맨처음 열은 태공망(太公望) 강태공(姜太公), 관포지교의 천하의 명재상 관중(管仲)과 포숙아(保叔牙), 명군 중의 명군 제환공, 비장한 삶을 살아간 상승장군 오기(吳起), 자객열전(刺客列傳)의 주인공 예양, 그리고 오늘날 세계인이 추앙하는 병법의 손자(孫子) 등이다. 그들이야말로 춘추전국시대를 수놓은 찬연히

강태공 (출처 : 바이두)

빛나는 스타 중의 스타들이다.

강태공

　그 이야기의 첫 번째, 전설의 인물 강태공 이야기부터 시작한다. 중국의 역사시대의 서막을 장식하는 하나라와 상나라. 사실 하나라는 선사시대와 역사시대를 경계 짓는 경계선이며, 우리나라 단군 할아버지의 고조선과 형님 아우하고 지내는 사이이다. 상(商)나라 혹은 은(殷)나라부터 진정한 역사시대가 열린다.

　상나라가 건국된 해는 기원전 1600년이다. 상나라에서는 왕에 의한 강력한 제정일치의 신권정치가 행해졌다. 정치적 권력을 장악한 왕은 자신만이 하늘과 소통할 수 있는 신비한 능력을 지녔다고 자처하면서 장엄한 제사 의식을 통해 이를 증명코자 했으며, 하늘로부터 권위를 부여받고 나라를 다스리는 힘을 얻었다.

사실 20세기 중반까지만 해도 사람들은 상나라의 실재를 의심하고 있었다. 상나라는 전설 속에서나 존재하는 나라일 뿐이었다. 그러나 60년대에 우연히 발굴된 갑골문자를 통해 고대국가 상의 세계를 알게 되었는데, 상나라는 상당히 높은 수준에 도달한 청동문화를 이루고 있었다. 놀랍게도 사마천의 《사기(史記)》에 기록된 은(상) 왕실의 세계표는 실제와 거의 오차가 없는 것으로 확인되었다.

《사기》의 <은본기(殷本記)>에 의하면, 상나라는 탕왕(湯王)에 이르러 하나라의 걸왕(桀王)을 쓰러뜨리고 주변국 위에 군림하기 시작했다. 그러나 그 지위는 불안정하여 수도를 다섯 번이나 옮긴 후에야 비로소 은에 정착하게 되었다고 한다.

상나라 사람들은 10개의 태양이 땅 속에 있다가 매일 하나씩 교대로 천상에 나타난다고 믿었기 때문에, 열흘 간격으로 다음 태양이 떠오르는 밤마다 일상적으로 점을 쳤다. 그 열 개 태양의 이름이 갑을병정무기경신임계 즉 십간(十干)이다.

그들은 하늘 신과 땅의 신, 그리고 조상신을 숭배했다. 특히 사망한 선왕이 천신의 뜻을 전달해 인간세계에 복이나 화를 내린다고 믿었기 때문에 선왕에 대한 장례와 조상에 대한 제사를 매우 성대하게 치렀다. 제사를 게을리 하지 않는 것은 왕의 가장 중요한 업무의 하나였다.

이제 고리타분한 고대 이야기는 이 정도로 하고 본론에 들어간다.

강태공 이야기는 바야흐로 춘추전국시대로 진입하기 전의 대 서막을 알리는 커다란 종소리와 같다. 그만큼 강태공이 차지하는 비중과 역할이 지대하다. 강태공을 이해하기 위해서는 은나라에서 주나라로 넘어가는 당시의 역사를 조금 알아야 한다.

은나라의 마지막 왕 주(紂)는 문무 양쪽 모두에 뛰어난 일세의 영걸이었는데, 그만 경국지색 달기에 빠져 정사를 소홀히 하게 된다. 주지육림(酒池肉林)은 이 때 등장한 말.《사기》은본기에 이르길, "주왕(紂王)은 술을 좋아하고 여자도 좋아하였다. 특히 달기라는 여자를 사랑하여 그녀의 말은 무엇이나 들어 주었다.

… 그는 사구(沙丘)에 큰 놀이터와 별궁을 지어 두고 많은 들짐승과 새들을 거기에 놓아길렀다. … 술로 못을 만들고 고기를 달아 숲을 만든 다음, 남녀가 벌거벗고 그 사이에서 밤낮없이 술을 퍼마시며 즐겼다"고 하였다. 여기에서 주지육림이라는 말이 나오게 된 것이다.

당시 서쪽의 제후였던 창(昌)은 선정을 베풀어 백성들의 신망을 얻고 있었다. 이를 두려워한 주왕은 창을 옥에 가두고 그가 진실로 성인인지를 시험해보겠다며 창의 맏아들을 죽여 곰탕을 끓인 뒤 먹게 하였다. 창은 그 곰국을 묵묵히 받아먹었다. 아, 와신상담은 저리 가라는 얘기. 후일 감옥에서 풀려난 창(후에 주나라 문왕)이 강태공을 초빙하여 그의 스승으로 모셨다. 강태공은 그의 아들 발(發, 후에 주 무왕)을 도와 은나라 주왕을 멸망시켜 천하를 평정하여 주나라를 열었다.

주 문왕과 강태공이 만난 이야기도 드라마틱하다. 천신만고 끝에 주나라의 제왕이 된 문왕이 어느 날 사냥을 떠나기 전에 점을 쳐보게 했다. 점괘에는 '얻을 것은 용도, 범도, 곰도 아니고 패왕이 되기 위해 필요한 큰 사람이다'라고 나왔다. 사냥을 나간 문왕은 정말 짐 승을 한 마리도 못 잡고 헤매다가 문득 황하의 큰 지류 위수 강가에 이르렀다. 강변에는 한 노인이 낚시를 드리우고 있는 것이 보였다. 문왕은 그와 대화를 나눠본 후 그를 점괘에서 나온 현자로 여기고 모셔와 나라의 큰 스승으로 삼았다. 그가 바로 강태공이다. 그는 강 태공의 곧은 낚시라 하여 바늘 없는 낚시를 드리우면서 세월을 낚 은 것으로 유명했고, 평생 80이 다 되도록 무위도식했다. 강태공이 주문왕을 만난 때가 그의 나이 80살이었다.

이제 주 문왕과 강태공이 처음 만나서 나눈 이야기를 들어본다.
주 문왕이 먼저 강태공에게 묻는다.
"어떻게 하면 천하 백성의 민심을 얻을 수 있겠소이까?"
강태공이 망설이지 않고 즉시 답한다.
"천하는 군주의 것이 아니라 만백성의 것입니다. 만백성과 같이 천하의 이익을 나누는 군주는 백성을 따르게 할 수 있고, 그렇지 못 하고 이익을 독점하려는 자는 천하를 잃음이 당연할 것입니다. 하 늘에 사계가 있고 땅에 만물을 키워내는 힘이 있습니다.
하늘과 땅의 은혜를 천하 만민과 같이 나누어 가지는 군주야말로 진실로 인(仁)을 몸으로 행하는 사람입니다. 인이 있는 곳에 사람들 이 모이게 마련이지요. 어진 사람이 정치를 하면 그 덕이 저절로 나 타나며 어렵지 않게 민심도 얻을 수 있습니다. 사람이란 생(生)에 대해 애착이 있으며 이익을 추구하기 마련입니다. 그러므로 백성들 을 어려움 속에서 건지는 것이 군주가 갖추어야 할 덕(德)이라는 것입니다."

강태공이 이 말을 마치자 문왕이 일어나 그에게 두 번 절을 한 뒤 말했다.

"그 말씀이야말로 하늘의 이치라 할 수 있겠습니다. 당신은 하늘이 내게 내려준 분입니다. 내가 어찌 하늘의 뜻을 거역하겠습니까."

문왕의 기쁨이 하늘에 닿을 듯 했다.

"나의 조부인 고공단보(주나라 왕실의 뿌리, 후에 무왕이 태왕으로 추존)께서는 세상을 뜨기 전, 앞으로 훌륭한 사람이 나타나 나를 도와 주족(周族)을 번창하게 할 것이라고 하였습니다. 당신이야말로 바로 그 사람입니다. 삼가 가르침을 받고자 합니다."

문왕의 이 말 때문에 사람들은 강태공을 '태공망(太公望)'이라 부르게 되었다.

문왕은 강태공을 수레에 태워 궁으로 돌아왔다. 그때부터 강태공은 문왕의 스승이며 재상을 겸하게 되었다. 강태공은 이후부터 계속해서 주 문왕의 아들 무왕 때에 목야(牧野, 하남성 급현 조가진)에서 주신(紂辛)군 70만을 궤멸시키고 조가(朝歌, 지금 하북성 기현)를 함락시켰다. 폭군 주신은 달아나 스스로 분신(焚身)하였으며 은왕조는 마침내 멸망을 하게 되었다.

대승을 거둔 무왕은 이튿날 아침 몸소 사단(社壇)에 나아가 하늘에 보고하는 제사를 드리고, 은나라의 금은보화와 곡식을 모조리 내어다가 백성들에게 나눠주어 백성을 위무하였다. 이어서 무왕은 공신들을 공(公), 후(候), 백(伯), 자(子), 남(男)의 다섯 등급의 작위로 나누어 영토를 분배하여 제후로 봉하였다. 그때 공(公), 후(候)는 사방 100리, 백(伯)은 사방 70리, 자(子), 남(男)은 사방 50리의 땅을 받았다.

강태공도 기원전 1122년 천하통일과 주나라의 개국 일등공신으로 제(齊) 땅 사방 100리를 받아 제나라의 왕(齊王)이 되었다. 그 후 태공은 정치를 개선하고 풍속을 존중하며 예법을 간소화 하는 등 백성들을 위하여 올바른 정치를 펴나가고 어업 외에 제염업 등 상공업을 진작하고 수산을 장려함으로써 제나라를 부강하게 하고 제를 천하국가로 만들었다.

강태공의 높은 뜻의 출발점은 오직 사람이다. 그는 언제나 흥망의 열쇠는 사람에게 있다고 믿었으며, 그의 정치철학은 여기에서 출발한다.

그는 말한다.

"무릇 병사를 쓰는 요체는 예를 숭상하고 녹을 중히 여김에 있나니, 예를 숭상하면 지사(智士)가 모여들고, 녹을 중히 여기면 의사(義士)가 죽음도 불사하나니, 그러므로 현자(賢者)에게 녹을 주되 재물을 아끼지 않고 공 있는 자에게 상을 줌에 때를 넘기지 않으면 장교와 사병이 다 함께 적을 무찌르게 된다."(《육도삼략》 중에서)

무왕이 태공에게 물었다.

"장수의 도는 어떠합니까?"

태공이 대답하였다.

"장수에게는 다섯 가지 재간과 열 가지 허물이 있습니다.

다섯 가지 재간이라 하는 것은 지(智), 인(仁), 용(勇), 신(信), 충(忠)입니다.

지혜로우면 어지럽히지 못하며, 인덕이 있으면 사람을 사랑하고, 용맹스러우면 범치 못하며, 신의가 있으면 속이지 않으며, 충성심이 있으면 두 마음이 없습니다.

또한 열 가지 허물이라는 것은 용감하여 죽음을 가벼이 하는 자 있으며, 성급하여 마음이 조급한 자 있으며, 탐이 많아 이익을 좋아하는 자 있으며, 어질어 인정에 약한 자 있으며, 지혜로우나 마음에

겁이 많은 자 있으며, 신의 있으나 사람을 쉽게 믿는 자 있으며, 청렴결백하나 사람을 사랑하지 않는 자 있으며, 지능이 있으나 마음이 태만한 자 있으며, 굳세고 씩씩하여 자기 고집을 쓰는 자 있으며, 나약하여 사람에게 맡기기를 좋아하는 자가 있는데, 그것을 말하는 것입니다." (《육도삼략》 중에서)

현대의 모든 경영인들이 주목해야할 경영비법이 바로 여기에 있다할 것이다.

관포지교-관중과 포숙아

관중과 포숙 (출처 : 바이두)

공자께서 그토록 돌아가고 싶어하던 곳, 입만 열면 인의예지의 본향이라 찬사를 헌납하던 곳, 그곳이 바로 주(周)나라다. 강태공이 제후국 주의 문왕과 무왕을 도와 부패했던 은나라를 멸망시키고, 새 나라를 건국한 곳이다. 그 때가 기원전 12세기경, 아득한 옛날이었지만 그 근본은 지금과 별로 다를 것 없는 시절이었다.

주나라 때에 중국 중심의 중화사상의 관념이 생겨나고, 천명사상이나 혈연 중심의 예문화가 자리 잡는 등 거대한 중국문화가 서서히 자리잡기 시작한 시기였다.

주 왕실은 점차 확대되는 영토와 주민을 효율적으로 다스리는 방법으로 창안된 중국 역사상 최초의 체계적인 통치제도가 바로 봉건제도이다.

봉건제도란 직할지를 제외한 전국의 확장된 영토에 왕실의 혈족이나 공신을 제후로 임명하여 다스리게 하는 제도로, 제후는 왕에 의해 봉해져서 해마다 공물을 바치고 유사시에 병력을 지원했으나 지역의 내정에는 간섭을 받지 않았다.

종친들은 수도 가까이에 분봉하여 울타리 역할을 하게하고 공신이나 하·상의 후예들은 멀리 변방에 분봉하였으며 천하는 모두 왕의 땅이라는 왕토사상을 널리 유포시켰다. 생산력이 크게 발달하지 않은 상태에서 주나라가 광대한 지역에 대한 지배권을 유효하게 행사할 수 있었던 것은 이 봉건제도라는 독특한 통치제도가 마련되었기 때문이다. 주나라는 이렇게 정치제도에 있어서 획기적인 진전을 이룸으로써 800년간 존속할 수 있게 되었다.

여기에서 중국과 서양의 차이점이 발견된다. 주 왕실의 지배력을 공고히 하기 위해 봉건제도에 혈연적인 특색을 가미시켰다. 이것이 중국의 종법제도(宗法制度)로 계약이라는 방식으로 맺어지는 서양의 봉건제도와 구별되는 점이다. 왕과 제후는 단순히 정치적인 군신관계일 뿐 아니라 본가와 분가의 관계, 즉 공동의 조상을 모시는 한 집안임이 강조되었다. 왕은 제후들에게 군권을 상징하는 무기와 관복을 제공하였고, 제사라는 신성한 의식에 함께 참여함으로써 군신 관계를 확립했다.

그런 주나라가 점차 쇠약해지자 서북방의 견융(犬戎) 등 여러 이민족들이 마구 침입하여 결국 수도가 함락되었고, 이에 기원전 770

년 당시 인프라가 잘 갖추어진 낙읍(洛邑, 후에 낙양)으로 동천을 감행한다. 동천 이전 비교적 황실의 권위가 살아있던 주를 서주(西周)시대라 하고, 동천 이후 황실 권위는 사라지고 껍데기만 남아 질 풍노도의 춘추전국시대를 맞게 되는 후기 주나라를 동주(東周)시대라고 한다.

동천을 감행하여 사나운 이민족의 침입에 대한 위협은 덜었지만 오랜 세력기반이자 발원지인 자기 터전에서 밀려나 낯선 곳으로 왔기에 주왕실이 온전할 리 없다. 이민족의 위협에는 안전해졌지만, 세력이 커진 주변 제후국들에게 시달려야만 한다.

주의 동천시기가 바로 춘추시대의 시작을 알리는 큰 사건이 된다. 인간사는 언제나 그런 것, 막강한 전통적인 권위가 사라지니 우후죽순처럼 온 세상이 들끓게 되었다. 그야말로 장강의 뒷 물결이 앞 물결을 치고 나가는 것처럼.

이제부터 주나라가 왕실의 권위를 침식당하여 껍데기만 남고 천하제후국들이 득세하여 진이 통일할 때까지 550여 년간 피바람이 난무하는 춘추전국시대의 막이 오르게 된다.

이러한 춘추시대를 여는 첫 번째 인물은 누가 뭐래도 그 옛날 강태공이 열은 제나라의 정치가 관중과 포숙아다. 촉의 제갈량이 그토록 존경하던 인물 관중. 춘추5패의 제환공을 도와 명재상으로 천하의 명성을 날리던 관중.

관포(管鮑)란 기원전 7세기 중국 춘추시대의 제나라 정치가 관중과 포숙아를 가리키는데, 그들 둘은 어릴 때부터 절친이었다. 관중은 가난하였고 포숙아는 비교적 부유하였다. 그들이 놀던 동네가 상업의 중심지라서 자연스럽게 어릴 때부터 함께 장사를 하는데, 가난한 관중은 자본을 조금 냈지만 포숙아는 언제나 이익을 똑같이 나누면서 관중은 집이 가난해서 그렇게 해야만 한다고 이해하였다.

　포숙아는 고집 센 관중의 말을 듣고 일을 시작했다가 일을 망친 적이 여러 번 있었다. 그래도 포숙아는 한 번도 화를 내지 않고 "일이 꼬이는 것은 자네 탓이 아니라 운이 따라 주지 않아서 그런 거니까 너무 미안해하지 말게나"라고 하면서 관중을 위로하였다.

　관중은 한때 3차례 관직에 오른 적 있는데 성질 머리 때문에 매번 파직되었다. 그럴 때마다 포숙아는 관중이 무능해서가 아니라 아직 그를 알아주는 사람이 없어서 그렇다고 했다. 관중이 군에서 작전 도중 도망을 쳤는데, 포숙아는 그가 죽음을 겁냈다고 비웃지 않고 늙은 어머니를 봉양해야 하기 때문이라고 감싸주었다.

　당시는 제나라 국정이 혼란한 시기여서 왕자들은 화를 면하기 위하여 앞다투어 다른 나라에 도망가서 기회를 노리고 있었다. 관중은 노나라에 거주한 왕자 규(糾)를 보좌하고 포숙아는 왕자 소백(小白)을 섬기게 되었다.

　그 뒤로 얼마 안가서 제나라에 난이 일어나 국왕이 살해되고 나라에는 군주가 없게 되었다. 이 소식을 접한 왕자 규와 소백은 왕위를 찬탈하고자 서둘러 제나라로 돌아왔다. 돌아오는 길에 두 왕자의 군대가 맞붙게 되었다. 규를 왕위에 올리고자 관중은 소백에게 활을 쏘았으나 화살이 소백의 벨트에 맞아 빗나가는 바람에 소백을 죽이지 못하였다. 후에 소백이 왕이 되었는데, 그가 바로 역사상 유명한 춘추5패의 첫 번째 막강 제후인 제환공이며 강태공의 자손 강소백이다.

　국왕이 되자 제환공은 후환을 없애기 위해 동생인 왕자 규를 가차 없이 죽이고 자신을 죽이려했던 관중을 옥에 가두었다. 제환공이 자신의 충직한 가신 포숙아를 재상으로 삼으려하자 포숙아는 극구 사양하며 자신은 재상이 될 능력이 없다하며 옥에 갇힌 관중을 추천하였다.

"나라를 다스리는 일에 있어서는 나는 관중을 따를 수 없습니다. 관중은 너그럽고 인자하며 충실하여 국가의 제반 제도를 제정하고 규범화할 수 있을 뿐만 아니라 또한 군대를 지휘할 수 있습니다. 하지만 저는 그런 능력이 안 됩니다. 그러므로 폐하께서는 반드시 관중을 재상으로 삼아야 합니다."

이에 제환공은 당연히 동의하지 않았다.

"이 사람아, 내가 관중이 쏜 화살에 죽을 뻔했는데도 그를 재상으로 삼으라니 당치도 않은 소리다."

"현명한 군주는 앙심을 품지 않습니다. 하물며 당시 관중은 왕자 규에 충성하여 행한 일이 아닙니까? 한사람이 주인을 위해 결사적으로 일할 수 있다면 군왕을 위해서도 자신의 모든 것을 바칠 겁니다. 관중 없이는 폐하께서 천하를 통치하기 어렵습니다. 폐하께서는 꼭 관중을 중용하여야 합니다."

제환공은 절대 신임하는 포숙아의 말에 설복되었고 관중을 제나라에 맞아들였다.

관중은 재상이 되었고 포숙아는 관중을 돕는 부재상이 되었다. 관중과 포숙아가 마음을 모아 나라를 다스린 결과 제나라는 제후국들 중 가장 강대한 나라로 성장할 수 있었고 제환공은 제후 들 중의 맹주가 되었다. 제환공이 제후를 규합하여 천하의 패자로 군림할 수 있었던 것은 관중의 능력이었고, 제나라가 융성하고 관중이 명예를 얻기까지는 포숙아의 커다란 우정 덕이었다.

포숙아가 먼저 죽자 관중은 그의 묘 앞에서 울음을 그칠 수 없었다. 관중은 포숙아에 대한 고마움을 회고하면서 "내가 보좌하던 왕자 규가 실패했을 때 다른 대신들은 죽음으로 충성을 맹세했지만 나는 살기 위해 기꺼이 옥살이를 택했다. 그럴 때에도 포숙아는 나를 비웃지 않았다. 그는 내가 대업을 이루기 위해 일시적 명성을 초개같이 여긴다는 것을 알고 있었다. 나를 낳아 준 이는 부모지만, 진정으로 나를 이해한 사람은 포숙아다"라고 말하였다.

관중과 제환공

왜 제갈량은 관중을 롤 모델로 삼았을까? 왜 관중은 춘추시대 최고의 재상으로 평가받을까? 오히려 포숙아가 인간적으로 더 괜찮아 보이는데 …. 그리고 제환공은 어떻게 춘추시대 5패왕 중에서 넘버원이 됐을까? 이를 이해하기 위해서는 제환공과 관중의 관계를 정확하게 알아야 한다.

춘추전국시대의 기라성들은 대략 140여 국에 이른다. 오늘날 우리 성씨 대부분이 그때의 나라 이름에서 비롯된다. 우리 성씨를 보면 동래 정씨, 진주 강씨 등이라 하지만 다르게는 꼭 나라 정, 나라 강 이렇게 부르기도 한다. 그게 그거다. 그 많은 올망졸망한 나라들이 저마다 천하쟁패를 논하고 제왕학을 논하며 패권을 향해 질주했다. 이때 꼭 필요한 것이 인재다. 그들 모두가 사람이 필요했다. 사람들도 자신을 갈고 닦아 나라에 필요한 인재가 되는 것이 사나이로 태어난 보람이었다. 모두가 출세하고자 했다. 그래서 무한경쟁시대의 인간학인거다.

제환공 (출처 : 바이두)

　그러나 또한, 역사는 결국 실력이며 운이다. 운칠기삼의 도박 논리가 여기에서도 통한다. 그런 논리로 주 왕실 치하의 패권에 근접한 대표주자가 춘추5패다. 사가들은 춘추시대의 강력한 패권을 잡은 다섯 제후를 춘추5패(春秋五覇)라 하는데, 그들은 제의 환공, 진(晉)의 문공, 초의 장왕, 오왕 합려, 월왕 구천이라기도 하고, 어떤 사가들은 오왕 합려, 월왕 구천 대신 송의 양공과 진(秦)의 목공을 꼽기도 한다.

제환공은 재위 7년(기원전 679년)에 위나라에서 회맹을 열고 패자의 지위에 오른다. 제환공이 중원의 패자에까지 오른 배경은 물론 그와 그의 재상 관중의 탁월한 정치력에 있었다. 사람을 잘 쓰고 포용한 제환공 뒤에는 그를 도와 천하를 도모한 관중이 있었다. 관중의 정치철학은 유교가 아닌 법가 사상을 기초로 하고 있다. 따라서 그는 매우 유물론적이며, 관념적이 아닌 실천적이었다. 관중의 저서 《관자》에 수록된 '사람은 곳간이 넉넉할 때 예절을 알고, 의식의 부족함이 없어야 부끄러움을 안다'라는 말은 그의 정치 이념을 단적으로 보여준다. 그는 정치의 목적이 백성들의 삶을 윤택하게 하는 것이라고 생각하고, 이를 위해 법을 융통성 있게 적용해야 한다고 보았다.

그것은 다른 말로 하면 이른바 목민이다. 백성을 기른다는 개념을 처음 도입한 인물이 바로 관중이다. 정약용의 목민심서에서의 목민도 관중의 사상에서 유래한 것이다. 그의 철학을 나타내는 말은 '물질이 풍부하기가 천하에서 제일이 아니면 정신적으로 천하를 이끌 수 없다'이다. 이는 물질적 기초가 뒷받침이 되어야 사람의 정신, 의식 또한 존재할 수 있다는 의미이다.

오늘날 중국공산당 친구들이 가슴속에 아로새기는 교시다. 물론 시진핑의 애창곡이기도 하다. 이렇게 법가적 실천적 정치사상의 바탕에 서있는 중국이 유가적 전통 위에 있는 우리보다 훨씬 자본주의적인 이유다.

관중의 정치철학을 잘 이해할 수 있는 사건이 있다. 관중이 재상이 된 후 기원전 681년 제나라가 노나라와의 전쟁에서 이겨 화의를 하던 과정에서, 노나라의 장수 조말이 갑자기 칼로 제환공을 위협하는 사건이 벌어진다. 조말은 제나라에서 빼앗아간 노나라 영토를 즉시 돌려달라고 했고, 위협에 못이긴 제환공은 어쩔 수 없이 동의했다.

순식간에 벌어진 일, 제환공은 속으로는 당연 '영토 같은 소리하네. 넌 죽었어!' 했다. 그러나 관중은 제환공을 말리며 군주가 한번 뱉은 말을 지키지 않으면 어떤 제후도 이후에 제나라를 믿고 따르지 않을 것이라며 '신의'에 대해 설명했다. 결국 노나라의 영토를 다시 되돌려줬지만, 이 사건으로 인해 제환공의 명성은 오히려 중원에 널리 퍼졌다.

관중은 제환공에게 '항상 주라'고 했다. 빼앗은 땅을 제후국에게 돌려주고, 예물을 보내게 했다. 이는 결국 제환공에 대한 명성을 높이게 되었을 뿐 아니라 다른 나라들이 제나라에 대한 신뢰와 존경을 되돌려주었다. 또한 주나라 천자를 받든다는 존왕양이를 바탕으로 한 '예(禮)'를 내세워 명분을 확보하였다. 이를 통해 제나라가 주도하는 질서에 대한 다른 나라들의 협력을 이끌어내게 된다.

그 옛날 왕위 쟁탈전 당시, 아군이 패하자 당시의 관례대로 다른 장수들은 전부 자살하는데 오직 관중만이 목숨을 보전하자 사람들은 그를 비난했다. 이에 관중은 "나는 작은 절개를 지키지 못한 것을 부끄러워하기보다는 천하에 공명을 떨치지 못한 것을 부끄러워한다"라고 말했다. 뺑을 치려면 적어도 관중 정도는 쳐야 한다.

이렇게 말을 갈아타고 재상이 된 관중은 제나라의 모든 정사를 관장하며 개혁을 단행한다. 관중은 사회제도와 군사제도를 결합해 군민전투 체제를 시행하여 군사력을 길렀고, 소금과 철, 금 등의 생산을 정부가 직접 관리했으며, 바다에 인접해 있는 지리적 이점을 살려 상공업을 발전시키고 교역을 장려해 국가 재정을 늘렸다.

더불어 식량의 자유 매매, 사유경제정책 등을 실행했고, 빈민을 구제하고, 공정하게 세금을 징수하는 등 민생을 안정시키기 위해 노력했다. 이런 다양한 개혁정책을 통해 환공의 시대에 제나라는 부를 축적하고 급격히 성장하면서 춘추5패의 첫 번째 패자가 된다.

관중이 병이 깊어지자, 그가 곧 죽는 줄 알고 환공은 손수 그의 집을 찾아 문병하고 후사를 묻는다. 응당 절친한 친구 포숙아를 추천할 줄 알았는데 다른 이름이 나오자 환공이 묻기를, "왜 포숙은 안 되냐?"라고 하자, 이에 관중이 펄펄 뛴다. "포숙은 애가 앞뒤가 꽉 막혀서 안 됩니다. 사실 저는 주군이 사치를 하건 잘못을 하건 크게 어긋나는 일이 아니면 아무 말씀도 드리지 않았죠. 즉 강둑 같이 주군이 그 둑을 넘지 않는 범위에서 주군과 함께 즐겼지만, 포숙이 정치를 하면 추호의 잘못도 용납지 않고 바른길만 고집하여 주군을 힘들게 할 겁니다."

관중은 미리 예견한 거다. 저 꼴통 포숙아가 재상이 되면 틀림없이 자부심 강한 환공과 꼭 부딪힐 것이라는 걸. 절친 포숙아의 양심이 빛을 발하면 군주인 제환공에게 결국 죽임을 당할 것이라는 우려 때문에 포숙아를 추천하지 않았던 것이다.

공자는 '관중 선배가 없었더라면 우리들은 모두 오랑캐처럼 머리를 풀어헤치고 의복을 왼쪽으로 여미는 야만족 치하의 백성이 되었을 것이다'라며 그의 실천적 정치철학을 칭찬했다. 아, 관중을 말하려면 한도 끝도 없는데 어쩌나?

죽어서 구더기가 되어버린 관중과 제환공

 삼국지를 읽다 보면 참 이해 안 되는 부분이 있다. 누구나 그렇겠지만 그 훌륭한 유비와 제갈량, 그리고 관운장, 장비, 상산 조자룡 등등이 버티고 있었는데, 유비의 촉은 어째서 변방의 촉으로 끝나고 마는지, 조조한테 번번이 깨지고 결국 위와 진에 통일 대업을 뺏기고 마는지 이해불가하였다.

 결국 나중 생각해보면, 이건 작가의 농간이다. 유비나 제갈량이나 그리 대단한 인물이 아니었구나. 유비보단 조조가, 제갈량보단 순욱이나 사마중달이 훨씬 대단한 인물이었구나. 조조도 사실 환관의 양아들로서 별 볼일 없는 밑바닥 출신이었고 맨땅에 헤딩한 인물, 그런 그가 천하를 호령했다. 유비 정도는 발가락에 때만도 못하게 여겼다. 다만 관우 정도는 부하 장수로서 평가했지만….

 지금 이리 말하는 이유는, 제환공과 관중 팀을 다른 팀과 비교 평가해보자는 얘기.
 제환공의 포용력과 인물 발탁은 패권을 쥔 이후에도 계속되었다. 인재를 들이기 위해 자신의 집무실 앞에 횃불을 밝혀두고 24시간 개방했다. '인재라면 언제든지 찾아 오라'는 '정료지광(庭燎之光)'이란 말의 유래다.

 조그만 노(魯)나라가 전쟁으로 어려움에 처했을 때 도와주었는데, 이를 고맙게 여겨 노나라에서 초대했다. 노나라 국군은 제환공과 헤어지기 아쉬워 계속 배웅하다 그만 제나라 국경을 넘어버렸다. 당시에는 오직 천자만이 국경을 넘어 배웅할 수 있었다.

노나라 국군은 천자의 법령을 어기게 되어 곤경에 처하게 되었다. 주 천자의 법령 위반은 죽음을 의미하는 것이었다. 이에 제환공은 망설이지 않고 노나라 국군이 곤경을 벗어나도록 넘어온 만큼 제나라 땅을 떼어 주었다. 관중이 제환공에게 뭐든지 무조건 주라고 진언한 대로 한 것이다. 그러니 이러한 제환공과 관중이 버티고 있는 제나라가 천하의 리더가 되는 것은 당연한 일이었다.

관중은 제나라 재상이 되자마자 법가사상가답게 '부국강병책'을 펼쳤다. 제갈량은 법가와 술가의 사상가로 틈만 나면 자신과 같은 법가 사상가인 관중을 비교하며 누가 더 훌륭하냐고 아랫것들을 닦달해서 모두를 괴롭혔다고 한다. 제갈량은 법을 무척 엄하게 지켜서 '읍참마속'이라는 고사성어를 만들 정도였다. 그러나 같은 법가 사상가라도 관중은 그리 엄하지 않았다. 그는 법을 너그럽게 해서 민심을 수습했다. 그렇다고 법을 완전 안 지키는 것도 아니고, 완벽한 균형을 이루어서 백성들은 법의 피해를 입지 않았다.

관중 시대에 제나라는 중원 국가 중 처음으로 철을 이용하였다. 춘추시대는 그리 발전된 시기가 아니었다. 관중 시대는 기원전 685년경으로 아직은 청동을 이용하던 시기다. 제나라의 수도인 산동성의 유명한 '임치'(임치항구)는 당시 화려하기로 유명해서, 마치 통일신라시대의 서라벌 같았다. 장안이 전부 기와집이요, 숯으로만 밥 해먹었고, 화려함이 극치를 이뤘다. 임치 근처에는 철광석이 많아서 그걸 이용해서 농기구를 만들었다. 당연히 농업 생산률이 부쩍 올라갔다. 반면, 제갈량이 내치를 잘하고 부국강병의 정책을 시행했다는 말은 듣지 못했다.

관중 시대에 '임치'만큼 멋진 도시는 없었다. 지금도 산동성 임치에 가면 제나라를 세운 강태공과 관중에 관한 박물관, 동상, 무덤이 장난이 아니다. 특히 관중의 무덤은 가히 산과도 같다. 관중은 예, 의, 염, 치를 바로 세워서 나라의 기강을 세웠으며, 상, 공, 농, 사의 균형을 이루어서 내정이 향상되었다.

관중은 그리 많은 싸움을 하지 않았지만, 싸울 때마다 이겼다. 관중은 지형에 따른 병법과 복병술의 달인이다. 병법 또한 그 시대에 보지 못하는 병법을 써서, 싸우는 족족 이겼다. 그는 앞을 보는 안목 또한 뛰어나서 웬만하면 안 싸우고, 항복을 할 수 있도록 책략을 짰다. 제갈량은 왠지 항상 피곤하게 싸우며 승상 노릇했다.

제갈량한테 남만 정벌이 있다면, 관중한텐 산융 정벌이 있다. 제나라의 위쪽엔 연나라가 있고, 연나라 북동쪽엔 산융이라는 오랑캐가 있었다. 연나라는 산융한테 엄청난 고통을 받고 있었다. 그 때 제나라는 리더답게 연나라를 도와 산융을 쳐부수었다. 하지만 산융은 산으로 도망가서, 제나라가 가면 다시 쳐들어올 기세였다. 그러자 관중은, 이 참에 씨를 말려버리자고 했다.

그 부족은 매우 강성한 부족이었다. 그리고 그 곳에 가려면 한해라는 무시무시한 사막을 지나야 했다(제갈량의 독샘과 비슷). 거기서 관중 일행은 엄청난 혼란에 싸였다. 사막의 모래바람 때문에 앞도 안 보이고, 모래바람의 독기에 병사들은 하나 둘씩 죽어갔다. 그러나 이때의 유명한 이야기로, 관중은 늙은 말을 풀어서 위기를 빠져나갔다. 늙은 말은 길을 아주 잘 찾는다고 한다. 이래서 생긴 말이 '노마지지(老馬之智)'다.
늙은이들도 이렇게 필요할 때가 많은 법이다.

제환공이 패자에 오르자, 당연히 사치와 향락에 빠진다. 제나라 재정은 철, 소금, 교역 등으로 춘추 제국 중 부의 축적이 가장 엄청났다. 그러자 관중은 제환공의 방종을 말리지 않고, 오히려 자신 또한 덩달아서 엄청난 사치를 행했다. 참다 참다 포숙은 조용히 관중에게 타일렀다.

포숙: 너는 어찌 하여 공에게 사치를 하지 말라고 권하지 않냐?
관중: 패자가 되면 사람이란 어쩔 수 없는 거야.
포숙: 그럼 네가 사치를 즐기는 건 또 무슨 연유냐?
관중: 공께서 사치를 즐기면 백성들은 욕을 하고 민심을 잃을 것이다.
　　　그러나 내가 더한 사치를 하면 나만 욕하니 공께서는 민심을
　　　잃지 않을 것 아니냐?
포숙: 아, 공께서 널 만난 것은 정말 천운이구나!

기원전 645년 관중은 환공에게 유언을 남겼다. 그의 유언은 당시 제환공에게 붙어서 갖은 권력을 휘두르던 권력 삼인방이었던 요리사 역아(易牙), 공자 개방(開方), 환관 수조(竪刁)를 추방하라는 것이다. 관중은 "역아는 환공의 농담 한마디에 자신의 아들을 요리해 바쳤으니 자신의 아들조차 사랑하지 않는 사람이 어찌 군주를 사랑하겠습니까? 또한 개방은 제나라에 온 이후로 한 번도 고향의 부모를 찾지 않았으니 제 부모도 공양하지 않는 자가 군주에게 충성할 리 없습니다. 수조는 스스로 자신의 불알을 거세한 자입니다. 자신의 몸조차 사랑하지 않는 이런 자가 나라를 사랑할 리 만무합니다"라고 탄핵 이유를 설명했다.

관중과 포숙이 환공보다 먼저 갔다. 그들이 간 뒤 말년의 환공은 제왕의 모습이 아니었다. 환공은 "그들 세 사람은 모두 나를 기쁘게

해주는 사람들인데 어떻게 물리칠 수 있겠느냐"며 관중의 충언을 듣지 않았다. 제환공이 병석에 눕자 문고리 삼인방은 환공과 통하는 모든 통로와 언로를 차단했다. 세 사람을 거치지 않고는 어느 누구도 환공을 만날 수 없었다. 환공의 병이 죽을 고비에 이르렀는데도 세 사람은 환공이 굶어 죽도록 방치했다. 결국 기원전 643년 그는 삼인방에 의해 사실상 연금되어 굶어 죽었다.

사실, 관중도 죽은 후 아무도 그를 찾는 자가 없어서(문고리 삼인방이 가지 못하게 함) 그의 시신이 두 달 동안이나 방치되어서 구더기가 득실거렸다.

아, 역사여! 염량세태(炎涼世態)여! 반복의 인간사여!

춘추전국시대의 풍운아 상승장군 오기

피바람 부는 전국시대 초엽, 온몸으로 시대와 정면으로 부딪힌 사나이. 피비린내 나는 파란만장한 삶을 살아간 인간. 무패의 전술전략가, 국경을 초월한 구조조정의 전문가, 최고의 전략가, 오기 장군! 그의 삶은 비참한 최후에도 불구하고 창연히 빛났다.

그 장수의 병사 중 하나가 독한 종기가 났는데, 장군이 그 종창을 입으로 빨아주었다. 후에 그 병사의 어머니가 이 일을 전해 듣고는

상승장군 오기 (출처 : 바이두)

크게 통곡했다.

"일개 병사인 당신 아들을 장군이 직접 종창을 빨아주었거늘 어째서 그리 슬프게 우는 거요?"

그 어머니는 더 슬피 울면서 말한다.

"예전에 오공께서 그 아이 아버지의 종창도 빨아준 적이 있는데, 그 일에 감동하여 남편은 그 후 싸움터에서 물러설 줄 모르고 용감하게 싸우다가 결국 전사하고 말았지요. 오공이 지금 내 자식의 종창을 또 빨아주었으니 이제 그 애가 언제 죽을지 모르게 되었소이다. 그러니 통곡하지 않을 수 있겠소이까."《손자오기열전》중에서)

그 오공이 오늘의 주인공 상승장군 오기이다.

이렇게 모든 일에는 빛과 그림자가 있는 법, 병사들에 대한 오기의 사랑은 한 순간이 아니라 일관되고 무서운 것임을 잘 보여준다. 때문에 그는 병사들에게 전폭적인 지지와 깊은 사랑을 받았고, 자신이 원하는 바를 이룰 수 있었다. 오기나 병사의 어머니나 모두 전국시대를 살아간 인간들이었다.

오기는 명예와 의리를 중시했으며, 출세를 간절히 원하여, 작고 힘없는 조국 위나라를 떠나고 만다. 평소 자신을 무능하다 비웃던 자들을 한칼에 30여 명이나 베어 죽이고 연로한 노모를 남겨둔 채 위나라를 떠나 이웃 노나라로 도망쳤다.

노나라에 가서 공자의 제자인 증자(曾子) 문하에 들어가 공부하던 중, 노모가 병으로 세상을 떠났다는 소식에도 아랑곳하지 않고 계속 공부만 하는 오기를 증자는 제자로 인정하지 않았다.

이때부터 그는 유교적 서생의 공리공담에 환멸을 느껴 글을 버리고 칼을 찾았다. 그는 닥치는 대로 병서를 읽고 병법을 연구했고 결국 노나라 대부가 되었다.

　기원전 401년, 제나라가 노나라를 공격해왔다. 노나라 목공은 오기를 대장군으로 기용하여 제나라에 대항하고자 했으나, 오기의 아내가 제나라 대부의 딸이라는 이유로 목공은 선뜻 결정을 내리지 못하고 있었다. 오기는 즉시 자기 손으로 아내를 죽여 노나라에 대한 충정을 표시했다.

　이것이 전국시대의 인간상! 사랑하는 남편의 칼에 죽으면서 그 아내는 어떤 표정을 지었을까? 그제서야 목공은 의심을 풀고 바로 오기를 대장군에 임명했다.

　강한 제나라와 약한 노나라의 싸움에, 오기는 우회전술과 허허실실 전략으로 싸운다. 가히 오기의 용병술이었다. 적의 예상과는 전혀 다르게 늙고 약한 병사들을 중군에 배치하고, 정예병을 양쪽에 숨겨놓는 전술을 택했다. 그러고는 제나라 군대가 상황을 미처 파악하지 못해 방비를 허술하게 한 틈을 타서 양쪽에서 벼락같이 기습을 가했다. 뜻밖의 공격에 우왕좌왕하며 대응하던 제나라 군대는 순식간에 무너졌다. 노나라는 대승을 거두고 제나라의 침공을 물리쳤다.

　그러나 인생이 항상 그러하듯이, 대승을 거두었음에도 목공은 오기를 중용하지 않았을 뿐 아니라, 오기가 아내마저 죽인 비열한 인품이라는 점을 지적하며 그를 비난했다. 나아가 오기는 자신의 조국 위나라를 버리고 노나라로 도망쳐오는 바람에 두 나라의 화목한 관계에 금이 가기 시작했다는 모함까지 받았다. 목공은 오기를 승진시키기는커녕 그의 병권마저 회수해버렸다. 불운의 연속이었다.

오기는 진작부터 중원의 강국으로 부상한 위(魏)문후의 부국강병 정책을 존중하고 있던 터라, 자신의 다음 정착지로 위나라를 선택했다. 영웅이 영웅을 알아본다고, 문후는 오기의 탁월한 군사적 재능을 높이 평가했다. 그는 오기가 오자마자 파격적으로 대장군에 임명했다. 그로부터 얼마 뒤인 기원전 409년, 문후는 오기를 진(秦)나라를 공격하는 대장군으로 발탁하여 황하 서쪽 지구를 공격한다.

오기는 귀신같은 용병술과 지휘력을 발휘하여 다섯 개 성을 단숨에 빼앗았다. 그리고 2년 사이에 서하(지금의 섬서성 동북부) 지구 전체를 손에 넣었다. 이어 오기는 제나라를 공격하여 대승을 거두었다. 오기는 서하 지역의 총책임자에 해당하는 서하수(西河守)에 임명되었다.

오기는 위나라에 전후 27년을 머물렀고, 이 기간이 그의 일생에서 가장 많은 성취를 이룬 시간이었다. 이때에 그는 제후국들과 76

오기 (출처 : 바이두)

차례나 전투를 치렀고, 그중 64차례 승리를 거두었다. 나머지 12차례는 승부를 가리지 못했다. 그에게 붙여진 '상승장군'이란 별명에 걸맞게 그는 단 한 차례도 패하지 않았다. 그가 위나라에 있는 동안 위나라는 사방으로 천 리 가까운 땅을 개척했다.

오기는 위나라에서 세운 빛나는 업적으로 많은 사람의 존경을 한 몸에 받았다. 하지만 동시에 시기와 질투가 적지 않았다. 위문후가 죽은 뒤 무후가 뒤를 이었다. 그도 처음에는 오기를 신임하여 서하를 지키는 중임을 계속 맡겼다. 그리고 무후는 자신의 사위 공숙을 상국에 임명했다. 공숙이 오기를 몹시 시기하고 미워하여, 늘 무후 앞에서 오기를 헐뜯었다. 오기에 대한 신뢰도가 문후에 비해 현격하게 낮았던 무후는 사위의 말만 믿고 오기를 팽한다. 팔자 한 번 기막힌 오기는 다시 떠난다.

초나라 도왕(悼王)은 오기의 명성을 익히 들어 잘 알고 있던 터라, 오기가 초에 오자마자 영윤(상국)에 임명하여 국정을 관장하게 했다. 오기가 초나라로 올 무렵 그의 나이는 벌써 환갑을 넘기고 있었다. 하지만 그는 왕성한 노익장을 과시하며 의욕적으로 일을 처리해나갔다. 상국에 임명되자마자 그는 썩어빠진 낡은 귀족세력의 강력한 반대에도 불구하고 적극적으로 변법 혁신을 추진했다. 목표는 역시 부국강병이었다.

그는 도왕의 전폭적인 지지하에 법령을 투명하게 하고 필요 없는 관직은 폐지하는 한편, 부패하고 무능한 귀족들을 내쳤다. 이를 바탕으로 전투력을 갖춘 군대를 양성했다. 다시 말해 그는 세습귀족의 특권을 취소하고 농업을 발전시키고 전투력이 강한 병사 양성을 적극 추진했다. 그야말로 개혁정책과 구조조정을 동시에 해치운 것이다. 오기가 취한 일련의 개혁조치는 초나라를 급속도로 강화시켰다. 오기의 초는 연전연승하면서 천하에 위세를 한껏 떨쳤다.

그러나 세상일이라는 것이 우여곡절을 겪게 마련. 기원전 381년, 오기가 초나라에 온 지 2년이 넘은 시점에, 오기를 지지했던 현명한 군주 도왕이 병으로 세상을 떠나자, 낡은 귀족세력들이 들고 일어났다. 그들은 왕궁을 포위한 채 오기를 잡기 위해 나섰다. 일촉즉발의 위기 상황에서 그는 도왕의 시신이 안치된 영당으로 달려가 도왕의 시체 위에 엎어졌다. 그 순간, 수많은 화살이 오기와 왕의 몸으로 날아들었다. 그러나 이 죽음은 적들에게도 커다란 타격을 주었다. 왕은 죽어서도 왕이기 때문에 오기에게 활을 쏜 적들도 왕의 시체에게 화살을 쏜 죄로 다 같이 죽게 되었다. 그때 그의 나이 63세, 천하의 풍운아는 이렇게 파란만장한 삶을 마쳤다. 이렇게 우리 삶은 흘러가는 걸까?

군자는 자기를 알아주는 자를 위해 목숨을 바친다

춘추전국시대에는 참 멋지고 가슴을 울리는 이야기들이 많다.

왕께 바른 소리하다 궁형을 받아 고자가 되었지만, 위대한 사가가 된 사마천. 그의 사기 열전 중, 자객열전(刺客列傳)에 실린 예양(豫讓)이라는 인물이 특히 빛난다.

《사기》의 작가 사마천 (출처 : 바이두)

사기 열전 중에서도 자객열전은 참 비장함이 살아있는 사나이들의 이야기. 우리는 진시황을 암살하려했던 형가 얘기는 많이 알고 있어도, 예양 이야기는 그렇게 많이 알고 있지는 않다.

士爲知己者死 (사위지기자사)
선비는 자신을 알아주는 사람을 위해 죽고,

母爲悅己者容 (모위열기자용)
여자는 자신을 기쁘게 해주는 남자를 위해 화장을 한다.

이 말을 한 인물이 오늘의 주인공 춘추전국시대의 예양이다.

예양은 진(晉)나라 사람으로 범(范)과 중항(中行)씨를 섬겼다. 하지만 별로 명성을 얻지는 못했다. 이후 지백(智伯)공을 섬기게 됐는데, 지백은 특히 이 예양을 후하게 대하고 중용했다.

지백은 진나라에서 패권을 잡고자 진의 대가들인 조(趙)·한(韓)·위(魏)씨들을 공격하는데, 오히려 역공을 맞고 조양자(趙襄子)에게 죽임을 당하게 된다. 이후 막강했던 진은 조·한·위 세 나라로 나누어지게 되고, 이를 계기로 춘추시대는 막을 내리고, 기원전 453년 전국시대가 열리게 된다. 그런데 조양자는 무슨 원한이 그리도 많았는지, 지백의 두개골에 칠을 해서는 이를 술잔으로 사용했다.

한편 자기가 섬기던 주군이 죽임을 당하고, 죽어서까지 그런 능욕을 당하는 것을 보자 예양은 복수를 결심하고, 우선 궁궐 화장실 인부로 위장 잠입을 해 암살할 계획

《사기》의 〈예양편〉의 청나라 판본 (출처 : 바이두)

을 세운다. 그런데 화장실 가까이 간 조양자가 갑자기 이상하게 가슴이 뛰는 걸 느끼고 수상하게 생각해 경비에게 수색을 시켰고, 결국 예양을 체포하여 조양자 앞에 무릎 꿇린다.

"너는 누구이며 왜 나를 암살하려 하는가?"
그러자 예양은 당당하게 말한다.
"나는 지백을 섬긴 예양이다. 주군의 넋을 달래기 위해 너를 죽이려고 한다."
좌우 신하들이 더 들어볼 것도 없이 저 자객놈을 죽이려고 했다. 그러나 조양자가 말린다.
"아니다, 멈추어라. 저자는 의인이다. 지백은 이미 죽고 그 후손들도 끊어졌다. 이에 그 신하된 자가 그의 원수를 갚아주려고 하니, 이는 천하의 보기 드문 현인이라! 내가 조심하면 그뿐이다."

조양자 또한 인물이라 예양을 풀어준다. 풀려난 예양은 포기하는 게 아니라 더욱 치밀한 계획을 세워서 다음을 준비한다. 이번에는 온몸에 문둥병 환자처럼 옻칠을 하고 숯가루까지 삼켜 목소리도 상하게 만든 다음, 시장에서 거지 행세를 하고 돌아다니자 가족도 못 알아볼 정도가 됐다.
만반의 준비를 한 예양은 조양자가 궁궐에서 나와 다리를 지난다는 사실을 알고 다리 밑에 거지차림을 하고 잠복하여 암살 기회를 노린다.

그런데 이번에는 조양자의 말이 다리를 지나기 바로 전에 뭐에 놀랐는지 울면서 지나길 거부한다. 이를 수상하게 여긴 조양자는 다리쪽 수색을 명하였고 거지 한 명을 발견한다. 그 거지를 끌고 조양자 앞으로 와서 심문을 하고 살펴보니 그 거지가 바로 예양이라는 걸 확인할 수 있었다.

포기한 줄 알았던 예양이 다시 이렇게 치밀하게 자신을 노리는
걸 확인한 조양자는 이번에는 크게 화가 나서 예양에게 묻는다.
"아니, 그대는 범씨와 중항씨를 섬겼고, 지백이 이들을 멸할 때는
복수를 하지 않고 가만있다가, 지백에게 몸을 의탁했다. 그 지백은
지금 죽고 없는데 그대는 왜 유독 지백의 복수에만 집착하는가?"

그러자 예양이 수천 년간 인구에 회자되는 폼나는 대답을 한다.
"내가 범씨와 중항씨 두 종족을 받들었으나, 그들은 모두 보통 사
람으로 나를 대했소. 그래서 나는 보통사람으로 그들에게 보답했소.
후에 내가 지백에게 몸을 의탁하자 그는 나를 국사(國士)로써 나를
대했소. 그래서 나는 지백에게 국사로써 보답하려고 할뿐이오."

'선비는 자신을 알아주는
사람을 위해 죽고,
  여자는 자신을 기쁘게 해주
는 남자를 위해 화장을 한다.'

그 말을 들은 조양자는 감탄
하며 말했지.
"아아, 예양이여, 그대의 지
백을 위한 충절로 그대는 이미
명예를 이루었고, 나 또한 그
대를 용서하여 그대에게 할 만
큼 했소. 그대가 옛 주인의 원
수를 갚으려는 마음은 이미 세

예양의 행위 (출처 : 바이두)

상에 알려져 그 이름이 이루어졌소. 또한 나는 그대를 이미 용서했으므로 그것으로 충분하다고 할 수 있소. 그대가 스스로 자초한 일이니 나는 다시 그대를 놓아주지 않겠소!"

비통한 심정의 예양은 자존심을 버리고 마지막 부탁을 한다.
"제가 듣기에 밝은 군주는 다른 사람의 훌륭한 점을 막지 않으며, 충신은 죽음으로써 의로운 이름을 남긴다고 했습니다. 군후께 청컨대 군후의 옷에 제가 칼질을 한 번 해서 원수를 갚게 해주신다면 저는 비록 죽더라도 한이 없겠습니다."

예양의 말이 대의에 해당한다고 생각한 조양자는 자기 옷을 벗어 예양에게 주고, 예양은 칼을 뽑아 세 번 옷 위에서 뛰고 이어서 칼로 찌르며 말한다.
"내가 비록 뜻을 이루진 못하였지만 저승에서 주군을 볼 낯은 있겠구나!"
그리고 즉시 칼 위에 엎어져 자결을 한다.

아, 이들이 대체 누구인가? 가히 춘추전국시대의 인물열전!
예양이 죽자 조나라의 뜻있는 인사들은 모두 그 충의를 기리며 눈물을 흘렸다.

치국평천하의 비서 – 손자병법을 만든 사람들 1

역사를 통틀어서 중국의 서적 중 《손자병법》만큼 많이 읽힌 책은 없을 것이다.

진목공 (출처 : 바이두)

《손자병법》은 세계 각국의 사관학교는 물론 전 세계 MBA 코스의 중요과목이 되어 있다. 위대한 사가 사마천은 그의 《사기》열전 편에서 <손자 오기> 편을 함께 꾸리고 있다. 그들은 병법으로 일가를 이룬 사람들이다.

풍운아 오기는 이미 말한 바 있고, 손자는 누구인가? 사실 우리가 알고 있는 손자는 분명한 역사상의 인물이 아니다. 현재에도 중국 학계에서는 그 실존성에 대해서 격한 논쟁이 일고 있다.

사마천도 오기와는 달리 손자에 대해서는 정사로 쓴 게 아니고 시정에 흘러 다니던 얘기를 그냥 쓴 거다.

그러나 인생은 꼭 그런 것만은 아닌 것, 일단 손자의 존재를 인정해야 모든 이야기가 제대로 풀린다. 그도 그럴 것이 원래 현존 《손자병법》은 삼국시대 조조가 펴낸 <손자약해(孫子略解)>를 말한다. 조조를 통해서 비로소 손자의 존재를 확인한 것이다. 조조는 밝히길 기존의 《손자병법》에 온갖 잡문이 끼어들어 원문의 여섯 배 이상 부풀려있는 것을 자신이 대대적으로 손질해 복원해내면서 주석을 가했다고 했다. 그가 당대 최고의 전략가이자 탁월한 사상가였기에 가능한 일이었다. 맨날 징징대기만 하는 쪼다 유비와는 다르다.

조조가 새롭게 편제한 《손자병법》은 전쟁의 승패를 가르는 전쟁터의 용병술은 물론 국가존망과 직결된 치국평천하의 통치술에 이르기까지 모든 방략을 담고 있다.

《손자병법》을 단순한 병서로 간주해서는 안 된다는 것이다.

그럼 도대체 손자는 누구인가?

일단 손자의 원조라면 기원전 6세기 말의 손무(孫武)를 꼽아야 할 것이고, 그 후 150년 쯤 후에 나오는 손무의 손주의 손주의 손주인 5대손 손빈도 있는데, 그 두 사람 다 합쳐서 손자라 한다.

서론은 그만하고, 손무는 본래 춘추전국시대 제나라 사람, 오나라로 와서 궁벽한 곳에 숨어 사는데, 오나라의 재상 오자서가 인재를 단박에 알아보고는 오나라의 왕 합려에게 손무를 극찬했다.

오왕 합려(와신상담의 주인공 부차의 부친)와 만난 손무는 자신이 저술한 병서 13편의 내용을 여러 차례에 걸쳐 소상히 설명하는데, 합려는 아, 그러냐, 하면서도 애매한 태도로 손무의 용병술을 한번 시험코자 하였다. 당연 손무는 열 좀 받았겠지.

"좋습니다. 후궁 궁녀들을 대상으로 시험하는 것이 좋을 겁니다. 대왕이 총애하는 후궁 2명으로 각각 1개 부대를 지휘하도록 하겠습니다."

"그리 하시오."

손무는 180명의 궁녀에게 갑옷과 투구를 착용하고 검과 방패를 들게 한 뒤 군율을 일러주었다. 이어 북소리에 따라 진퇴, 좌우, 회선하는 방법을 일러준 뒤 훈련시의 엄한 계율 등을 주지시켰다. 합려는 이쯤에서 눈치챘어야 했다.

"북을 1번 치면 모두 떨쳐 일어나고, 2번 치면 모두 큰소리로 외치며 전진하고, 3번 치면 모두 전투대형으로 전개한다!"

궁녀들이 당연히 모두 입을 가리고 킥킥 웃었다. 손무가 친히 북채를 잡고 북을 울리며 재삼 하명하고 거듭 경고를 주었다. 궁녀들은 웃기만 할 뿐 움직일 생각을 하지 않았다. 손무가 고개를 돌려 두루 살펴보는데도 궁녀들은 웃음을 멈추지 않았다.

손무가 도끼 집행관을 대령시켜 놓고는 조용히 묻는다.

"명령이 명확치 않고, 하명이 지켜지지 않는 것은 장수의 죄다. 군법에 따르면 어찌 조치해야 하는가?"

"마땅히 참수해야 합니다."

"이 죄는 두 대장에게 있다. 즉시 두 대장을 참하라!"

좌우에 늘어선 도수들이 즉시 합려의 두 총희를 끌어내어 꿇어앉힌다.

합려는 대 위에 올라가 멀리서 손무의 열병을 구경하다가 이 광경을 보고 대경실색했다.

"급히 가서 나의 분부를 전하고 두 궁녀를 구출토록 하라!"

사자가 급히 손무에게 달려가 명을 전했다.

"궁녀들을 부디 참수하지 마시오!"

손무가 단호히 거절했다. 그러고는 가차 없이 두 총희의 가녀린 목을 치게 했다.

그 다음 얘기야 뭐 …. 펄펄 뛰는 왕 합려를 간신히 설득하여 재상 오자서는 손무를 사령관에 앉히고 오나라를 천하의 제후국으로 만든다.

마오쩌뚱 (출처 : 바이두)

《손자병법》은 그냥 병법서가 아니다. 천하 치국의 도를 담은 책이다.

마오쩌뚱도 《손자병법》을 존경해서 항상 실전에 적용했다. 그의 대약진운동에서부터 모든 전술전략은 여기서 나왔다. 마오쩌뚱 전술이라는 것이 결국 《손자병법》이다.

그는 항상 《손자병법》에는 모든 철학이 담겨있다고 했다. 후인들이 이를 모르고, 단순히 병법이나 배우려하면 안 된다 했다.

현대의 중국은 어떤가? 과연 그들의 국가경영전략은 손자의 철학에 부합할까? 시진핑의 중국은 조상의 철학을 다시 공부해야 할 것 같다.

하버드 대학을 포함한 미국의 명문 경영대학원과 웨스트포인트 등에서 《손자병법》을 교재로 삼고 있음에도 그들 역시 병도(兵道)의 의미에 맞는 것 같지는 않다. 아이비리그 MBA 출신이 대거 진출한 월스트리트에서 탐욕으로 얼룩진 미국발 경제위기가 촉발된 사실이 이를 말해주는 것 아닌가? 하긴 우리도 마찬가지지만 ….

현존하는 역대 동서양의 병서 가운데 첫머리에 병법의 철학을 말한 책은 오직 《손자병법》밖에 없다. 병도의 이치를 모르면 《손자병법》을 읽지 않은 것만도 못한 것이다.

《손자병법》의 병도는 부전승(不戰勝)으로 요약되어 있다. 이점에서 적을 그냥 아작 내는 섬멸전에 초점을 맞추어온 서양과는 본질적으로 다르다.

키신저도 지난 2011년에 펴낸 《헨리 키신저의 중국 이야기(On China)》에서 말한다. 서양의 전략전술은 마치 체스에서처럼 '킹'을 공략해 박살내며, 클라우제비츠(Carl Von Clausewiz)의 《전쟁론 (On War)》에서 지적한 바처럼 전쟁에서는 오직 적에 대한 '결정적 타격'에 초점을 둔다. 그 반면 동양의 《손자병법》은 적을 온전히 하는 가운데 심복시킨다. 다시 말해서 동양의 바둑은 비어 있는 요충지로 재빨리 나아가 세를 불리는 것을 중시한다. '살타'보다는 '전략적 포위'와 '심복'에 초점을 맞춘 것이다.

병도는 구슬을 꿰는 것처럼 모든 전략전술을 하나로 묶는 그물의 역할을 한다. 병가의 성전(聖典)으로 불리는 《손자병법》이 제자백가사상을 집대성했다고 평가하는 이유가 이것이다.

《손자병법》을 지은 손무의 일생은 가히 노자의 그것이었다. 그는 오왕을 도와 천하쟁패의 싸움을 끝낸 후, 모든 벼슬과 보물을 초개처럼 버리고 깊은 산속으로 숨어버린다. 손무, 참 어렵기도 하다. 우리 후인들은 어떡하란 말인가?

그러면 대체 그 《손자병법》의 내용과 의미가 뭘까?

《손자병법》의 주해서는 엄청 많은데, 오늘 말하는 것이 그 핵심사상이다.
역시 《손자병법》의 가장 빛나는 내용은 '승전후구전(勝戰後求戰)' 사상이다.
승리하는 군대는 먼저 이긴 다음에 싸움을 찾고, 패하는 군대는 먼저 싸운 뒤에 승리를 구한다. 먼저 이긴 다음에 싸운다는 것, 뭔 소린지 좀 헷갈리긴 하지만 씹을수록 맛이 난다.

무릇 싸우지 않고 예측하여 이기는 사람이 승리할 공산이 크다.
싸우지 않고 예측에서 이기지 못하면 승리할 공산이 적다.

제1편 〈시계〉

따라서 손무는 전투에 앞서 전략과 대책 수립 그리고 전쟁 중의 모략 투쟁을 중시한다. 이에 따라 '묘산'(국가 최고통치자의 정책과 결정)을 군사활동의 첫머리에 두고 모략으로 승리하는 '벌모(伐謀)'를 가장 좋은 투쟁방식으로 꼽는다.

구체적으로 보면, 손무는 병법의 기본은 다섯 가지 일로 경영하고, 일곱 가지 꾀로 헤아려 그 정황을 찾아내는 것이라 했다.
이른바 다섯 가지 일이란 뜻의 '오사(五事)'란 도(道) · 천(天) · 지(地) · 장(將) · 법(法)을 말한다.

오사의 첫 번째는 병도다. 도(道)란 백성이 지도층과 더불어 뜻을 같이하는 것이니, 함께 죽을 수 있고 함께 살 수 있기에 어떤 위기도 두려워하지 않는다. 이것이 치국평천하의 근본이다. 백성과 지도자가 한 마음 한 뜻이니 더 이상 무엇을 말하랴! 아! 어느 나라는 지금 어떤가.
그 다음으로는, 천(天)이란 음과 양, 추위와 더위, 시기를 말한다.
지(地)란 멀고 가까움, 험하고 평탄함, 넓고 좁음, 죽음과 삶을 말한다.
장(將)이란 지(智) · 신(信) · 인(仁) · 용(勇) · 엄(嚴)이다. 이 다섯 가지 단어들은 현재 세계 각국 사관학교의 교실 벽 사진틀에 걸려 있다.
법(法)이란 교전수칙과 군율을 말한다.

이상 〈시계〉

그런 다음 따지고 비교하는데, '누가 주도권을 쥐는지, 어느 쪽 장수가 유능한지, 기후와 지리는 어느 쪽이 장악했는지, 병졸의 숙련 여부는 어느 쪽이 나은지, 상벌은 누가 분명한지' 등을 파악하는 것이다.

교전 쌍방은 이 7개 요소(훗날 이를 '칠계(七計)'라 불렀다)의 조건을 비교해서 승부의 가능성을 분석하고 실제에 적합한 정책을 결정한다.

손자병법 (출처: 바이두)

두 번째 내용은 '부전이굴인지병(不戰而屈人之兵)' 사상이다.

'싸우지 않고 상대를 굴복시킨다'는 이 사상은 손무의 병법 중에서 또 하나의 빛나는 부분이다. 손무는 전쟁의 이해관계를 전면적으로 가늠하여 전쟁 문제를 해결하는 최선의 방법으로 이 철학을 수립했다.

그는 다음과 같이 말한다.

백 번 싸워 백 번 이기는 것이 최선이 아니다. 싸우지 않고 이기는 것이야말로 최선이다.

용병에 능숙한 자는 싸우지 않고 상대를 굴복시키고 공격하지 않고 성을 무너뜨리고, 오래 끌지 않고 적국을 깬다. 희생 없이 온전하게 천하를 다툰다. 따라서 군대를 손상시키지 않고 이익을 온전히 지킨다.

제3편 〈모공〉

이 같은 기본 철학에서 출발하여 전쟁 방식의 선택이란 문제에서 손무는 "군대를 쓰는 최상의 방법은 '벌모'이며 다음이 '벌교(伐交)'이고 그 다음이 '벌병(伐兵)'이고, 가장 낮은 것이 '공성(攻城)'이다."라고 말한다.

'벌모'와 '벌교'는 정치와 외교 수단으로 적의 전략 의도를 깨는 것으로 피 흘리지 않고 싸우지 않고 승리하는 것이다. 이것이 상책이다. '벌병'은 전쟁을 통해 적을 소멸시키는 것으로 취할 만하다. 성을 공격하고 땅을 공략하는 것은 어쩔 수 없을 때 취하는 전법이다. 당시 조건에서 공성전은 병력과 물자를 지나치게 소모하는 것으로 득보다 실이 많은 경우가 대부분이었기 때문이다.

다음, 세간에서 가장 유명한 '지피지기(知彼知己), 백전불태(百戰不殆)' 사상이다.

손무는 교전 쌍방의 실제 상황을 정확하게 인식하는 것을 적을 극복하고 승리하는 전제조건이자 정확한 정책결정의 객관적 기초로 보았다.

> 따라서 현명한 군주와 장수가 움직여 승리를 거두고 출중하게 성공할 수 있는 까닭은 먼저 알기 때문이다.
>
> (제13편 〈용간(用奸)〉)

> 상대를 알고 나를 알면 승리하여 위태롭지 않고, 기상과 지리를 알면 승리를 보장할 수 있다.
>
> (제10편 〈지형(地形)〉)

> 상대를 알고 나를 알면 백 번 싸워도 위태롭지 않다. 상대를 모르고 나만 알면 한 번 이기고 한 번 진다. 상대도 나도 다 모르면 싸웠다 하면 진다.
>
> (제3편 〈모공(謀功)〉)

손무는 나아가 말한다.

첫째, 귀신에게 물어 알아서는 안 되며, 다른 일을 본받아서도 안 되며,

기타 천문 따위를 보고 추측해서도 안 된다. 반드시 사람을 통해 적의 정황을 알아야 한다.

(제13편 〈용간〉)

둘째, 현상을 통해 본질을 간파할 것을 강조한다.

손무는 두 군대가 진지를 사이에 두고 교전하는 중에 나타나는 열두 가지 표면적 현상을 통해 적군의 진정한 의도를 간파할 것을 강조하고, 적이 만들어낸 가상에 현혹되어서는 절대 안 된다는 점도 지적한다.

구체적으로는, '시형(示形)'으로 가상을 만들어낸다는 뜻이다.

할 수 있으면서 못하는 척, 활용할 생각이면서 그렇지 않은 척, 가까이 있으면서 멀리 있는 것처럼, 멀리 있으면서 가까이 있는 것처럼 보이게 한다.

(제1편 〈시계〉)

적이 흙을 높이 쌓고 도랑을 깊이 파고 수비에 들어가도 나와 싸우지 않을 수 없게 만드는 것은 적이 반드시 구원하지 않으면 안 되는 곳을 내가 공격하기 때문이다.

(제6편 〈허실〉)

적의 장점과 약점을 겨냥하여

이익으로 꼬드기고, 어지럽혀 취하고, 튼튼하면 대비하고, 강하면 피하고, 성나게 만들어서 혼란스럽게 하고, 낮추어 교만하게 만들고, 편안하면 수고롭게 만들고, 친밀하면 떼어놓는다.

(제1편 〈시계〉)

손무는 이런 기발한 공격으로 다섯 번 전투에 잇달아 승리하고 초의 수도 영성을 점령했다. 이로써 중원을 호령하던 초가 한순간에 무너지고, 반대로 오는 위세를 크게 떨쳐, 춘추 5패의 강자로 부상했다.

마오쩌둥 전략도 꼭 이러하다. 그는 손자의 제자이자 그대로 따라하는 카피캣이라 할 것이다.

특히 그는 오나라가 막강한 초와 싸울 때 써먹은 전략을 열배 이상 막강한 장개석군과 싸울 때 그대로 사용했다. 이것이 전사에 빛나는 마오쩌둥의 16자 전략전술이다.

《마오의 16자 전술》

敵進我退 (적진아퇴)
적이 공격하면 후퇴한다

敵駐我擾 (적주아요)
적이 멈추면 교란시킨다

敵疲我打 (적피아타)
적이 피로하면 공격한다

敵退我追 (적퇴아추)
적이 후퇴하면 추격한다

치국평천하의 비서 - 손자병법을 만든 사람들 2

손빈, 복수는 나의 힘

손자의 또 다른 인물, 손무의 150년 쯤 후손인 손빈. 그는 조부 손무와는 달리 실존적 인물이다. 그를 말하려면 먼저 한숨부터 나온다. 인간에 대한 신뢰가 너무도 허망한 것을 일깨워준다.

손빈 (출처 : 바이두)

제나라 사람 손빈은 기원전 356년에서 기원전 319년 무렵에 활동했다. 그 역시 청운의 뜻을 품고 춘추전국시대의 피바람 속에서 병법으로 우뚝 서고자 했다. 청년 시절 손빈은 친구 방연과 함께 신비의 인물 귀곡 선생으로부터 병법을 배웠다. 고조할아버지 손무의 후손답게 그는 탁월했다. 언제나 경쟁자 방연을 앞질렀다.

이때는 이미 전국시대에 접어들어, 당시 전국 7웅 중에서 진나라 다음으로 막강한 제나라와 위나라는 중원의 패권을 놓고 격렬하게 싸우고 있었다.

귀곡산장을 졸업한 경쟁자 방연은 출세를 위해 위나라에 가서 각고의 노력 끝에 위혜왕(惠王)에 의해 장수에 임명되었다. 그러나 장수로 임명된 후에도 방연의 머리 속에는 항상 트라우마처럼 손빈이 자리하고 있었다. 방연은 자신이 손빈만 못하다는 사실을 너무 잘 알고 있었다. 그의 열등감은 위기감으로 변하고, 그 위기감은 손빈에 대한 살의로 변했다.

그는 드디어 손빈 제거계획을 세우고 손빈을 위나라로 초청했다. 국경에서 곧바로 손빈을 간첩죄로 체포하도록 시키고는, 손빈을 죽이지는 않고 무릎 아래를 잘라내는 빈형(臏刑)을 가해서 앉은뱅이로 만들었다. 손빈의 빈자가 여기서 나왔다는 슬픈 전설이 있다. 여기에 손빈의 얼굴에다 죄인임을 나타내는 경형(黥刑)까지 남겼다.

방연은 끝까지 모른 척 하다가 손빈이 가지고 있는 손무의 비서 《손자병법》을 얻기 위해 은혜를 베푸는 척 나타나 그를 회유한다.

한참 후에 방연의 흉계를 알아낸 손빈은 살아남아서 처절한 복수를 꿈꾼다.

이제 목표는 출세보다는 복수가 되었다. 하지만 치밀한 방연은 손빈을 철저하게 감시하였고, 이에 대한 손빈의 방책은 미친 짓 하기였다. 거리에 맨몸으로 나가 춤을 추고, 개똥을 먹었으며, 똥오줌을 가리지 않았고, 혼자서 횡설수설하였다. 방연은 그래도 감시했고, 7년 정도가 지나자 비로소 감시를 멈췄다.

이때 당도한 위나라의 라이벌 제나라의 사신은 손빈이 범상치 않은 인물임을 즉시 알아보고, 천신만고 끝에 손빈을 숨겨 제나라로 돌아갔다. 손빈은 그곳에서 제나라 대장군 '전기'의 빈객으로 있게 된다.

당시 제나라 귀족 사이에서는 현대 한국 신사들의 고스톱처럼 경마 노름이 크게 유행했는데, 손빈은 경마에 참여하는 말들이 상·중·하 세 등급으로 나누어져 있고, 시합은 삼판양승으로 한다는 것을 알고는, 전기에게 승리 비책을 헌납했다.

대장군 전기는 아파트 값 100채에 해당하는 천금을 걸고 제왕을 비롯한 공자들과 붙었다. 그 비책은 먼저 제일 못한 하등 말을 상대의 상등 말과 붙여서 한 판을 져주고, 다음 상등 말을 상대의 중등 말과 붙여 한 판을 만회한 다음 상대의 하등 말과 내 중등 말을 붙이면 필승이라는 것이었다. 전기는 이 방법으로 당연히 시합에서 이겼다. 사람들은 당시 손빈이 사용한 이 방법을 '삼사법'이라 불렀다.

전기는 바로 제왕에게 손빈을 천거하고, 손빈은 왕의 군사가 되었다.

이제 때는 왔다. 막강한 위의 사령관 방연과 제의 군사 손빈이 건곤일척의 한판 싸움이 시작되고 있었다. 기원전 353년에 벌어진 제나라와

계릉전투 (출처 : 바이두)

위나라의 '계릉(桂陵)전투'는 중원 쟁탈전의 관건이 되는 한판 승부였다.

방연은 8만 대군을 이끌고 조나라를 공격하여 수도 한단을 포위했다. 위기에 몰린 조나라 왕은 제나라로 사람을 보내 구원을 요청했다. 손빈은 신속하게 위나라의 수도인 대량으로 진격하여 교통의 요충지를 점거했다.

위나라 군대는 예상대로 반격에 나섰고, 제나라 군대는 즉시 후퇴하면서 겁을 먹은 듯 연출했다. 그러고는 수도 대량을 공격하는 척하면서 방연을 자극했다. 방연의 회군을 유도하자는 전략이었다. 주력군은 위나라 군대가 지나게 될 계릉(지금의 산동성)에다 매복시켜놓게 했다.

과연, 방연은 손빈이 쳐놓은 그물에 걸려들었다. 방연은 바로 군대를 철수시켜 밤낮으로 자신들의 수도인 대량을 향해 진군했다. 그리고 마침내 계릉에 이르렀다. 그 순간 제나라의 매복병들이 벼락같이 기습을 가했고, 위나라 군대는 당황한 끝에 참패를 당했다.

계릉전투의 결과는 '위위구조(圍魏救趙)'라는 책략이 정확하게 들어맞았음을 입증했다. '위위구조'는 위(魏)나라를 포위하여 조(趙)나라를 구한다는 뜻. 정면충돌을 피하고 상대의 허점을 공략하는 것을 비유하는 말이다. 고대 중국의 병법인 '삼십육계비본병법

(三十六計秘本兵法)'의 2번째 계책이기도 하다.

탐욕스런 위혜왕은 다시 한나라를 공격하고, 제나라 군대는 한나라를 구하기 위해 위의 대량으로 진격해 들어갔다. 혜왕은 태자 신(申)을 상장군, 방연을 사령관에 임명하여 제나라 군대를 공격하도록 했다. 이번에는 사생결단을 내겠다는 심산이었다. 손빈의 군대는 순진한 태자 신과 교만하고 승리에만 급급한 방연의 약점을 이용했다.

제나라 군대는 위나라 군대와 맞닥뜨리자 바로 머리를 돌려 후퇴했다. 첫날 10만 병사의 밥을 짓는 솥을 둘째 날에는 반으로 줄였다. 셋째 날에는 3만 명 분으로 줄였다. 제나라 군대의 밥솥이 계속 줄어드는 것을 확인한 방연은 '겁 많은 제나라 놈들, 전투한 지 단사흘 만에 절반 이상의 병사들이 도망쳤구나!'라며 의기양양해서 제나라 군대의 뒤를 쫓기 시작했다. 이것이 저 유명한 밥솥 줄이기 작전 '감조유적(減┌誘敵, 솥을 줄여 적을 속이다)'이다.

손빈은 위나라 군대가 그날 밤이면 마릉(馬陵)에 도착할 것으로 예상했다. 그는 이곳을 선택하여 궁사 1만을 도로 양옆에 매복시킨 다음, 위나라 군대가 도착하여 횃불이 타오르면 일제히 불빛이 있는 쪽으로 화살을 날리도록 명령을 내려두었다. 또 길옆에 서 있는 가장 큰 나무의 껍질을 벗기고는 드러난 허연 부분에다 '방연이 이 나무 아래에서 죽는다!'라고 써놓았다.

날이 어두워지자 예상대로 방연이 마릉에 이르렀다. 방연은 큰나무에 새겨진 글자를 발견하고는 좀더 자세히 보기 위해 횃불을 밝히도록 명령을 내렸다. 횃불이 타오르는 순간, 방연이 글자를 채 확인하기 전에 화살이 비오듯 날아들었다.

대세가 기울었음을 직감한 방연은 "지혜가 다 떨어지면 군대는 패하게 마련"이라며 스스로 목숨을 끊는다. 방연이 죽기에 앞서 그 다운 멋진 말을 한다.

"결국 내가 또 손빈 이 자식의 명성을 높여주는구나!"

승기를 잡은 제나라는 일제히 진격하여 위나라 군대를 섬멸시키 고 태자 신을 포로로 잡았다. 이후 위나라는 망해갔고, 제나라는 진 나라와 함께 천하를 쟁패하는 양강으로 일어섰다.

이제 진나라의 천하통일을 시작하기 위한 춘추전국시대의 서막 은 올랐다.

대체 어떻게 해서 그들은 모든 사람들의 꿈을 실현하였을까? 어 떤 인간들이 감히 그 일을 해내고 말았을까? 무슨 생각으로 그 일을 해치웠을까? 우리는 저 험난한 멀고 먼 길을 함께 가기로 한다.

II. 천하통일의 여명

진나라 목공 등장하다

오고대부 백리해

장강의 물결이 도도히 흘러
가듯이 그리고 장강의 뒷 물
결이 앞 물결을 치고 가듯이
인류의 역사는 흘러간다. 중
국 최초최대의 천하통일을 이
룩한 진나라.

그 500여 년의 역사 속에서
무수한 인간들과 영웅들과 사
상가들이 명멸했다.

500여 년간 최고의 인간 드

백리해 (출처 : 바이두)

라마가 펼쳐졌던 춘추전국시대를 정리하고 중국 최초최대의 천하 통일을 이룩한 진나라.

그 장대무비한 이야기에는 인간사 모든 것이 다 들어 있다. 그들은 어떻게 그 엄청난 일을 해냈을까? 그 옛날 무슨 힘으로 무슨 생각들로 그 일을 해낼 수 있었을까?

이제부터 까마득한 날들에 인류 최고의 휴먼 드라마를 펼친 진나라의 천하통일 이야기를 하고자 한다.

너무도 매력적이고 동시에 처절했던 무한경쟁의 시대 춘추전국시대를 가르고 무수히 많은 인간들이 가슴 속의 열정과 비수 같은 머리싸움을 통해 천하는 진나라에게 돌아왔다. 중국 최초의 제국, 세계최대의 제국을 수립하는 과정을 추적하면서 우리는 가슴 뿌듯한 감동과 비애와 그리고 인류의 꿈을 만나보고자 한다.

춘추전국시대를 간단히 말하면, 공자가 꿈에 그리던 주나라가 서북방의 오랑캐를 피해 수도를 동쪽의 낙양으로 옮긴 기원전 770년부터 동주시대로 불리며, 이른바 춘추시대가 시작되었다. 종주국이며 천하의 강대국 주나라가 힘이 미약해져 서북의 오랑캐 따위에 몸을 피하여 동쪽으로 이주해오니, 그동안 숨죽이며 살던 크고 작은 나라들이 저마다 제후국으로 나서 주나라를 형식적으로나마 섬기며 힘을 길렀다. 수많은 제후국들이 각자 나름대로 주나라를 흉내 내어 부국강병과 천하통일을 목표로 나아가니 이러한 천하쟁패의 시대를 '동주시대의 열국지' 혹은 '춘추시대'라 한다.

점차 세월이 흘러 약육강식의 원리에 의해 주나라 초기에 1천여 국이나 되던 제후국의 수가 140여 개국으로 줄어들더니 마침내는 10여 개국으로 압축되었다. 이 가운데 패권을 잡은 제후를 춘추오

패(春秋五覇)라 하는데, 이 오패는 제의 환공, 진(晉)의 문공, 초의 장왕, 오왕 합려, 월왕 구천이라는 설과 오왕 합려, 월왕 구천 대신 송의 양공과 진(秦)의 목공이라는 설이 있다. 여기서는 뒤에 천천히 설명하는 이유로 후자의 학설을 취하기로 한다.

3백여 년간 지속되던 춘추시대는 기원전 453년 강력했던 진(晉) 나라가 한(韓)·위(魏)·조(趙) 삼씨 성을 가진 세 나라로 분리되면서 그나마 유지되던 아슬아슬 했던 동주시대의 평화가 깨지며, 힘이 정의라는 인간사 원리를 터득하면서 주 황실을 개똥 취급하며 각자도생의 길을 걷기 시작했다. 이제 시대는 오직 힘을 기르고 약육강식의 정글의 논리만이 판치는 세상, 이른바 전국 시대가 펼쳐진다.

무지막지한 전국시대의 패자들이라 함은 여차하면 잡아먹고 먹히는 정글 속에서 악착같이 살아남은 7개국을 말하는데, 사가들은 이들을 전 시대의 춘추 5패와 함께 전국 7웅이라 한다. 그들은 진(秦)·초(楚)·연(燕)·제(齊)·한(韓)·위(魏)·조(趙)의 7국이다.

길고도 길었던 춘추전국시대는 550여 년간의 투쟁 끝에, 기원전 221년 진나라에 의해 정리되며 대단원의 막을 내린다.

바로 이 이야기를 하고자 한다. 장대한 천하통일의 이야기를.

원래 진(秦)나라는 서북 지역에 있는 이민족 속의 미미한 오랑캐 나라에 불과했다. 기원전 771년 주나라가 서북방 오랑캐 견융의 침략으로 망해갈 때, 진의 초대 군주였던 진양공(晉襄公, 재위:기원전 777~766년)이 군사를 이끌고 달려가 주나라를 구원하고, 동주의 낙양으로 천도할 때 지성으로 도왔다. 그때까지만 해도 진은 소국의 영주로서 감히 주의 천자에게 직접 조회를 드릴 수 있는 제후국이 되지 못하고, 5등급 이내에 속한 제후들이 조회를 드리러 갈 때 곁다리로 뒤에 붙어서 조회하는 보잘 것 없는 부용국이라는 초라한 존재였다.

그러나 진나라는 종주국 주나라를 도운 공로를 인정받아 백작국 (伯爵國)으로 승격되었고, 다시 주나라가 버린 기산 서쪽의 땅을 할 양받아 명실 공히 강대국의 반열에 합류하게 된 것이다. 이때 중원의 정통 제후국인 제나라나 초나라는 이를 인정하지 않았고 오랫동안 진을 마음속으로 오랑캐 나라라고 깔보았다.

춘추전국시대의 진나라는 두 나라가 있는데, 섬진(陝秦)과 당진 (唐晉)이 있다. 천하통일의 주역 진나라는 섬진으로서, 기원전 771년 견융의 침입으로 주나라 수도인 호(鎬)가 함락당하고, 당시의 제왕인 유왕이 살해당할 때, 진의 양공이 견융을 치고 주나라를 도와준다. 진은 그 공로로 섬서(산시)성(陝西省)의 서부를 하사받게 되었다. 그 때부터 진나라는 섬진으로 불리게 되었다.

또한 기원전 659년 진의 목공은 동쪽의 진(晉)나라를 쳐서 관중 전역을 지배하게 되었고, 이러한 이유로 섬서(산시)성 지역은 진 (秦)으로도 불리며, 섬진으로 호칭하게 된 것이다. 그리고 우리가 선진시대(先秦時代)라 함은 진(秦)나라가 중국을 통일하기 이전의 중국을 말한다. 가령 선진(先秦) 유학이라 함은 진나라 진시황 이전에 활약했던 유학자들을 의미하며, 춘추시대 말기의 공자, 전국시대의 맹자, 그리고 전국시대 말기에 활약한 순자가 당시를 대표하는 사상가이다.

주에게서 양도받은 그 땅은 사실 주나라가 다스릴 수도 없던 오랑캐의 땅이었다. 당연히 오랑캐와 끝없는 싸움을 통해서만 얻을 수 있는 불모의 땅이었다. 해서 초대 왕 진양공을 포함하여 여러 명의 군주가 오랑캐와의 싸움 중에 전사했다.

그렇게 거친 세월은 흘러갔고, 명맥만을 유지하며 진은 북방에서 갖은 고초를 겪어 나갔다. 약100여 년이 흘러가고 드디어 제9대 왕 진목공(穆公, 재위:기원전 659~621년)의 시대가 왔다. 진정한 진나라의 역사는 이제부터 시작이었다. 사가들은 나라 구분을 위해서 이때의 진나라를 섬진(秦)이라 하고, 또 다른 강자 진나라는 당진(晉)이라 하였다.

진의 제9대 왕 목공은 패권지도를 지향하는 영명한 군주로 그와 함께 진의 초석을 만든 현인 재상이 있었으니, 그가 백리해(百里奚)다. 인재의 바다 춘추전국시대 당시 진나라에도 현자들은 백리해뿐만 아니라 건숙(蹇叔), 비표(丕豹), 공손(公孫) 등 즐비하였다. 그 중에서 가장 드라마틱한 삶을 살고 가장 스토리가 많은 인물은 단연 백리해였다.
이제 장편 '천하통일'의 장대한 이야기, 진나라 통일의 역사 이야기를 시작한다.
진나라의 초석을 만든 첫 번째 '백리해와 진목공'의 길고 긴 이야기부터 시작한다.
춘추시대의 수백여 개의 나라 중에서 가장 작고 빈한한 나라 우나라의 백리해는 제나라의 관중에 비견될 정도의 탁월한 경륜과 천하쟁패의 포부를 지닌 현자였다. 그러나 그는 가난했다. 아무도 그를 알아주지 않았다.
인생이 늘 그러하듯이 아무리 능력이 있어도 한 번 안 풀리기 시작하면 불운은 계속되는 법, 인력으로는 안 되는 일이 그런 거다.

백리해는 나이 30이 넘어서 두(杜)씨에게 장가를 들어 아들 하

백리해 (출처 : 바이두)

나를 얻었다. 백리해는 집을 떠나 벼슬자리를 구하려고 했지만, 처자를 두고 차마 떠날 수 없었다. 그때 현명한 백리해의 처 두씨가 말했다.

"남자는 그 뜻을 천하에 두어야 한다고 했습니다. 남편이시여, 저희들 두 사람은 괘념치 마시고 세상에 나가 뜻을 펼치십시오. 저 혼자서도 꿋꿋하게 살아남을 테니 걱정 마시고 미련 없이 떠나세요."

두씨는 하나밖에 없는 씨암탉을 잡았으나 땔감이 없어 문빗장을 뜯어서 불을 피워 조리를 하고 아직 덜 익은 조 이삭을 베어와 절구에 찧어 밥을 지었다. 백리해가 그 밥을 어떻게 먹었을까? 온갖 상념에 먹는 둥 마는 둥 하고는 떠밀리듯 길을 나섰다.

이때 두씨가 아들을 품에 안고 백리해의 소매를 붙잡으며 눈물을 흘리면서 말했다.

"부귀하게 되면 부디 우리 모자를 잊지 마십시오."

그저 하릴없이 묵묵히 길 떠나는 백리해. 피눈물이 난다는 말은 이럴 때 쓰는 말. 그저 목이 멘다.

백리해가 가족과 이별하고 여기저기 벼슬자리를 구했으나, 무작정 떠난 길에 누가 그를 돕나. 결국 거지가 되어 구걸을 하다가 세월을 보내고 이미 마흔 살의 나이가 되고 또 나이 반백이 되었다. 한 가지 소득이 있다면 길에서 의인 건숙(蹇叔)을 만나고 의형제를 맺은 것뿐이었다.

대기만성 백리해

우나라의 궁지기(宮之奇)라는 어진 신하가 우공에게 백리해를 천거하자 우공은 백리해를 중대부에 임명했다. 이때 우공을 같이 만나 본 건숙이 백리해에게 말했다. '우공은 욕심 많은 소인이라 별로 좋을 것 같지 않으니 출사하지 말라'고 일렀으나, 백리해가 자신은 '지금 찬밥 더운 밥 가릴 처지가 아니니 자신은 그냥 이곳 고향 땅에서 출사하겠다'고 간절하게 말하니, 건숙은 바로 알아듣고 그럼 그래라 하며 혼자 떠나갔다. 백리해는 취임 즉시 부인을 찾았으나, 그의 부인은 삼십여 년 전에 이미 먹고살기 위해 어디론가 멀리 떠나고 없었다.

한편 당진의 군주 헌공(獻公)은 오래 전부터 우나라의 이웃 괵나

춘추시대 (출처 : 바이두)

라를 정벌하려는 계책을 쓰다가, 마지막으로 미인계를 써서 괵공을 어지럽힌다. 어리석은 괵공은 대부 주지교가 간하는 말을 듣지 않고 진 헌공의 계책대로 여색에 빠진다. 이때 당진은 또 다시 괵의 이웃나라인 우나라 우공에게 재물로 현혹하여 당진을 믿게 한 후에 우나라로부터 길을 빌려 괵을 멸하려는 전략을 세운다. 당진의 헌공은 수극지벽(垂棘之璧)이라는 보물과 어가를 끄는 네 필의 굴산지마(屈産之馬)라는 명마 등 두 가지 보물로 우공을 유혹한다.

이때 대부 리극(里克)이 옆에서 간하길, 우나라에는 궁지기와 백리해라고 하는 두 사람의 현신이 있어서 어려울 것이라 하나, 헌공이 말하길 '우공은 탐욕스럽고 어리석어 비록 두 사람이 간하더라도 절대 따르지 않을 위인'이라 하며 자신의 비책을 밀어부쳤다. 우공은 역시 예측대로 당진이 가져온 수극지벽과 굴산지마를 보자마자 정신을 못차리고 당진의 계책에 말린다. 더구나 길 빌려주는 대가로 노획하게 되는 모든 전리품을 준다고 하니 더 말할 필요조차 없었다.

당진의 모략에 빠져 이를 승낙하려는 우공에게 궁지기가 간했다. "안 됩니다. 옛말에 순망치한(脣亡齒寒)이란 말이 있습니다. 입술이 없어지면 이빨이 시리게 된다는 뜻입니다. 오늘 괵국이 망하면 내일은 틀림없이 그 화가 우리 우나라에 닥치게 됩니다."
"당진은 괵국보다 열 배나 강한 나라이다. 괵나라를 버리고 대신 강국 당진을 새로 얻는다면 어찌 이득이 아니라고 말할 수 있는가?"

이에 조용히 듣고 있던 백리해가 궁지기를 말리며 끌고 나온다.
"어리석은 자에게 올리는 좋은 말은 마치 아름다운 구슬을 길거리에 버리는 행위와 같다고 했습니다. 더 말하면 그대가 위태로워집니다."

우공이 탐욕을 부리며 당진군의 향도가 되어 픽나라의 하양성을 향해 진군했다. 그때 하양성은 대부 주지교가 지키고 있었다. 주지교는 픽나라를 돕기 위해 우공이 구원군을 끌고 왔다는 말에 추호도 의심하지 않고 관문을 열어 맞아들였다. 그러나 우공이 몰래 끌고 온 당진군은 픽군을 불시에 공격하여 접수한다. 주지교는 휘하의 군사들과 함께 당진군에게 항복하고 말았다. 리극의 당진군이 계속 여세를 몰아 픽의 도성을 공격하니 성안의 병사와 백성들이 다 죽어가고 있었다. 픽공은 한밤중에 가솔들과 함께 주나라 도성을 향해 도망쳤다. 픽나라의 백성들은 결국 모두 성에 진입하는 당진의 군사들을 반겼다.

리극은 픽나라의 창고에 있던 금은보화 절반과 픽공이 거느렸던 미녀들을 모두 우공에게 주었다. 수많은 보물과 미녀들을 받게 된 우공은 크게 기뻐했다. 그러나 얼마 지나지 않아 궁지기의 간언대로 당진군은 돌아서자마자 곧장 회군하여 우나라를 공격한다. 이에 우공이 한탄하며 말했다.
"궁지기의 간언을 듣지 않아 이 지경에 처하게 됐으니 참으로 후회스럽구나!"

당진의 헌공이 우나라에 진입하여 꿇고 있는 우공을 만나 웃으며 말했다.
"과인은 옛날 맡겨놓았던 수극지벽과 굴산지마를 돌려받기 위해서 이곳에 왔소!"
우공은 보물도 도로 뺏기고 당진군의 병영에 포로로 잡혀 있게 되었다.

대신들 중에 오직 백리해만이 우공의 곁에서 떨어지지 않고 따라다니며 모셨다. 당진국에 항복하여 대부의 벼슬을 받은 주지교가 백리해의 충심과 현명함을 알고 헌공에게 천거했으나, 오히려 백리해는 일언지하에 거절한다. 그는 원수의 나라인 이곳 당진에서는 벼슬을 구하지 않겠다 했다.

그때 부인이 없던 섬진(陝秦)의 목공(穆公)이 당진의 헌공에게 청혼을 해왔다. 헌공이 목공에게 그의 딸 백희와의 결혼을 허락하고 그녀에게 보낼 몸종을 구하는데, 백리해에게 제안을 거절당해 자존심이 상해 있던 대부 주지교가 말했다.

"옛날 우공의 신하였던 백리해는 우리 당진의 벼슬을 받지 않고 있으니, 이번 기회에 노예로 만들어 섬진으로 보내버리시지요."

헌공이 백리해를 그의 딸 백희의 몸종으로 삼아 그 일행에 넣어 섬진으로 보낸다. 졸지에 노예의 신분으로 전락하여 섬진으로 가게 된 백리해는 기가 막혔다. 자신의 기구한 신세를 또 다시 한탄했다.

오고대부 백리해, 진목공을 만나다

백리해는 죽고만 싶었다. 더 이상 살아갈 힘도 없었다. 그는 급기야 백희의 시집가는 행렬을 벗어나 무작정 달아나, 초나라 땅의 벽지에서 야인의 마소를 기르며 버텼다. 절망 속에서 오직 마소 기르는 일에만 몰두한 그는 곧바로 소 전문가가 되었다. 그 지방의 어떤 현자가 우마 기르는 일에 탁월하다는 소문은 곧 초나라 궁궐까지 퍼졌다. 초나라 왕이 그를 불러 시험하니, 백리해의 인품과 능력을 알아보고는 그를 왕의 목장에서 소와 말을 기르게 하였다.

진목공은 일행 중에 노비가 된 우나라 대부 백리해가 도주했다는 사실을 알고 의아하여, 대부 공손지(公孫枝)를 불러 백리해에 관해 물었다.

"그는 세상을 경영할 지략을 가슴속에 품고 있으나 단지 아직까지 때를 만나지 못했기 때문에 저리된 것입니다."

품은 뜻이 높고 인재에 목마른 진목공이 공손지에게 당장 그를 부르자 하였다.

"내가 많은 재물을 초나라에 주어 백리해를 달라면, 초왕이 과연 그를 보내줄까?"

"그리하면 안 됩니다. 그들은 아직 백리해가 현자라는 사실을 모릅니다. 주군께서 많은 재물을 보내 백리해를 달라고 하면, 백리해가 인재인줄 알고 초왕은 그를 우리에게 보내기는커녕 오히려 중용할 겁니다. 백리해를 부를 방도는 오직 그가 몸종으로서 도망친 죄를 묻겠다 하면서 약간의 재물을 보내고 대수롭지 않게 대하게 되면, 초나라에서도 별 의심 없이 그를 우리에게 보낼 겁니다. 이것이 제나라의 포숙아가 관중을 노나라에서 탈출시킬 때 사용한 방법입니다."

목공은 즉시 숫양 가죽 다섯 장과 함께 초왕에게 편지를 썼다.

'천한 몸종 백리해란 자가 그리로 도주했는데, 숫양 가죽 다섯 장을 몸값으로 보내니, 그놈을 우리나라에 보내주시면 감사하겠습니다.'

드디어 인물과 인물이 만났다. 초에서 데려온 늙은 백리해를 접견한 목공이 물었다.

"지금 나이가 몇 살이요?"

"금년에 70입니다."

"그것 참, 같이 일하기에 나이가 너무 많은 듯 싶소."

"이 백리해로 하여금 맹수 잡는 사냥이나 시킬 거라면 신은 이미 늙었다고 할 수 있겠으나, 만약에 나라의 일을 보게 하실 생각이시라면 저는 아직 젊습니다. 옛날 강태공 여상(呂尙)이 위수(渭水)에서 낚시하다 주문왕을 만나 주나라 사직을 일으켰을 때가 80살이었습니다. 금일 군주를 만난 신의 나이는 여상과 비교하면 10년이나 더 젊습니다."

이에 목공이 자세를 바로 하고 다시 물었다.

"우리나라는 중원의 여러 나라들로부터 오랫동안 오랑캐의 나라라고 업신여김을 당해 제후들의 회맹에 초청도 받지 못하고 있습니다. 어찌하면 좋을까요?"

"진나라의 지세는 우선 주나라가 일어난 곳이며, 산의 모습은 마치 개의 이빨 형상을 하고 있고, 벌판은 긴 뱀처럼 구불구불하게 펼쳐져 있습니다. 그 땅을 주나라가 능히 지키지 못해 하는 수 없이 섬진에 주었던 것입니다. 이것이야말로 섬진을 크게 열게 하려는 하늘의 뜻입니다.

섬진의 서쪽 변경이 융과 적의 오랑캐들과 맞닿아 있는 것은 오히려 유리한 점입니다. 이러한 때에 덕으로 백성을 대하고, 힘으로 융적(戎狄)의 나라를 정벌하여 서쪽의 변경지역을 안정시키십시오. 덕과 위엄으로 그들을 이끈다면 패업을 이룰 수 있으며, 모든 제후국들이 존경하게 될 것입니다."

목공이 감동으로 외쳤다.

"내가 그대를 얻었음은 제환공이 관중을 얻음과 같도다!"

목공이 계속해서 백리해와 며칠을 토론하고 나서, 백리해를 상경
(上卿)의 벼슬에 임명하고 섬진국의 모든 정치를 맡기고자 했다. 이
때부터 모두가 백리해를 숫양 가죽 다섯 장을 주고 데려왔다고 해
서 오고대부(五羖大夫)라고 불렀다. 이 이야기는 너무도 유명하여
시와 고사로 지금까지 여럿 남아있다.

그러나 천하의 백리해가 누군가! 그는 사양하면서 말했다.

"신의 재주는 신의 의형이 되는 건숙에 비해 그 십분의 일도 못
미칩니다. 신이 옛날 벼슬을 구하면서 제나라 땅을 떠돌아다니고
있을 때, 건숙은 현명한 판단으로 여러 차례 나를 구해주었습니다.
그의 현명함은 우리 진나라의 상경이 되고 남을 정도니 부디 그를
쓰도록 하십시오."

아, 백리해의 인품이 이러하였다.

백리해의 천거를 받아들인 목공이 은둔 중인 건숙을 모셔오도록
했다. 백리해의 간곡한 요청을 전해들은 건숙이 고민 끝에 탄식하
며 승낙한다.

"백리해가 오랫동안 유랑하다가 이제야 다행히 명군을 만났는데
나로 인하여 그 뜻을 못 이룬다면 내가 어찌 참을 수 있겠는가?"

건숙은 의형제 백리해와 진목공을 만나기 위해 두 말없이 길을
떠난다.

백리해, 건숙과 함께 진목공을 만나 패자지도를 펼치다

진목공과 백리해 (출처 : 바이두)

진나라에 들어온 건숙에게 목공이 물었다.

"대부 백리해께서 여러 번 선생의 현명함을 말했습니다. 선생은 어떤 말로 저를 깨우쳐 주시겠습니까?"

건숙이 말하기 시작한다.

"섬진은 강한데도 중원 제후들의 반열에 같이 서지 못하는 이유는, 섬진의 위엄과 덕이 그곳에 미치지 못하기 때문입니다. 위엄이 없으면 심복시킬 수 없으며, 덕이 없으면 품을 수 없습니다. 심복하게 할 수도 없고 가슴에 안을 수도 없는데 어찌 패업을 이룰 수 있겠습니까?"

"그렇다면 위엄과 덕 중 어느 것부터 먼저 행해야 합니까?"

"덕을 기본으로 삼되 위엄을 뒤따르게 해야 합니다. 덕이 있으나 위엄이 따르지 않는다면 나라는 외부로부터 침략을 당하게 됩니다.

또한 위엄이 있으나 덕이 없으면 나라는 안으로부터 무너집니다."

"과인이 덕을 쌓고 위엄을 세우고 싶은데 어떤 가르침이 있습니까?"

"섬진은 융, 적의 오랑캐 풍속에 젖어있어 예(禮)와 교(敎)를 낯설어 하여 위엄을 세우려 해도 구분하지 못하고 귀천도 분간하지 못합니다. 먼저 백성들을 교화시키고 형벌을 분명히 해야 합니다. 교화가 시행되어 윗사람들을 기꺼이 존경하게 된 백성들에게 은혜를 베풀어 고마움을 스스로 느끼게 한 후에 형벌을 이용하여 다스린다면 백성들은 두려워하는 마음을 갖게 됩니다. 관중이 군제를 창제하여 천하를 호령할 수 있었던 일은 그와 같은 이치를 이해했기 때문이었습니다."

"정녕 선생의 말씀대로 시행하면 천하를 제패할 수 있습니까?"

"아직 충분치 않습니다. 무릇 천하를 제패하고자 하는 자는 세 가지 계율을 지켜야 합니다. 탐하지 말고, 화내지 말며, 조급해하지 말라! 탐하면 많은 것을 잃고, 화를 내면 곁에 있는 친한 사람들이 떠나고, 조급하게 일을 행하면 빠뜨리게 됩니다. 무릇 일의 대소에 따라 주도면밀하게 일을 처리하기 위해서는 탐하지 말고, 이익과 손해를 따져서 대책을 세우기 위해서는 화를 겉으로 드러내지 말며, 완급을 참작하여 일을 하기 위해서는 조급하지 않아야 합니다. 군주께서 이 세 가지 계율을 능히 지킬 수 있으신다면 패업을 이룰 수 있습니다."

목공이 크게 기뻐하며 말했다.
"과인이 새로이 얻은 두 노인들은 과연 뭇 백성들의 어른이로다."
목공이 즉시 건숙과 백리해를 상경(上卿)으로 하였다. 또한 건숙의 아들 백을병도 대부에 봉했다.

이제 진목공은 백리해와 건숙 그리고 대부 공손지 세 사람과 함께 진의 천하통일 위업의 초석을 쌓기 위해 내달리기 시작한다. 그것은 부국강병의 패자지도(覇者之道)를 구체적으로 실천하는 것이었다. 앞서 제나라의 관중과 제환공이 행한 법가사상의 재현이었다.
진목공의 시대는 아직 춘추전국시대 중에서도 그 전반부인 춘추시대의 한복판이었다.

진목공은 한참 뒤인 손자의 손자의 손자의 … 손자인 진시황 정이 천하통일 하는 기초를 닦아 놨다. 반면에 동시대인들인 오의 합려 왕이나 월의 구천 왕은 천하의 쪼다들이다. 나라를 무슨 지 애비 복수하는 도구로 쓰다니 말이 되나. 난 그들이 와신상담 운운하는 꼴을 보면, 망국의 길을 달리는 치킨 게임을 보는 거 같아서 너무 싫다. 백성들의 삶은 대체 뭔가? 왕이란 자리가 뭔가? 무릇 권력을 가진 자들은 무엇보다 먼저 백성들의 삶을 헌신적으로 돌봐야 하는 것 아닌가?
왕이란 자리도 그렇다. 동주시대의 제후들은 능력이나 자격도 갖추지 못한 채 지 멋대로 마구잡이로 왕을 자칭했다. 그러나 대부분은 제환공처럼 그냥 겸손하게 제후인 공으로 남았다.

춘추시대 최고 최대의 실력자의 나라 제나라 제환공과 관중 이야기는 이미 말했거니와, 제환공이 중원의 패자에까지 오른 배경은 관중의 탁월한 정치력과 이를 수렴한 제환공의 왕도에 있었다. 여기에 우리가 관심을 가지고 봐야할 중요한 포인트가 있다. 관중의 정치철학은 유교가 아닌 법가사상을 기초로 하고 있다. 따라서 그는 매우 유물론적이며 관념적이 아닌 실천적이었다. 그는 정치의 목적이 백성들의 삶을 윤택하게 하는 것이라고 생각하고, 이를 위해 법을 융통성 있게 적용해야 한다고 보았다.

이것이야말로 오늘날 마오쩌뚱 이래로 중국공산당 친구들이 가슴속에 아로새기는 교시다. 물론 시진핑의 애창곡이기도 하다. 이렇게 법가적 · 실천적 정치사상의 바탕에 서있는 중국이 조선시대 이래 철저하게 유가적 전통위에 있는 한국보다 훨씬 자본주의적인 이유다.

중국의 천하통일의 사상적 기초가 된 법가사상, 앞으로 두고두고 춘추전국시대를 배경으로 법가사상으로 무장하여 펼치는 인간들의 장대무비한 꿈의 실현 과정을 살펴볼 것이다.

노래를 불러 40여 년 만에 상봉하는 백리해 부부

KBS 이산가족 상봉 (출처 : 네이버)

지금 이야기는 아름답고도 슬프며 감동적인 이야기다. 부부간의 의리와 정은 이러한 것이리라. 백리해의 처 두(杜)씨는 그가 길을 떠난 후 매일 천을 짜서 먹고살다가 몇 년 후에 우나라에 큰 기근이 들어 먹고 살길이 없게 되었다. 할 수 없이 아들을 데리고 우나라를 떠나 수십 년 동안 여러 나라를 전전하다 몇 년 전에 섬진으로 들어와 남의 옷을 세탁해주고 받은 삯으로 살아가고 있었다.

이름이 맹명이라고 하는 그의 아들은 매일 야인들과 사냥을 나가서 무예를 다투고 들판에서 숙식하는 생활을 예사로 했으며, 그들의 대장으로 야인의 생활을 즐기고 있었다. 두씨가 여러 번 그러지 말라고 했으나 듣지 않았다. 그러던 중 얼마 전에 진나라 재상이 된 백리해의 이야기를 전해들은 두씨는 혹시나 하는 마음에 수레를 타고 지나가는 백리해를 보려고 했으나 감히 가까이 다가가서 확인할 수 없었다.

그때 대궐에서 옷을 세탁하는 아녀자를 구하기에 두씨가 자원하여 궁에 들어갈 수 있었다. 하루는 먼발치에서 백리해가 당상에 앉아서 행랑에서 연주하는 악공의 음악소리를 감상하고 있는 모습을 보았다. 두씨가 부중의 관리에게 간곡하게 부탁했다.
"제가 거문고를 탈 수 있을 뿐만 아니라 노래도 능히 부를 수 있습니다."

두씨는 시험 삼아 악공이 건네주는 거문고를 받아 연주하며 북을 두드리고 노래를 부르는데, 수십 년 동안 홀로 지낸 자신의 한을 서럽게 노래하던 그 소리가 매우 처연하며 아름다웠다. 악공이 귀를 기우려 듣더니 두씨의 노래를 칭찬했다. 그때 두씨가 말했다.
"원컨대 당에 올라가 노래를 한 번 부르게 해주십시오."

백리해가 이 얘기를 전해 듣고 흔쾌히 허락하니, 과연 두씨의 노래 소리는 슬프고 아름답고 애절하여 듣는 이의 애간장을 녹이는 것이었다.

백리해, 그대여!
40년 전 눈물로 이별할 때를 기억하나요? 암탉을 잡고
서숙(좁쌀)을 절구에 찧고, 빗장을 떼어내어 불을 지폈지요.
금일 부귀하게 되어 정녕 그때를 잊었나요?
백리해, 그대여!
옛날 당신이 길을 떠날 때
나는 흐느껴 울었었죠.
오늘 그대는 앉아 있고, 나는 다시 먼 길을 떠나려 합니다.
오호라! 부귀가 우리 부부를 잊게 만들었나요?

느긋하게 누워서 슬프고 아름다운 노래를 감상하던 백리해가 어느 순간 깜짝 놀라 확인하니 바로 그의 아내였다. 얼마나 찾아 헤매던 아내였던가!

두 사람은 서로 포옹하고 한참동안 울었다. 이런 인생도 있었다.

백리해 가족은 헤어진 지 40여 년 만에 부부와 아들이 다시 만나서 모여 살게 되었다. 백리해가 40여 년 전에 헤어진 처자와 상봉했다는 소식을 듣게 된 목공이 곡식 천 가마와 비단 한 수레를 보내 축하했다. 백리해가 그 아들 맹명시를 데리고 목공을 뵙고 고마움을 표하니, 목공이 맹명시를 대부에 봉했다. 목공은 서걸술, 백을병과 함께 맹명시를 장군으로 삼아 삼수(三帥)라 부르고 그들로 하여금 병사의 일을 주관하게 했다.

이때 강융의 군주 오리가 군사를 이끌고 섬진의 변경을 침략해왔다. 삼수가 군사를 이끌고 나가 싸워 오리를 패주시켰다. 싸움에서 패한 오리는 당진으로 도망갔다. 이로써 강융의 땅이었던 과주(瓜

州, 돈황석굴 동쪽 약100킬로미터 되는 곳)는 모두 섬진의 소유가 되었다.

　뒤이어 서융의 군주 적반이 그의 신하인 요여를 보내 욱일승천하는 진나라 목공의 위인 됨과 나라의 허실을 알아오게 했다. 목공은 섬진에 당도한 요여를 데리고 궁전에 올라 궁궐의 화려함과 동물원이 딸린 후원의 아름다움을 자랑했다.
　요여가 보고 눈을 가늘게 뜨며 목공에게 물었다.

　"이 거대한 궁궐은 귀신을 불러 지으셨습니까? 아니면 백성들을 억압하여 만드셨습니까? 귀신을 부리셨다면 귀신들에게 수고를 끼치셨고 백성들에게 시키셨다면 백성들이 매우 괴로웠겠습니다."
　오랑캐의 나라에서 온 요여가 당돌한 말을 하니, 목공이 속으로 깜짝 놀라며 되물었다. 대답 여하에 따라 그는 황천길로 곧장 갈 수도 있는 질문이었다.
　목공이 백리해의 무언의 요청대로 억지로 참으며 말한다.
　"그대의 나라 융이(戎夷)는 예악과 법도가 없는데 무엇으로 나라를 다스리는가?"
　요여가 태연자약하게 웃으면서 대답한다.
　"말씀하시는 예악과 법도는 중원의 나라들을 혼란에 빠뜨리고 있습니다. 옛날의 성군들도 법을 글로 만들어 백성들과 약속을 하여 근근이 다스릴 수 있었습니다. 그 후에 날이 지나감에 따라 군주들이 교만해지고 황음에 빠지게 되면서 예악의 이름을 빌려 그 몸에 장식을 두르고 거짓된 법도의 위엄을 이용하여 아래 사람들을 닦달하게 되었습니다. 그 결과 백성들의 원성을 사게 되고 동시에 군주의 자리를 남에게 찬탈 당하는 지경에 이르렀습니다."

요컨대, 너희들 문명국이란 것들 하는 짓이란 결국 예악의 이름으로 백성들에게 사기나 치고, 법도라는 것도 공연히 위엄을 세워 백성들 괴롭히는 것 아니냐! 예악도 결국 니들 허세 아니냐! 그러다가 결국 백성들 마음이 떠나 나라도 뺏기고 쪽박 차는 것 아니냐! 하며 준엄하게 타이르고 심장을 찔러댄다.

진목공은 점점 살의를 느낀다. 절대로 이 자를 그대로 살려 보낼 수 없다고 결심했다. 면담을 마치고 목공은 재상 백리해와 상의하여 요여를 한 칼에 죽일 명분을 찾는다. 아, 인재의 바다 중국에서 요여는 하필 서융이라는 오랑캐에게 몸을 의탁하고 있는가!

진목공, 영토를 황하 서쪽에까지 넓히다

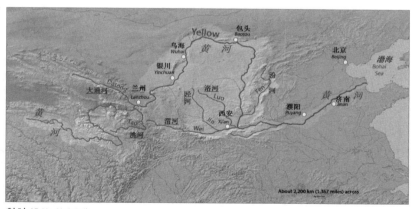

황하 (출처 : 위키백과)

요여가 진목공의 복잡한 심사를 아는지 모르는지 그 앞에서 작심한 듯 계속 말한다.

"그러나 융이의 습속은 그렇지 않습니다. 비록 법령과 예악은 없어도 윗사람은 순박한 덕으로 아래 사람들을 대하고, 아랫사람들은 충성과 신의로써 윗사람들을 섬깁니다. 상하가 한결같아 서로 속이지 않습니다.

서로 속이지 않고 법을 글로 써 놓지 않아도 서로 근심하는 법이 없으니 이와 같은 다스림은 전에 본적이 없습니다. 이것이야말로 다스림의 극치가 아니겠습니까?"

진목공이 옳은 말만 골라서 하는 요여와의 대화를 서둘러 마치고 즉시 백리해를 부른다.

"과인은 이웃의 현인은 우리나라의 우환이라는 말을 들었소. 오늘 요여가 그 남다른 지혜를 융이를 위해 쓰고 있으니 장차 우리의 화근이 되지 않겠습니까?"

백리해가 즉각 주군의 심사를 헤아리고 거두절미 말한다.

"그렇게 뛰어난 요여를 꼭 죽일 필요가 있겠습니까? 그를 우리 진나라에 주저앉히면 되지 않겠습니까?"

백리해의 한마디에 요여의 목숨은 붙어 있게 되었다. 요여의 탁월함과 담대함에 목공이 백리해와 더불어 요여를 얻을 계책을 펼친다.

머지않아 요여의 주군 융주 적반은 백리해의 미인계에 푹 빠져 정사를 망치기 시작했고, 목공은 백리해 등 중신들을 동원하여 요여를 귀국하지 못하도록 회유한다.

목공은 융주를 버리고 섬진에 남게 된 요여를 아경(亞卿)에 임명하고 건숙과 백리해와 함께 국정을 돌보게 했다. 이야말로 진 조정에 새로운 젊은 피를 수혈하는 계기가 되었다. 요여는 두고두고 진목공을 도와 진을 강대국으로 만들어 나갔다.

목공은 요여의 계책에 따라 삼수에게 명하여 병사를 이끌고 출전하여 융국을 정벌하게 했다. 서융의 12개국을 멸하고 모두 섬진의 영토에 복속시켰다. 이로써 섬진의 영토는 1천리의 땅이 서쪽으로 새로 개척되고 진목공은 이제 당당한 서융 지역의 패자가 되었다.

한편 목공이 나라가 어지러운 당진의 공자 이오의 부탁을 받고 백리해의 지원으로 그를 우여곡절 끝에 당진의 군주 자리에 앉히도록 했다. 이 사람이 진혜공(晉惠公)이다. 그는 당진의 군주에 앉게 되면 하외(河外)의 다섯 개 성을 바치겠다고 약조했다.

그러나 일단 군주 자리에 앉게 된 당진의 군주 혜공이 약조를 저버리고 섬진의 목공에게 도와준 일에 감사의 말만 전하며, 목공에게 한 약속을 저버리고 하외의 성을 할양할 수 없다고 통고했다. 그리고 자신의 배신행위를 비난하는 신하들인 당진의 대부들을 모두 주살했다. 기막힌 일이었다.

그러나 하늘은 무심치 않았다. 당진은 혜공이 즉위한 이래 해마다 흉년이 계속되어 나라의 형편이 말이 아니게 되었다. 그러나 섬진이 당진과 제일 가깝고, 섬진이 풍년이 들어 도움을 청할 수밖에 없었다. 그러나 이미 지은 죄도 있고 하여 차마 도움을 요청하지 못하고 있었다.

결국 당진의 식량원조 부탁을 받은 목공이 대신들과 논의하는데, 백리해가 말했다.

"인자(仁者)는 다른 사람의 어려움을 틈타 이익을 취하지 않고, 지자(知者)는 요행을 바라고 일을 도모하지 않습니다. 마땅히 양식을 보내주어야 합니다."

이에 목공이 멋있게 선언한다.

"나에게 빚이 있는 자는 당진의 군주이고 기아에 허덕이는 자는 그의 백성이라! 나는 군주로 인해 그 화가 백성들에게 미치는 모습을 보지 못하겠노라!"

다음해 겨울 이번에는 섬진에 흉년이 들고 반대로 당진은 대풍이 들었다. 목공이 당진에 가서 곡식을 청하게 했다. 그러나 배신의 아이콘 당진의 혜공은 이를 기회로 하여 섬진을 치기로 한다. 목공 15년 기원전 645년 당진의 혜공이 정말 군사를 일으켜 기근이 들어 어려운 처지에 놓인 섬진을 공격한다. 목공은 순식간에 위험에 빠져 위급한 처지에 놓이게 되었다. 정체절명의 위기였다.

　그런데 전혀 생각지도 않던 야인(野人) 3백여 명이 갑자기 나타나 죽음을 무릅쓰고 당진군과 싸우는 것이 아닌가! 그들은 바람처럼 나타나 당진군의 포위망을 풀고 목공을 구했다. 뒤따라온 섬진군은 그 여세를 몰아 당진의 혜공을 사로잡았다.

　순식간에 전세가 역전되었다. 야인들이 과거 목공에게 입은 은혜에 보답한 것이다. 옛날 목공이 사냥을 나갔다가 애마를 잃어버린 일이 있었다. 기산 밑에 살던 야인들 300여 명이 훔쳐가서 잡아먹은 것이다. 진군 병사들이 그들을 모두 잡아서 죽이려 하였다. 이에 목공이 나서 말한다.

　"가축으로 인하여 사람을 해치는 법이 아니다. 말고기는 원래 술과 함께 먹어야 한다."

　오히려 술동이를 하사하고 그들의 죄를 용서한 일이 있었다.

　목공이 이제 은혜를 원수로 갚는 당진 군주 혜공을 죽이려 하니, 주나라 천자가 그 소식을 듣고 사자를 보내 용서를 청했다.

　"당진국은 우리 왕실과 동성의 나라다."

　당진 왕실 출신인 목공의 부인도 친동생인 진혜공을 살려 달라 애원하니, 목공이 대답했다.

　"내가 애써 당진의 군주를 사로잡았으나 천자가 사면을 청하고, 또한 나의 사랑하는 부인이 애타게 부탁하는데 차마 죽일 수가 없구나!"

혜공을 풀어준 목공은 그에게 약속에 대한 이행을 맹세시키고 귀
국을 허락했다.

그해 11월에 혜공은 자기나라로 돌아가서 원래 목공에게 주기로
약속한 하외의 땅을 바치고 태자 어(圉)를 인질로 보내왔다. 목공은
사랑하는 딸 회영(懷嬴)을 어에게 주어 부인으로 삼게 했다.

이로써 목공시대 섬진의 영토는 황하 서쪽에까지 넓게 되었다.

백리해는 떠나고, 진목공은 죽어서 실패하다

세월은 영명한 인간을 흐리게 만들고, 고목나무처럼 안에서 썩어
가게 하는가?

진목공이 말년에 이르러 무리하게 대국 정(鄭)나라를 치려하니,
백리해가 이를 말린다. 거듭된 나라의 전란으로 백성들의 피해가
너무 크고, 결국 나라의 안위가 위태로워진다는 충심으로 간언한다.
그러나 사람이 나이 들면 주위의 진언을 무시하고 자기고집만 부리
게 되고 자아도취에 빠지게 된다. 나이든 사람들은 이를 꼭 경계해
야 한다. 진목공도 예외는 아니어서 충신의 말도 듣지 않고 강하게
자기 고집을 부린다.

백리해와 건숙은 드디어 때가 왔음을 알고 즉시 목공을 알현하여
나이가 너무 많이 들었다는 이유를 들어 관직에서 물러나기를 청했
다. 목공이 허락하고 즉시 요여(繇余)와 공손지(公孫枝)를 각각 건
숙과 백리해가 맡고 있었던 좌우 상경에 명했다.

순장제도 (출처 : 바이두)

백리해는 건숙과 함께 명록촌으로 들어갔다. 그때 백리해는 백 살
이 넘은 나이였다.

사가들은 말한다. 백리해가 진나라의 재상이 되어 나라의 영토를
크게 넓혔고, 진(晉)나라의 군주를 세 번씩이나 교체시켰으며, 초나
라를 위기에서 구해주었다. 백리해가 어진 정치를 베푸니 오랑캐까
지 복종해 따랐다.

백리해는 재상을 지내면서 아무리 피곤해도 수레에 잘 앉지 않았
고, 더워도 수레 덮개를 씌우지 않았다. 백리해가 행차할 때는 수행
하는 수레를 거느리지 않고 무장한 갑병(甲兵)도 없었다. 백리해의
공로는 너무 많아 문서 창고에 기록되어 보존되어 있으며, 덕행은
후세까지 전해지고 있다.

세월이 흘러 백리해가 죽자 진나라의 모든 사람들은 눈물을 흘렸고, 아이들조차 노래를 부르지 않았으며, 방아를 찧는 사람들도 흥얼거리지 않았다.

이것이 백리해의 정치요 덕이다.

재위 39년만인 기원전 621년에 진나라 9대왕 명 군주 진목공도 죽었다. 그러나 진나라가 오랑캐 나라임이 이때 여실히 드러난다. 아무리 신분세탁을 해도 본색은 못 속인다. 그것은 오랫동안 지속된 진의 순장제도를 말한다. 그를 장사 지낼 때 같이 순장되어 죽은 섬진국의 훌륭한 신하들이 177명에 달했다. 그때 섬진의 현자로 이름이 있어 삼량(三良)이라고 불렸던 세 사람의 자거씨도 포함되어 있었다. 진나라 백성들이 이를 슬퍼하여 황조가(黃鳥歌)라는 노래를 지어서 불렀다. 물론 이건 기원전 1세기 때 고구려 2대 유리왕이 부른 서정시 황조가와는 다른 것이다.

어느 군자가 말했다.

"진목공이 맹주가 되지 못했음은 당연한 일이다. 자신이 죽을 때 백성 중의 가장 귀중한 존재인 유능한 인재들을 빼앗아갔다. 선왕이 세상을 떠날 때는 오히려 아름다운 법도를 남겼고, 착한 말을 지어서 뒷사람을 경계하고 도량형과 법도가 있었다. 모든 일에 표준을 마련하고, 법률과 제도를 마련하고 선왕의 경전(經傳)을 가르쳤다. 악을 방지하고, 이를 일으키는 일로써 인도하고 직책을 각기 유사(有司)에게 맡겼으며, 예의로써 가르쳤다. 그런데 이번에는 어찌하여 임금이 어진 인재를 빼앗는 일을 하였는가?"

진목공은 도대체 아름다운 법도를 만들어서 후사에게 남겨주지는 못할망정, 어찌 어진 인재를 거두어서 따라 죽게 한단 말인가?

그렇게 하고서는 절대 남들을 지도하는 위치에 설 수 없는 법이다. 군자들은 이런 까닭으로 서쪽 변방의 진나라가 다시 천하의 중심부 동쪽을 칠 수 없는 이유를 알았다.

사가들은 이렇게 혹독하게 진목공을 비판했다. 또한 실제로 그의 찬란한 업적은 그의 순장으로 모두 헛되게 되어버렸다. 아아, 통재라!

진나라는 이후로도 순장이라는 행위를 떳떳하게 행했다. 비록 목공이 살아생전에 어진 마음으로 정치를 행했다고 할지라도 그 잘못은 면할 수 없었다.

군주가 명을 함부로 발하여 살인을 꺼리지 않았음에도, 그 그릇된 줄을 알지 못했다. 후에 진시황(秦始皇)을 장사할 적에 후궁들과 신하들을 산채로 묘 안에 매장한 짓과 어마어마한 병마총은 모두 목공과 진의 못된 풍습에서 기인했다.

후세의 군자(君子)들도 이 일을 두고 말한다.
"진목공이 영토를 넓히고 나라의 부국강병을 위해 힘써 동쪽으로는 강국인 당진을 굴복시키고, 서쪽으로는 서융을 정벌하여 패자가 되었으나, 중원의 제후들의 맹주까지는 이를 수 없었음은 당연한 결과였다. 그가 죽음에 임해 그의 어진 신하들을 모두 거두어 같이 순사시켰다. 역사서 《춘추좌전》에 이르기를, 목공은 백성들의 생활을 윤택하게 되기를 바라며 도덕과 법도를 물려준 선왕들의 본을 받지 않고, 오히려 착하고 어진 신하들을 빼앗아가서 백성들로 하여금 슬퍼하게 만드니 이것 때문에 섬진은 동쪽으로 진출하여 맹주가 되지 못했다. 이후 진나라는 다시금 변방의 소국으로 전락했다."

사실 진목공으로 말하면, 그가 이룬 업적은 엄청나서 서북방의 오랑캐 나라 진나라를 중국 본토의 정통 제후국과 어깨를 나란히 하여 강대국의 반열에 올려놓은 공적은 이루 말할 수 없다. 또한 진나라가 중원의 기라성 같은 강대국들을 물리치고 천하통일을 이루는 초석을 올려놓았다고 평가받는 이유가 그것이다.

기원전 7세기에 이런 군주가 나타났다는 것은 실로 믿기 어려운 일이다. 사람들이 알고 모르고 이야기하는 수많은 중국 고사의 주인공이 바로 진목공이다.

이제 진나라가 다시 용트림을 하기 위해서는 몇 세대를 기다려야 했다.

이제부터 서론을 마치고 본격적인 진나라의 통일 과정을 펼치고자 한다.

저 빛나는 상앙의 법치주의, 귀곡선생, 종횡가 소진과 장의의 합종 연횡책, 중국 최초의 비극의 시인 굴원의 어부사, 범저의 원교근공책, 완벽귀조(完璧歸趙)와 문경지교(刎頸之交) 이야기, 세계전사상 가장 참혹한 장평천하대전, 기전파목 용군최정(起翦頗牧 用軍最精)의 사대천왕, 그리고 여불위, 그리고 이사, 한비자, 몽염 등등 그리고 드디어 진시황과 천하통일 이야기 등 장강의 물결 같은 한도 끝도 없는 장대한 이야기가 펼쳐진다.

III. 진나라, 긴 잠에서 깨어나
천하통일의 길로 들어서다

진효공, 상앙의 변법(變法)으로
천하통일의 기틀을 마련하다

법은 승리를 위한 방법이다

진의 9대왕 목공 이후 진나
라는 오랫동안 간신히 명맥을
이어 내려왔다. 무섭고도 긴
침묵의 시간이었다. 인재는 다
사라지고, 영명했던 진목공의
신화도 잊혀졌다.

진의 무지막지한 전통의 순
장제도로 인한 177명의 인재
가 함께 파묻힌 사건의 후유증
은 엄청났다. 진은 다시 서북
방의 무식한 변방국가로 남게

상앙 (출처 : 바이두)

되었다.

중원의 정통 제후국들은 진을 다시 대놓고 무시하고 있었다. 길고 도 긴 굴욕의 세월이었다.

진이 다시 중원 제국 속에 얼굴을 들기 시작한 것은 정확하게 진 목공 사후 삼백 년 후인 진 25대왕 진효공(秦孝公, 재위:기원전 361~338년) 때부터였다.

그나마 그 앞의 24대 진헌공은 진나라의 발전에 가장 큰 장애물 이었던 순장제도를 공식적으로 폐지했다. 그것만으로도 큰 업적이 었다. 아무도 하지 못했던 개혁을 이룩한 것이다. 이제 서서히 진나 라에 새로운 기운이 깃들기 시작하였다. 새나라 창업에 버금가는 새 기운이 꿈틀거리고 있었다. 당연히 뜻을 품은 새로운 인재들이 진으로 찾아들기 시작했다. 무한경쟁 시대에 걸맞은 새로운 이상과 경륜을 가진 인재들이 모이기 시작했다.

여기서 잠깐, 가장 핫한 문제이며, 꼭 집고 넘어가야할 본질적인 문제가 있다. 그것은 한 나라의 국정철학과 이념의 문제이다. 우리 는 춘추전국시대의 대세는 당연 유가의 인의예지라 생각하기 쉽지 만, 꼭 그렇지는 않다. 여기에 춘추전국시대의 묘미가 있는 것. 제자 백가의 수많은 철학적 변설들은 끝이 없었다. 시끄러운 세상을 바 로잡기 위한 방책으로, 유가는 인의도덕을, 도가는 무위자연을, 묵 가는 겸애사상을 제창했으나 세태는 오히려 혼미만을 거듭했다.

이 시대는 생존의 시대였다. 중요한 것은 남보다 강한 것이지 남 보다 도덕적인 것이 아니었다. 춘추전국시대 말기의 대표적 법가사 상가인 한비자가 유가의 학설을 비판하기를, '유교 정신은 나라를 보전하고 다스리는 데 아무런 도움이 되지 않는다'라고 말한 것도 이런 연유에서 비롯된 것이다. 대신 꼭 필요한 나라의 부국강병을 주창한 학파가 바로 법가다.

법가주의자들은 부국강병을 이루기 위해 법가사상을 춘추전국시대의 시대정신으로 만들어 나갔다. 그들은 부국강병을 달성하기 위해 어떤 극단적인 수단도 가리지 않았으며, 왕도정치를 주창한 맹자가 그토록 공격한 패도정치(覇道政治, 힘에 의한 정의를 이루는 정치)가 바로 그들의 이상이었다. 이 책에서는 앞으로 유가의 인의예지와 법가의 부국강병을 수시로 비교 검토할 것이다.

위대한 개혁정치가 상앙이 등장하는 시기가 바로 이때였다. 그는 위대한 정치가 관중의 적통을 잇는 정치가였다. 춘추시대 대표적인 제후국인 제나라의 중흥을 이룩했던 관중의 법가사상에 입각하여 법치정신을 강조한 상앙은 법가의 계통을 잇는 전국시대의 정치가다. 본래 이름이 공손앙이었던 상앙은 위나라 왕의 첩에게서 태어났다. 그가 나중에 진나라에 등용되어 상(商)이라는 곳에 봉해졌기 때문에, 상앙이라 불리게 되었다. 사실 상앙의 그 독하고 비정한 엄벌주의는 물론 법가의 사상에서 나온 것이지만 동시에 첩의 자식이라는 자의식과 열등감에서 기인한 것이라고 평가되기도 한다.

처음에 그는 위나라의 재상 공숙좌(公叔座)의 가신(家臣)으로 머물러 있었는데, 좀처럼 벼슬길이 열리지 않았다. 이에 공손앙의 뛰어난 재능을 잘 알고 있는 공숙좌는 그를 혜왕에게 천거했다. 하지만 혜왕은 그를 중용하지 않았다.
그러자 공숙좌가 죽기 얼마 전, 병문안 온 혜왕에게 이렇게 부탁했다.

"소신이 죽거든 제발 공손앙을 등용하십시오. 만일 정히 등용하지 않으시려거든, 그를 차라리 죽여 없애는 것이 좋습니다."

그리고 그는 자신이 왕에게 한 말을 공손앙에게 그대로 전하고는, 빨리 도망치라고 다그쳤다. 그러나 그의 말을 들은 공손앙은 빙그레 웃으며 이렇게 말했다.

"재상의 천거가 있었음에도 저를 쓰지 않은 사람이 어찌 저를 죽이겠습니까?"

이때 혜왕은 사람들에게 말했다.

"똑똑하던 공숙좌가 죽을 때가 되니 정신이 좀 이상하게 되었다. 별 볼일 없는 공손앙을 한번은 중히 쓰라하더니, 또 한번은 죽이라 하니, 그 친구가 영 못쓰게 됐다."

과연 혜왕은 공손앙을 죽이지 않았다.

한편 진나라는 9대왕 목공 사후 아주 오랜만에 하늘의 도움으로 영명한 군주가 다시 나타나게 되었다. 그가 진나라의 25대왕 효공(孝公)이다. 그는 야심찬 인물로서 과거의 위대했던 할아버지 목공의 전성시대를 다시 구현코자 했다. 그는 가장 시급한 일이 널리 인재를 구하는 것이라는 것을 잘 알고 있었다.

상앙은 위나라 왕이 자신을 등용할 마음이 없다는 것을 알고, 인재를 간절하게 구하고 있는 서쪽 진나라로 갔다. 진나라로 간 상앙은 면담 신청을 하고 진효공의 답을 기다렸지만 당연 답이 없었다. 상앙은 효공의 중신 경감과 간신히 선을 대고는 한참 후에야 효공과 대면할 수 있었다.

상앙이 처음 유가의 제왕지도(帝王之道)로 유세하자, 효공은 상앙을 소개한 경감에게 화를 낸다.

"당신의 빈객은 과대망상에 빠진 사람 아닌가? 대체 지금이 어느 때라고 한가한 소리나 하고 있는 건가."

두 번째 만남에서, 공손앙은 왕도(王道)로 유세한다. 그래도 효공의 마음을 얻지는 못한다.

마지막으로 상앙이 패자지도를 이야기하자, 효공은 대부에게 말한다. "당신의 빈객은 괜찮은 사람이오. 그와 더불어 이야기할 만하오." 이 세 번의 유세를 통해 상앙은 효공의 마음이 어디에 있는지 정확하게 간파했다. 상앙은 효공을 만나 본격적으로 법가의 부국강병책을 말하는데, 효공은 정신없이 상앙의 변설에 빠진다.

상앙은 그의 책 《상군서》에서 유가의 덕치에 대해 다음과 같이 멋있게 비판한다.

"어진 사람은 모든 사람들을 어질게 대할 수 있지만 모든 사람을 어질게 만들지는 못하고, 의로운 사람은 다른 사람을 사랑으로 대할 수 있으나 다른 사람들이 사랑하도록 만들지는 못한다. 결국 인과 의만으로 천하를 다스리기에는 부족하다."

이 말은 두고두고 인구에 회자되며, 유가와 법가를 비교하는 말이 된다.

나라는 백성을 결코 속이지 않는다

진나라의 대부가 된 상앙이 뜬금없이 궁의 남쪽 문에 여섯 자 길이의 높은 장대를 세우고는 이렇게 말했다.

"누구든지 이 장대를 북문으로 옮기는 자에게는 황금 열 덩이를 상으로 주겠노라!"

그러나 백성들은 겉으로는 웃고 속으로는 두려워하며, 저것들이 무슨 꿍꿍인가 싶어 서로 눈치만 보고 있었다. 그러자 상앙은 상금을 황금 오십 덩이로 올렸다. 이에 용감한 어느 청년이 죽기를 각오하고 장대를 북문으로 옮겨버렸다. 이때 상앙은 그 자리에서 직접 황금 오십 덩이를 상으로 주며 말했다.

"나라는 백성을 결코 속이지 않는다."

진나라에서 부국강병을 위한 다양한 법률을 만든 상앙은 그것을 널리 발표하기 전에 우선 백성들에게 '법령은 반드시 지켜져야 한다'는 정부의 굳센 의지를 보여줄 필요가 있다고 생각했다. 그래서 자신이 연출한 정치쇼를 백성들 앞에서 행했던 것이다.

이는 로마법의 기본이며 민법의 대원칙인 '약속은 지켜야 한다(pacta sund servanda)'와 같은 말이다.

이제 상앙은 본격적으로 법가적 부국강병 정책을 추진한다. 효공은 유교적 인의예지를 기본으로 하는 제왕지도와 왕도를 과대망상으로 치부했다. 그에게 제왕지도나 왕도는 너무 지루하고 멀었다. 도대체 지름길을 놔두고 왜 먼 길을 에둘러 가는가? 그는 상앙의 세 번째 제안인 힘이 정의라는 패자지도 즉 구체적이고 현실적인 정치철학을 선호했다. 지금 진나라에는 애매한 것보다는 백성들이 확실하게 믿고 따를 수 있는 그 무엇이 필요했다. 그것이 현실적인 변법이었다.

변법이란 개혁이다. 개혁도 부분 개혁이 아닌 사회 전체 시스템의 개혁이다. 상앙의 변법은 당시 진나라의 사회·경제 시스템을 완전히 바꾸어 새판을 짜는 것이다. 그는 이렇게 철저한 개혁을 통해 진의 천하 통일의 토대를 마련한다.

이런 법가의 현실주의는 춘추전국시대의 시대정신이었다. 상앙의 법가주의와 변법은 오늘날 그대로 적용해도 조금도 이상하지 않은 제도다.

이때 상앙이 효공에게 이렇게 건의했다.

"진나라의 부국강병을 위해서는 먼저 낡은 법률과 제도부터 개혁해야 합니다. 그리고 농업 장려로 백성을 배부르게 해 나라의 재정을 튼튼하게 하고, 그것을 바탕으로 강력한 군사력을 유지해야 합니다."

상앙은 진효공의 전폭적인 지원 하에 대대적인 변법 즉 개혁정책을 실시한다. 그는 군사, 재정, 법제, 토지, 관리체계 등 진나라의 기존 질서를 모두 무너뜨리고 새로운 국가 건설을 계획해 이를 지속적으로 시행했다.

이때 상앙이 만든 법의 내용은 부국강병을 목표로 하였고, 그 시행방법으로는 엄벌주의, 연좌제(連坐制), 밀고의 장려, 신상필벌(信賞必罰) 등 법률지상주의였다. 모든 사항을 법으로 세밀하게 규정하여 백성의 일거수일투족에 이르기까지 법률의 적용을 받게 했던 것이다.

1차 변법은 기원전 359년부터 실시됐다. 상앙은 진나라의 모든 가구를 5가구의 단위로 정리했다. 그리고 이 단위별로 세금과 병역의 의무를 부과했다.

또한 이 단위 가구에서 범죄가 발생했는데도 고발을 안 하면 연좌제로 엄하게 처벌했다. 물론 포상도 단위 가구에 똑같이 시행했다. 이는 훗날 오가작통법으로 발전했다. 이 고발제도를 통해 상앙은 진나라의 모든 백성을 실질적으로 감시하고 통제하는 시스템을 구축한 것이다.

또한 등급제를 실시했다. 위로는 귀족부터, 아래로는 일반 백성 모두에게 총 20등급의 작위를 부여했다. 작위에 따라 옷, 집, 생활 등 모든 실생활과 명예까지 차등을 두었다. 작위 등급은 철저하게 공로의 유무와 대소를 따져 부여했다. 공을 세우면 작위를 주었고 공이 없으면 귀족이라도 작위를 박탈했다. 이로 인해 자연히 백성들은 전쟁에 참전하거나 농업 생산량을 늘리는 방법 등으로 작위를 받았다.

약 10년간의 개혁정치를 통해 자신감이 붙은 상앙은 2차 변법을 시행했다. 전국을 31개 현으로 통합했다. 그리고 현에는 중앙에서 관리를 파견해 강력한 중앙집권제인 군현제를 구축했다. 오늘날까지 중국의 전통으로 굳어진 군현제가 이때부터 시행되었다. 또한 상앙은 노예제의 부분적 폐지를 주장했다. 이는 노예를 과세와 병역 의무가 있는 양인으로 신분을 전환시켜 국가 재정을 튼튼하게

시진핑과 장쩌민 (출처 : 바이두)

만들었다.

이는 조선 선조 때, 임진왜란의 전란 속에서 양반들의 발호를 막고 부국강병의 개혁을 이루고자 했던 전시재상 유성룡이 수입하여 실시하고자 했던 세제와 병역개혁의 모델이 된다.

이러한 제도개혁을 통해 상앙은 안정적인 세수를 확보했고, 토지개혁과 도량형 통일 등으로 진나라의 국력을 눈부시게 신장시켰다. 상앙의 변법은 진나라를 변방의 작은 국가에서 급속도로 전국시대의 강자로 변모케 했다. 상앙이 진나라 효공의 오랜 숙원인 부국강병의 진나라로 만든 것이다. 사가들은 말한다. 진나라의 천하통일의 기틀은 이때 만들어진 것이라고. 현대 중국의 마오쩌뚱과 시진핑 등 지도자들은 하나같이 상앙을 존경하고 사숙했다. 춘추전국시대의 몇 안 되는 명재상이 진나라에서만 벌써 두 번째다.

상앙의 새로운 변법이 시행된 지 십 년이 지나자, 진나라는 점점 체계가 잡혀갔다. 도둑질은 물론 길에서 남의 물건을 주워 가져가는 사람도 없었고, 산에서 땔감을 마구 베어가는 사람도 없어졌으며, 개인끼리의 싸움은 되도록 서로 피하되 나라를 위해 싸우는 전쟁에서는 모두 용감했다. 진은 점점 부강해져 갔다.

상앙, 예외 없는 엄한 법 집행으로 태자를 모욕하다

잠깐 돌아보면, 춘추 5패인 제, 진(晉), 초, 송, 진(秦) 등의 춘추시대에는 그래도 주나라의 정치 질서인 '예(禮)'가 존중되었으나, 기원전 453년 강력했던 진(晉)나라가 한(韓)·위(魏)·조(趙) 세

나라로 분리되면서 살벌한 시대가 펼쳐지기 시작했다. 사가들은 이 시대를 전국시대로 불렀다. 이제부터 그야말로 힘센 자가 정의로운 시대가 되었다. 물론 어느 시대 어느 나라에서도 그러했지만 ….

전국시대로 접어들면서는 신하가 왕을 죽이고, 강대국이 약소국을 침략하는 후안무치의 약육강식의 시대로 접어들었다. 전쟁에서의 패배는 바로 패망의 수순으로 들어갔다. 예의는 이미 쓰레기통 속으로 버려진지 오래. 이러한 때에 가장 강력했던 전국 7웅은 진(晉)나라에서 분리된 한 · 위 · 조와 진(秦) · 초 · 연 · 제의 7국이다.

천하가 어지럽게 되면서 주나라의 왕만이 오직 왕이라 칭할 수 있었는데 이젠 다른 나라들도 제멋대로 스스로 '왕'이라 부르게 되면서, 이름뿐이었던 주 왕실의 권위도 그나마 없어져버렸다. 이런 가운데 전국시대 초기에 패자의 자리를 다툰 것은 위 · 제 · 진 세 나라였다. 제나라는 유명한 병법가 손빈(孫臏)의 계책을 써 위나라 장수 방연을 마릉(馬陵)의 싸움에서 패사시키면서 강대국으로 올라섰고, 진(秦)의 효공은 법가 정치가인 공손앙(公孫鞅, 상앙)을 등용하여 부국강병을 위한 일대 정치개혁을 실시하여 천하통일을 위한 기반을 다져갔다.

개혁은 고통스러운 것, 상앙의 일방적인 변법 시행으로 독주로 내달리는 그에 대해 기득권을 가진 귀족들은 반발했고 왕조차 우려를 표명했다. 하지만 상앙은 조금도 흔들리지 않았다. 그는 오히려 더욱 강하게 밀어부친다.

"왕이시여, 부국강병의 길은 멀고 험합니다. 시대를 앞서서 길을 개척하는 일은 더 그러합니다. 절대로 이를 두려워해서는 안 됩니다. 개혁을 추진함에 있어 모두의 동의를 얻을 수는 없는 일입니다. 결과가 좋으면 반대 여론도 곧 수그러질 것입니다."

그는 이렇게 효공을 설득했다.

상앙은 계속하여 행정제도를 개혁하고, 십오제(什伍制, 현대의 통반제)를 채용하여, 진을 강력한 중앙집권체제로 다시 태어나게 했다. 이러한 상앙의 변법 운동에 의해 진은 철저한 법치주의 국가로 변모하였고, 국내의 생산력, 군사력을 높여 서서히 다른 6국을 압도하여 갔다. 효공은 기원전 350년, 도성을 함양으로 옮기고 본격적인 천하 경영을 모색하기 시작한다.

하지만 진나라 귀족들은 모두 연합해 변법을 저지하려 하였다. 변법 반대 상소가 줄을 이어 진왕 효공에게 벌써 수천 개가 쌓여 있었다. 상앙은 사람들이 법을 잘 지키지 않는 이유는 첫째, 백성들이 정부에서 하는 일을 믿지 못하고, 둘째, 더 커다란 이유로 가진 자들인 귀족들이 법을 지키지 않기 때문이라고 보았다. 윗 놈들이 안 지키는데 아랫것들이 지킬 까닭이 없는 것, 상앙은 이것이 가장 큰 폐단이라고 생각했다.

또한 그는 법을 비난하는 것도 막았지만 칭찬하는 자 또한 처벌했다. 이는 '백성들은 법을 지키기만 하면 되는 것이지 법의 좋고 나쁨을 평가할 수 없다'는 강한 법치주의정신에 입각한 태도였다.

그러던 중, 드디어 상앙의 법치를 시험하는 결정적인 사건이 벌어졌다. 어쩌면 상앙의 개혁세력도 태자의 수구세력도 양 진영 모두가 마음속으로 기다리던 일인지도 모르겠다. '드디어' 태자가 고의로 법을 위반한 것이다. 태자는 노골적으로 '상앙, 네가 어쩔 건데?'라고 외치는 것 같았다. 항상 '법 앞에 예외 없다'를 천명한 효공과 상앙이었지만, 장차 다음 왕권을 물려받을 태자를 벌할 수는 없었다. 상앙은 이를 악물고 고육지계를 택했다. 태자 대신 태자의 스승을 처벌했다. 태자의 스승은 태자의 백부인 공자 건이었다. 상앙은 태자 대신 그 스승의 코를 베면서 태자의 죄를 물었다.

그리고 태자의 다른 스승들은 모두 먹물로 얼굴에 문신을 새겨 넣어 죄인임을 공표했다. 황족인 공자 건은 충격을 받고 물러나 은 둔했고, 태자는 길길이 뛰었다. 태자는 이를 갈면서 복수를 다짐했다. 천하의 상앙이 이를 모를 리 없었다. 그러나 이 난국을 헤쳐 나가야 했다. 이때 무너지면 모든 것이 허사가 되기 때문이다.

20년간 지속된 변법으로 나라는 예와 인보다 법이 앞서는 통제 국가가 되었고, 진나라는 경제력을 갖춘 강력한 군사강국으로 우뚝 섰다. 상앙은 정치, 경제, 군사, 외교를 총괄하는 실권자가 되었다.

그러는 가운데 상앙은 눈에 가시 같은 강대국 위나라를 정벌할 계획을 세웠다. 그것은 진의 천하통일을 위한 전초전이기도 한 것이었다. 일단 위에 사신으로 가서 정세를 살피기로 했다. 위나라 혜왕은 이제는 천하대국 진의 2인자로 큰 그를 후하게 대접했다. 옛날 이야기를 하며 두 사람은 멋쩍게 웃고 떠들었다.
상앙은 위나라 혜왕에게 위나라와 제나라가 분쟁이 발생해도 진나라는 중립을 지키겠다고 약속했다. 이는 위나라의 관심을 제나라로 돌리고, 그동안 진나라를 정비할 시간을 벌기 위함이었다.

얼마 후, 상앙은 5만 대군을 이끌고 위나라를 공격했다. 다급해진 위나라에서는 수비대장으로 공자 앙을 임명하고 상앙을 막게 했다. 공자 앙은 상앙이 위나라에 있을 때 친분이 두텁던 관계였다. 공자 앙은 이 전쟁을 상앙과의 대화를 통해 평화적으로 해결할 수 있다고 자신했다. 순진한 공자가 뭘 몰라도 한참 모르고 있었다. 전국시대의 공자라면 아무리 친구라도 적국의 재상을 정확하게 파악하고 있어야 했다.

상앙은 물론 생큐! 하며, 이를 역으로 이용했다. 그는 공자 앙에게 편지를 보냈다. '진나라는 위나라와 전쟁을 할 생각이 없다' 하며, 주력군은 잠시 뒤로 물리고 중간지대에서 만나 회포나 풀면서 해결책을 찾자는 내용이었다.

공자 앙은 실제 진나라 군이 철수하는 것을 보고 중간지대인 옥천산으로 향했다. 수행원은 측근 몇 명뿐이었다. 상앙과 공자 두 사람만의 술자리가 진행되었다. 술이 거나해지고, 잠시 상앙이 자리를 뜨면서 신호를 보내자 매복해 있던 진나라 군이 일제히 공자 앙을 공격해 그를 사로잡았다. 그리고 진나라는 여세를 몰아 대군으로 위나라를 공격했다. 위의 수도인 안읍까지 포위당하자 위나라 혜왕은 수도를 버리고 도망갔다.

상앙은 대승을 거두었다. 하지만 당대의 모든 나라 사대부들과 사가들은 일제히 상앙의 이번 작전을 '신의를 저버린 배신행위'라고 비난했다. 하지만 진효공은 아랑곳하지 않고 상앙을 최고지위란 뜻의 전례 없는 직위인 대량조에 임명하고, 그를 '열후(列候)'에 봉했으며, '상(商)' 지역 15개 마을을 봉토로 주었다. 따라서 이때부터 이름도 공손 앙에서 상앙으로 불리게 되었다. 상앙은 명실 공히 진효공과 함께 진나라를 나누어 다스리게 되었다.

상앙, 자신이 만든 법으로 자신의 사지를 찢기다

사마천 (출처: 바이두)

상앙은 거칠 것이 없었다. 진효공의 전폭적인 신임으로 그는 누구도 넘볼 수 없는 막강한 실권자가 되었다. 그러나 빛이 있으면 그림자가 있는 법, 진나라는 물론 주변국 모든 세력으로부터 견제받게 된다. 기득권자들인 왕족, 귀족들은 별 볼일 없는 서출이며 외국인인 상앙의 출세에 분노하였고, 주변국에서는 상앙의 위험한 야심과 부국강병책을 경계했고, 일반 백성들조차 상앙의 엄격한 법집행을 원망하기 시작했다.

상앙의 너무도 엄격한 법의 시행으로 매년 수십만의 죄수들이 생겼으며, 매일 처형되는 사형수는 600여 명에 달하였으며, 그들이 참혹하게 흘린 피로 진나라의 큰 강 위수는 언제나 붉게 물들었다. 전한(前漢)시대, 즉 기원전 100여 년쯤의 역사가이며, 정론의 사가 사마천(司馬遷)이 가만히 있을 리 없다. 《사기(史記)》〈상군열전〉에 이르길, '상앙은 인정머리라고는 하나도 없는 잔인한 정치가'였다고 모질게 평가했다.

상앙은 왜 이렇게 거칠고 모난 성격을 가지게 되었을까? 권력자의 출신성분은 그 나라와 백성들에게 중요하다. 그는 귀족 가문 출신이지만 어머니는 첩이었다. 때문에 상앙은 평생 첩의 아들이라는

'서자 콤플렉스'에 매몰되어 있었다. 태생적 한계 속에서 상앙은 오로지 자신의 능력만으로 출세하려는 욕망이 강했다. 그는 또한 남을 믿지 못하고 모나고 거친 성품을 갖게 되었다.

　스스로 마음이 불안해진 상앙이 올곧은 선비 조량을 만나 물었다.
　"내가 지금 진나라를 다스리는데 있어서 조언 좀 해주게나."
　"일개 백면서생인 저의 의견이 무슨 소용이 있겠습니까."
　"그대의 말은 신뢰가 있으니 사양치 말고 말해주게나. 내가 재상이 되어 많은 일을 했는데, 옛날 목공 때의 명재상 백리해와 지금의 나를 비교하면 어떤가?"
　"백리해는 현명하고 어진 재상입니다. 백성들은 모두 그를 신뢰했습니다. 그가 죽자 백성들 중에서 울지 않은 이가 없었습니다. 그에 비해 공께서는 백리해와 크게 다른 점이 두 가지 있습니다. 공은 백성을 위한 정치보다는 군주의 치적 만들기에 우선했습니다. 그것이 제일 크고, 또한 공에게는 공이 만든 법으로 피해를 당한 많은 원망이 쌓여 있습니다. 모든 사람들이 왕보다 공을 더 무서워합니다. 이것이 두 번째입니다."
　"그러면 내가 앞으로 어찌 해야 하겠는가?"
　"이 시간 이후 그동안 하사받은 모든 봉토와 모아놓은 재산을 전부 헌납하고, 낙향하십시오. 덕을 쌓아야 합니다. 지금처럼 국정을 장악하고 힘을 과시한다면 장차 효공 사후에 그 많은 보복을 어떻게 감당하려 하십니까?"

　이 대화를 들으니, 그와 상앙을 비교한다는 것이 상앙에게 대단히 미안한 일이지만, 얼마 전 어느 나라에서 벌어진 국정조사에서 완승을 거뒀다는 우썬지 소썬지가 떠오른다. 당대에 이뤄놓은 그 많은 재산에, 국정조사와 특검에서 당장은 이겼겠지만, 과연 이긴 것이 이긴 것일까? 글쎄 상앙의 말로를 보면 ….

또 백성보다는 군주의 치적을 위한 정치의 폐해를 말하는 선비 조량의 지적이 폐부를 찌른다. 아니, 가슴이 서늘해진다. 모골이 송연해진다.

하지만 역시! 거기까지가 한계였다. 조량의 간언에 불쾌해진 상앙은 그의 고언을 듣지 않았다. 그리고 바로 얼마 후 그토록 건장하던 효공이 갑자기 병을 앓다 죽는다. 태자가 전격적으로 왕위에 올랐다. 이 사람이 바로 26대 혜문왕이다. 진나라의 정가는 다가올 소용돌이에 바짝 긴장했다. 피비린내가 벌써부터 진동했다.

혜문왕은 태자 시절의 수모를 잊지 않았다. 그리고 은둔생활을 하던 스승 공자 건도 복귀했다. 공자 건은 복귀하자마자 거두절미 상앙을 반란죄로 고발한다. 상앙은 더 이상 진나라에서 자신의 목숨을 부지하기 어렵다는 판단을 내렸다.

그는 야반도주했다. 고향으로 가기 위해 국경에 도착했다. 하지만 성문은 닫힌 채 열리지 않았다. 상앙이 수문장에게 아무리 애원해도 소용없었다. 새벽이 되어야 문을 열 수 있다는 법 때문이었다. 할 수 없이 여관을 찾았지만 들어갈 수 없었다. 여행증이 없이는 투숙할 수 없는 법이 있었기 때문이다. 상앙은 자신이 만든 법으로 인해 위험한 지경에 빠진 것이다. 후에 사람들은 '자기가 만든 법으로 자기 목숨이 위험하다'는 뜻의 '작법자폐(作法自斃)'라는 고사성어를 만들어냈다.

상앙은 한탄했다.

'아, 내가 만든 법의 폐해가 이렇게 무서운 것이었구나.'

우여곡절 끝에 상앙은 위나라로 탈출했지만 위나라 역시 상앙을 반기지 않았다. 당연하였다. 그 옛날 그가 한 비열한 짓을 뼈저리게 기억하고 있었다. 또한 상앙을 받아들이면 진나라에서 가만있지 않을 것이란 판단 때문이었다. 위나라는 오히려 그를 잡아 진나라로 보내려 했다. 상앙은 자신의 봉토인 상 지역으로 갔다. 그곳에서 그는 자신의 식솔과 양민, 노비들을 모아 군대를 조직했다.

하지만 진나라는 자신의 변법으로 이미 강대국이 되어 있었다. 상앙은 할 수 없이 인근의 작은 국가 정나라를 공격하고자 했다. 그러나 상앙의 운은 여기까지였다.

그가 정나라로 가는 도중에 매복해있던 진 혜문왕의 군대에게 공격당해 처참하게 죽었다. 진 혜문왕은 상앙의 시체를 수도인 함양으로 가지고 와서 사지를 찢는 거열형에 처하고 상앙의 삼족을 연좌제로 몰아 모두 몰살했다.

상앙은 등용된 지 21년 만에 살해되었지만 그가 세운 엄한 법치주의와 부국강병책은 진나라가 한고조 유방과 초패왕 항우에 의해 멸망당할 때까지 계속되어 진나라의 부국강병을 위한 통치수단이 되었다.

법치주의를 내세우고 나라를 부강하게 한 법가의 인물들은 풍운아 오기를 비롯해서, 모두들 왜 이런가? 후대의 한비자는? 진시황 때의 천하 명재상이자 법가의 최고봉 이사는 어땠을까? 그저 쓸쓸한 마음뿐이다. 인간사가 왜 이런가? 법가의 운명인가?

이 문제는 나중에 성악설의 순자와 성선설의 맹자를 비교하면서 말하고자 한다.

IV. 군웅할거의 시대

종횡가 소진과 장의 합종, 연횡책으로 천하를 평정하다

당대 최고의 스승 귀곡자

귀신이 사는 깊은 계곡, 귀곡 산장에 사는 귀곡자는 당대 최고 사학의 스승이다. 그는 엄격한 심사를 거쳐 제자를 가려 뽑았다. 아니, 안 뽑았다. 도대체 그의 학당 입학시험을 통과하는 자가 없었다. 그 자신 조차 사람들과 별로

귀곡자 (출처 : 바이두)

교류하지도 않았다.

이런 그에게 당대의 인물들 극소수가 문하에 있었으니, 그들은 모두 전국시대의 스타 중의 스타로 성장했다. 전국시대의 스타 4인방이었던 그의 제자들은 다름 아닌 소진과 장의, 손빈과 방연이었다. 손빈과 방연은 스승 귀곡선생으로부터 병법을 배워 각각 당대의 강대국인 제나라와 위나라에서 대장군으로 활약했다. 그러나 그들은 치명적 우정으로 서로 죽이고 죽었다. 손빈은《손자병법》의 저자이며 병법의 달인으로 오늘날 그는 세계적인 병법의 대가로서 글로벌한 유명인사가 되어 있다. 손빈과 방연은 동기동창으로서 전국시대를 장식한 대장군들이다. 그들은 각각 제와 위나라를 위해 치열하게 싸웠고, 장렬하게 죽었다. 특히 손빈은 사후에도 신화로 남았다.

또한 그들의 후배인 소진과 장의는 국제정치안보와 외교술로 세상에 나가 뜻을 펼치고자 했다. 그들은 이제 전국시대를 주름잡으며 천하를 소용돌이치게 만든다.

그들에 앞서 당대의 최고사부인 귀곡자(鬼谷子) 얘기부터 시작한다. 그는 마치 무협지 속의 사부 같다. 그는 이름에서 나타나듯이 신비로운 인물이다.

그를 둘러싼 수많은 설들이 예로부터 지금까지 난무한다. 그는 귀곡선생이라 불리며, 이름은 왕리(王利) 혹은 왕후(王詡)라 하며, 세상에서는 귀곡자라 호칭하여 그를 사상가의 반열에 놓는다.

귀곡자는 진(晉)나라 사람으로 제나라의 운몽산에 살면서 귀곡산장에 은거해 귀곡선생이란 이름이 붙었다. 국제정치, 심리학, 천문, 지리, 병법, 처세술 등등 모든 과목에 능통했다. 또한 극소수지만 교류범위는 깊어 세상과 등진 묵자와도 친구였다. 귀곡자는 신비에 싸인 인물이지만 사마천은 그를 존경하여 실존 인물로 기록하고 있으며, 높이 평가한다. 귀곡이란 곳에 은거하며 후진을 양성했기 때문에 귀곡자라 불렸고, 중국 사상사에서는 유세가를 가리키는 또 다른 단어인 합종연횡의 종횡가(縱橫家)의 시조로 알려져 있다.

그들 종횡가들은 말한다. 모든 가문 중에서 우리만큼 교육 가성비 최고인 학당이 어디 있는가? 공자 가문도 삼천 제자라고 하지만 성공한 제자가 누가 있나? 기껏 안자 정도? 다른 가문도 누가 있나? 우린 전국시대 최고 스타가 네 명이나 있고, 또 그 제자의 제자인 이사도 있지!(물론 이사의 스승은 순자다. 순자가 귀곡자의 제자일지 모른다는 설이 있다)

그는 '귀곡서당'이라는 최고의 사학을 설립하고는 세상을 구할 영재교육을 하였다. 교육과목은 유세 · 병법 · 음양 · 술법 등이고, 그 자신 《귀곡자》라는 책략서를 저술했다. 사실 이 책이 그의 것인지는 확실치 않다. 후학들이 책을 써놓고 그의 이름을 차용한 것이 아닌가 의심하고 있다. 그만큼 귀곡자의 신비로운 능력을 평가한다는 뜻이다. 귀곡자는 영재들을 교육할 때 한 사람 한 사람에 맞는 맞춤형 교육을 했다. 다만 찝찝한 것은 손빈과 방연, 소진과 장의 모두가 치명적 우정관계를 가졌다는 것이다.

기원전 4세기경의 전국시대 말기는 상앙의 법치주의적 변법으로 서쪽의 신흥국 진나라가 동쪽의 전통적 강호 제나라와 함께 막강한 강대국으로 성장해 있었다. 모두가 진나라의 급작스러운 성장에 놀라고 있었다. 마치 현대의 어느 나라처럼 짧은 기간에 급성장하여 주변국들이 '한강의 기적'이라 하는 것처럼, 진나라를 '위수의 기적'이라고 했다든가?

그러나 제나라는 정통성 있는 강태공의 나라이며, 자원강국이며 오래된 부자 나라인 반면, 진나라는 변방의 오랑캐 나라일 뿐이다. 각국이 진의 성장을 무서워하는 할망정 존경하지는 않았다. 진의 일거수일투족이 곱게 보여 질 리 없었다. 당시의 국제정치 평론가들은 전국시대를 종결시키고 천하통일을 이룰 나라로는 오직 제나라밖에 없을 것으로 생각했다. 후일 등장하는 큰 장사꾼 여불위도 난세 속에서 천하통일을 이룩할 나라로 어느 나라에 한 판 크게 배팅할까 고민할 때, 제와 진나라 사이에서 한참 고민했다.

전국 7웅은 한 치의 양보 없이 사생결단을 하고 있었다. 이런 상황에서 각국을 돌며 자신의 주장과 능력을 설파하는 소위 '유세가(遊說家)'가 우후죽순처럼 등장하였다.

이들 유세가에게는 무엇보다 천하 정세의 흐름을 정확히 파악하는 능력이 중요했다. 그들은 천하대세를 간파하고 그에 따른 방책을 수립하는 능력이 꼭 필요했다. 또 이 과정에서 유세가들은 각국의 지존들을 대상으로 자신의 방책을 설파해야 했기 때문에 언변술이 절대적이었다.

유세가의 언변술은 한 칼에 상대방을 공략하는 필살기적인 말솜씨와 천하를 끌어안는 비책을 내놓아야 한다. 그렇기 위해서는 수십 년간의 수도승 같은 공부와 인격도야가 필요했다. 그들은 왕과 제후들을 말로써 제압해야 했다. 천하를 논할 때 모두가 수긍해야 했다. 이의를 제기하면 그 자리에서 설복시켜야 했다. 그야말로 세치 혀에 목숨을 걸어야 했다. 적수공권의 자신이 살아남고 동시에 한 나라의 명운을 걸어야 하는 절대적인 순간을 넘어야 했다.

귀곡자는 이런 문제를 모두 해결할 수 있는 스승이었다. 그는 제자들에게 그의 지혜와 지식을 다 전수했다. 학자들은 그의 광대한 학문과 사상을 다음과 같이 정리한다.

우선 천문학, 점복팔괘, 예측학에 통달했다. 둘째는 병법으로 군사작전에서의 무궁무진한 변화, 누구도 예측하지 못하는 병법을 가졌다. 셋째는 유세학(游說學)으로 국제정치를 꿰뚫고 명쾌한 논리로 천하를 논했다. 넷째는 인격도야와 정신건강으로 모두를 행복하게 하였다.

이 가운데 유세학을 바탕으로 외교술을 펼친 종횡가의 활동과 수단과 방법을 가리지 않고 필승의 전략을 추구하는 병법분야에서 가장 뚜렷한 업적을 남겼다.

그런 의미에서 사마천은 종횡가의 대표적 인물인 소진과 장의를 높이 평가했다. 이제 소진과 장의는 진을 둘러싼 국제정치의 핵심을 파고들어, 전국시대의 천하를 뒤흔드는 합종책과 연횡책을 가지고 세상에 나간다. 그들은 진나라를 포위하는 약자연합인 합종책과 이에 대응하는 각개격파 전술인 연횡책으로 천하를 평정한다.

소진(蘇秦), 합종책으로 6국의 공동재상이 되다

소진 (출처 : 바이두)

소진과 장의는 아무 것도 가진 것 없는 적수공권의 서생들이다. 특히 소진은 주나라 낙양 사람으로 머나먼 동쪽 나라 제나라까지 귀곡선생을 찾아가 공부하였다. 그들은 전국시대의 모진 세월을 오직 세치 혀로 그 명성을 떨치는 천하제일의 책사로 성공하고자 했다. 귀곡자도 그걸 알고 소진과 장의를 키웠다.

소진은 장의와 동문수학하였지만 장의보다 먼저 세상에 나갔다. 귀곡선생이 그를 더 평가했기 때문이었다. 그는 자부심을 가지고 고향인 천자의 나라 주나라로 향했다. 전국시대 최고 명문사학인 귀곡산장을 수석으로 졸업하고 고향으로 돌아간 소진은 바로 주나라 왕실에 출사하여 뜻을 펴고자 했다.

그러나 아무도 그를 거들떠보지 않았다. 소진은 낙담하지 않고 여러 나라를 돌아다니며 유세했다. 역시 아무것도 얻지 못한 채 빈손으로 고향 낙양으로 다시 돌아와야 했지만 소진은 포기하지 않았다. 소진이 곤궁한 상태 거지꼴로 돌아왔기 때문에 가족들에게조차 무시를 받는다. 그는 워낙 여러 사람에게 구박받는 게 서러워서 방에 틀어박혀 밖에 나오지도 않았다.

그는 아직도 부족한 자신의 공부를 탓하며 미친 듯 공부했다. 고향으로 돌아온 소진이 다음 단계 공부를 위해 택한 교과서는 《음부(陰符)》라는 책이었다. 《음부》는 강태공이 지은 책이라고 전해진다. 이 책은 지금 남아 있지는 않지만 전문가들의 말에 따르면 은밀한 비책을 다룬 책략서라 한다. 그야말로 음부 같은 책이다.

소진은 이 책을 죽어라 공부했다. 그는 공부하다 졸리면 송곳으로 허벅지를 찔러가며 잠을 쫓았는데, 피가 발꿈치까지 흘러내릴 정도였다고 한다. 여기서 '송곳으로 허벅지를 찌른다'는 뜻의 '추자고(錐刺股)'라는 유명한 고사성어가 나왔고, 소진 공부법의 트레이드

마크가 되었다. 소진은 이 밖에 '두현량(頭懸樑)'이란 공부법도 남겼는데, 졸음을 쫓기 위한 방법으로 '머리카락을 대들보에 매달았다'는 뜻이다. 훗날 소진의 이 공부법을 합쳐 '추자고 두현량'이라 부르게 되었다.

이렇게 지독하게 공부한 끝에 소진은 그 성과를 '췌마(揣摩)'로 정리했다. 췌마란 상대방의 심리를 파악해 거기에 맞춘다는 뜻이다. 소진이 이루어낸 췌마술은 유세가가 반드시 갖춰야 할 기본기로 정착했고, 《췌마》라는 책으로 엮기도 했다.

소진은 이런 독특하고 독한 공부법을 통해 당대 최고 유세가로 거듭날 수 있었다. 특히 소진은 상대의 마음을 사로잡는 방법을 공부하는 데 집중했다. 유세술의 핵심을 파고든 것이다. 그는 이러한 정확한 방향 설정 덕분에 불과 1년 만에 성과를 낼 수 있었다.

소진은 몇 차례 유세에 실패한 끝에, 천하 정세를 정확히 말할 수 있게 되었다. 그가 주나라 궁궐을 찾아가서 벼슬을 얻고자 하였으나 주나라의 대신들이 그를 하찮게 여기고 그의 등용을 반대했고, 결국 주나라에서의 출사는 포기하고, 주를 벗어나 다른 나라로 떠난다. 원래 모든 영웅들은 자기 고향에서는 장사가 안되는 게 상례다. 예수도 나사렛에서는 그냥 별 볼 일 없는 목수의 아들일 뿐이었다. 공자 또한 고향 구에서는 홀어미 자식으로 아무도 쳐다보지 않았다.

일단 진에 도착해서 효공의 다음 왕인 혜문왕을 설득하나, 진나라는 전임 재상 상앙으로 일진광풍을 맞고 난 터라 이제 유세가라면 넌더리를 내고 있어서, 소진이 등용되기 어려운 상황이었다. 조나라는 제후 봉양군이 의심하여 조나라에서도 등용되지 못한다. 소진은

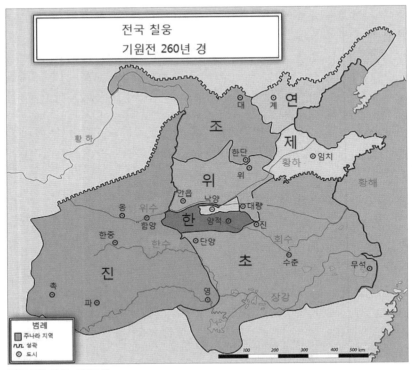

전국 7웅 (출처 : 위키백과)

마침내 연나라의 문후(文侯)에게 자신의 천하방책을 설명하고 인정받는다.

　여기서 소진은 전국 7웅 중에서 진을 제외한 연(燕)·제(齊)·조(趙)·한(韓)·위(魏)·초(楚)를 종으로 연결하여 서쪽의 진나라와 대적하자는 장대한 비책인 합종책을 문후에게 펼쳐보였다. 이에 문후는 뜻이 움직여 다른 육국을 설득할 수 있게 소진을 지원해주었고, 소진은 조·한·위·제·초를 돌며 각국의 군주들에게 함께 뭉쳐서 강대한 오랑캐 나라 진과 대적하도록 설득하였다. 결국 소진은 기원전 333년, 최북단 연나라에서 맨 아래 초나라에 이르는 거대한 동맹을 만들어 내는 데 성공하였다. 이렇게 종으로 연합한다 하여 합종책이라 불렀다.

그리고 소진은 춘추전국시대를 통틀어 전무후무한 6개국의 공동 재상이 된다. 이로서 최강대국 진의 동방 진출은 십여 년간 저지당하게 된다. 인간승리가 바로 이러한 것이리라. 적수공권 백면서생이 세 치 혀 하나로 천하를 평정하는 새로운 신화가 탄생한 것이었다. 이는 소진 한 사람만의 승리가 아니었다. 그 뒤에서 그를 지원한 스승 귀곡자와 동문수학한 친구들 모두의 승리였다. 누구보다 기뻐한 사람은 바로 장의였다. 이제 그에게도 희망이 생긴 것이다.

이렇게 6국의 공동재상이 되어 큰 권력과 부를 한 손에 쥐게 된 소진이 기세 좋게 고향으로 금의환향하자, 소진이 백수로 귀향했던 시절 자신을 그토록 박대하던 친척과 친구들이 지금은 그 앞에서 벌벌 떨며 어쩔 줄 몰라 하는 광경을 연출하고 있었다. 이를 묵묵히 바라보는 소진의 심사가 어떠했을까?

소진의 영달과 죽음, 그리고 장의의 등장

소진은 자신에 대한 친지들의 태도 변화를 씁쓸하게 바라보다가, 형수에게 묻는다.

"형수님께서는 전에는 저에게 막 대하시더니 지금은 왜 공손하게 대하십니까?"

형수는 즉각 답한다.

"지금 도련님의 지위가 높고 재물이 엄청 많은 것을 보았기 때문입니다.”

　소진은 생각했다. ‘나는 똑같은 사람인데 부귀해지자 친척들이 나를 경외하니, 하물며 다른 사람들은 오죽하겠는가!’ 허허, 뭘, 인간사 원래 그런 거지! 같은 말도 누가 말하냐에 따라 달라지는 법이거늘. 그 누구라도 불과 며칠 만에 그 위상이 천양지판 달라져서 그의 일거수일투족이 화제가 되고 모든 국민이 환호하고 있는 것을 우리는 목도하고 있지 않은가! 물론 그런 사람이 하루아침에 모든 사람들이 싸늘하게 쳐다보는 속에서 쓸쓸하게 물러나는 광경을 지켜본 적도 있었다.

　소진이 6국 공동재상이 된 후, 그는 자신의 휘장부터 의자, 도장까지 모두 이를 상징하는 육각으로 제작했다. 나중에 그의 무덤의 비석도 미리 육각으로 제작했다고 한다.

　6국의 공동재상이라는 것이 전례도 없고, 모두가 처음 보는 일인지라 일을 하기에도, 당사자가 처신하기에도, 그를 각국에서 대하는 것도 참으로 어려운 일이었다.

　오직 진나라에 대항한다는 공동목표 하나로 합종되었기에, 실제 전개되는 각국의 상황은 미묘하게 다르고, 잘못하면 오해를 불러일으키게 되는 일이었다.

　또한 일개서생 소진이 여러 나라를 돌아다니며 6국의 공동재상 노릇하는 것을 보고, 사람들은 아니꼬워 죽는다. 트집 잡을 게 없으니까 말도 안 되는 소리를 마구한다. ‘소진은 하는 일도 없이 여러 나라에 이름을 팔고 다닌다’라고 비판했다. 아니, 6국의 공동재상이 하는 일이 그런 거지, 어떡하라는 말인지 모르겠다. 그러나 사실 그가 여러 나라에서 동시에 공동재상을 지냈다고는 하나, 딱히 어느 나라의 재상이 아니었기 때문에 그때그때의 이해관계에 따라 다른 판단을 내리기도 했다. 동시에 한 나라의 환심을 사기 위해 어쩔 수 없이 또 다른 나라를 속이는 짓도 했다. 해서 6국의 합종책은 진나라를 묶어두는 역할도 하는 등 나름의 큰 성과도 있었지만 소진의 영광은 그리 오래가지 못했다.

소진은 전국 6국의 자기욕심과 이기심으로 6국동맹이 깨지며 공동재상의 역할도 끝나게 된다. 그러니 6국은 그를 어떻게 처리할지 난감했다. 그러나 소진은 처음 관직을 얻었던 연나라로 돌아가서 다시 재상을 지내게 된다. 연나라의 왕은 소진에게 밀명을 내리길, 제나라로 가서 벼슬을 지내며 제나라의 국력을 떨어뜨리라 지시했다. 그 방식은 제나라에 커다란 토목공사를 일으켜서 재정을 고갈시켜 제를 위태롭게 하는 것이었다. 사실 이건 소진보고 가서 죽으라는 명과 진배없었다.

소진이 그런 말도 안 되는 임무를 수행하러 간다는 것 자체가 소진답지 않은 일이었다. 거절하고 낙향했어야 했다. 무슨 부귀영화를 보겠다고 그런 한심한 명을 받았는지 모르겠다. 그것이 지분 없고 힘없는 의전총리의 속성이자 한계일 것이다.

제나라에서 말재주를 부려서 제나라 왕에게 신임을 얻는다는 것이 쉽지 않은 일이었음에도, 소진은 제나라에서 큰 벼슬과 상을 받았다. 그러나 거짓은 꼭 심판받는 법, 소진을 시기하고 불쾌해하던 제나라의 한 대부가 자객을 보내 그를 벤다. 결국 소진은 그 부상으로 인해 얼마 가지 못하고 죽게 되었다.

그러나 소진은 그냥 죽지 않았다. 옛날 오기가 마지막 순간에 적들에게 쫓기자 선왕의 무덤 위에 엎어졌고 적들이 쏜 화살이 오기와 무덤 위에 쏟아지니까 선왕의 무덤에 감히 화살을 쏘았다 하여 적들 모두가 사형에 처해져서 오기와 같이 죽게 된 것을 떠올렸다. 소진은 죽어가던 중에 제나라 왕에게 유언으로 자신이 죽거든 반역죄를 씌워서 자신의 시체를 거열형에 처해 거리에 내놓으면 자객을 잡을 수 있을 것이라 하였다. 유능한 대부인 소진을 갑자기 잃게 된 제나라 왕이 이를 그대로 따르자 곧 자객이 왕에게 상을 받기 위해 스스로 반역자 소진을 죽였다고 나섰다가 즉각 잡혔다. 결국 암살 사건의 배후에 있던 대부까지 붙잡혔다. 제왕은 붙잡힌 자객과 대부를 모두 죽여 버린 후에 죽어가면서도 꾀를 내어 원수를 잡은 소진의 지혜를 칭찬하였다.

사마천은 <소진열전>에서 그의 유세능력을 칭찬했다. 사실 6개의 나라를 홀로 동맹 맺게 하고 6국의 공동재상 노릇한다는 것이 보통일은 아니다. 소진이니까 가능했던 일이었다.

한편 장의는 소진의 출세에 자극받은 바 큰지라, 더 열심히 천하를 유세하며 다녔다. 아니, 유랑걸식이란 표현이 더 맞을 것 같다. 그러다가 후에 초나라 왕위에 오르게 되는 초 공자의 식객으로 앉아 있게 되었다. 어느 날 그 공자의 아들 결혼식 잔치 날, 자랑하던 귀한 벽옥이 사라져버렸다. 그 자리에 모인 사람 모두가 한 가닥 하는 사람들인데, 장의만이 초라한 식객이었다. 그 상황이야 안 봐도 뻔한 일이었다.

모든 빈객들이 뜨악하게 장의를 쳐다본다. 천하의 장의도 그럴 때 당황할 수밖에 없다. 인간들이 공자를 바라보며 저마다 한 마디씩 한다. 파티장은 갑자기 인간의 천박함의 경연장이 되어간다.

"장의는 빈한하여 품행이 좋지 않습니다."

"벽옥을 훔친 자는 그일 것입니다."

"아니, 저놈이 훔치는 것을 봤습니다!"

기가 막힌다. 이럴 때 군자는 침묵하는 법. 분노와 수치심으로 침묵하는 장의의 얼굴은 붉게 타오르고 있었다.

인간들이 급기야 모두 장의에게 달려들어 린치를 가한다. 어처구니없게 많이 맞았다.

아, 장의여! 그는 거의 죽을 정도로 맞고서 쫓겨 난다. 물론 벽옥은 다른데서 나왔다.

집으로 겨우 기어서 돌아 온 그에게 아내가 눈물로 말한다.

"아! 당신이 책을 읽고 유세를 하지만 않았던들 어찌 이런 지독한 욕을 당했겠소?"

장의가 그런 중에도 개그 한 마디 친다.

"마누라! 내 혀가 붙어 있는지 봐주오."

"혀는 아직 붙어 있구려."

"그럼 됐소. 이 혀만 붙어 있으면 되지. 다른 건 필요 없소! ㅎㅎㅎ"

이 일화는 유명하여 '혀는 아직 붙어 있다'는 뜻의 고사성어 '설상재(舌尙在)'가 탄생했다. 유세가 장의의 씁쓸한 모습이다.

이후 장의는 표표히 초나라를 떠나, 드디어 진나라로 들어간다. 이제 소진의 합종책과 장의의 연횡책이 불을 뿜는 천하쟁패의 대결을 하게 된다. 후일에 장의는 초나라 왕이 된 공자에게 오늘의 빚을 처절하게 갚아준다. 인생사 그런 것!

장의의 연횡책이 천하를 깨다

장의 (출처 : 바이두)

소진이 한창 6국의 공동재상으로 날리릴 때, 장의는 이 나라 저 나라 다니면서 소진이 그랬던 것처럼 가는 곳마다 문전박대를 당했다. 굶어죽게 된 장의는 하는 수없이 자존심 다 접고 친구 덕이나 좀 보려고 소진을 찾아간다. 친구가 찾아왔다는 전갈을 받고도 소진 재상은 미동도 하지 않고 아랫것을 시켜 장의를 객사에 처박아둔다. 게다가 음식도 하인들 먹는 것으로 아무렇게나 던져준다. 장의는 설움을 삼키고 이를 갈며 길을 떠난다.

떠나는 길에 작은 주막에 들른 장의는 돈도 없으니 안주도 없이 가장 값싼 막걸리 한 사발을 주문한다. 설움에 찌든 장의의 가슴 속은 타들어 갔다. 이때 웬 신사 한 사람이 거두절미하고 갖은 안주와 고급술을 주문해서 장의를 대접한다. 장의도 배고프고 아쉬운 김에 에라 모르겠다 주는 대로 마구 받아먹는다. 의기투합한 두 사람이 밤새 놀게 되고, 그는 장의의 포부를 다 들어주며 장의의 기를 살려준다. 다음 날 떠날 때 그는 노자 돈까지 엄청나게 주며 나중에 잘 되거든 갚으라 말한다. 그 뿐이 아니었다. 진나라에 가거든 아무개를 만나서 도움을 청하라고 하였다.

다급한 장의는 아무 생각 없이 진나라로 가서 그를 만난다. 그 사람은 진나라의 대부로서 바로 진의 혜문왕을 만나도록 주선까지 해준다. 그때 아무래도 이상한 생각이 들어 그에게 어찌된 영문인지 간곡하게 묻는다. 그는 비로소 모든 사실을 털어 놓는다. 이 모든 은전이 바로 친구 소진의 배려였다. 소진은 장의가 복수심으로 정신 차리고 일을 제대로 할 수 있도록 구박한 것이다. 어떤 짓궂은 사가는 이를 두고 장의가 소진에게 두 번 당한 것이라 말하기도 한다.

크게 충격 받은 장의는 한참을 침묵하며 스스로에게 맹세한다. 자신은 소진에 비해 아직 멀었으며 소진이 물러나기 전에는 그의 합종책을 건드리지 않겠노라고 …. 몇 년 후 소진이 갑자기 죽자, 때를 기다리던 장의는 소진이 구축한 6국 합종책을 차례차례 무너뜨리기 시작하는데, 그가 진나라를 위해 수립한 대외 책략은 역사에 빛나는 '연횡책(連橫策)'이었다. 이건 진나라의 복이려니!

남북 6국이 종으로 연합해 진에 맞서는 합종책에 대응해, 진은 동서 횡으로 6국과 각각 외교 관계를 수립하고, 여기에 각국의 내분을 조장하는 음모술을 가미해 각개격파하는 연횡책을 내세운 것이다. 이 연횡책은 후에 범수(범저)의 '원교근공(遠交近攻)' 책략과 연계해서 진나라 외교 정책의 근간을 이루게 된다. 물론 이것이 진의 천하통일에 거의 다가가는 결정적인 계기가 된 것은 말할 나위 없다.

그런데 장의의 이 연횡책이란 것은 사실 소진의 합종책이 있기에 가능한 책략이다. 장의는 소진이 수립한 전략을 반대로 천하 정세에 적용해 연횡책을 구상해낸 것이다. 장의의 연횡책은 사실상 소진의 합종책을 벤치마킹한 것으로 장의는 친구 소진의 탁월함을 잘 알았기에, 그에 맞서기보다는 그를 연구하여 그와 반대되는 책략을 쓰기로 결심한 것이다.

합종연횡책 (출처 : 바이두)

　진나라는 이미 상앙의 개혁으로 국력이 엄청 증가되어 전국시대의 최강대국이 되어 있었다. 혜문왕은 모략가인 장의를 등용하고, 위, 제, 초나라 등을 토벌했다. 이에 기원전 318년 위, 한, 조, 연, 제나라의 5개국이 연합군을 결성하여 진나라에 쳐들어왔으나, 혜문왕은 장의의 책략으로 이들 연합군을 격파하였다. 진은 더욱 생산력과 군사력을 높여 다른 6국을 압도하며 갔다. 또한 자신감이 더해진 혜문왕은 기원전 324년에 스스로에게 왕호를 부여했다.

　이는 사실 선왕들도 왕위를 가질까 말까 하며 고민하던 일이었다. 그것이 혜문왕 대에 이르러 과감하게 결정한 것이다. 이것만 봐도 혜문왕이 얼마나 자긍심이 강한 사람인지 알 수 있다.

　장의는 혜문왕과 밀약하여 위나라의 재상이 되고는 위나라로 하여금 진을 섬기게 하려 했으나 거부하자, 진과의 싸움에서 위나라가 크게 깨지도록 만들었다. 이듬 해 제나라가 위나라를 공격하고, 마침내 진나라가 위를 공격할 목적으로 먼저 한나라를 쳐 8만 명을 몰살시켰다.

　기원전 316년에 혜문왕은 촉을 점령하고, 이 땅을 개발하여 한층 더 생산력을 올려 장강의 상류를 차지하게 되었고, 장강을 이용하여 진격할 수 있게 되어 강대국 초를 압박할 수 있었고, 초와의 싸움에서 압도적으로 유리한 입장에 섰다. 혜문왕은 장의를 등용하고, 초를 끌어 들여 박살내고, 급기야 초의 회왕을 사로잡는다. 오죽하면 사가들이 혜문왕을 말할 때, 그는 위와 한의 왕들을 마부로 삼을 정도였다고 하였다.

초나라 왕을 사로잡은 장의는 그 옛날 초의 재상집에서 당한 수모를 깨끗하게 갚았다. 진왕은 초왕으로 하여금 장의에게 지난날의 잘못을 싹싹 빌고 용서를 구하게 했고, 장의는 갖은 구박 끝에 초왕을 용서했다. 인간사 그런 것!

장의는 강대국 초나라로 달려가 초를 망국의 위기에 몰아넣고, 다시 한나라로 가서 왕을 협박하여 진을 섬기도록 했다. 진나라로 돌아간 그는 혜문왕으로부터 무신군(武信君)이라는 칭호를 받고는 다시 제나라로 갔다. 천하의 강대국 제나라 또한 장의의 유세에 진을 섬기게 되었으며, 조나라로 간 장의는 왕을 설득하는 데 성공했으며, 그는 연나라까지 설득하여, 진나라의 연횡책을 완성시켰다.

그렇다면 장의가 소진보다 정치적으로 한 수 위라 말할 수도 있겠다. 그는 스승 귀곡선생에게 배운 바를 철저하게 활용하였다. 음모술과 스파이를 활용한 전쟁 운용이 절묘하였다. 장의가 능소능대하며 임기응변이 능한 정치인적 기질이 풍부한 반면, 소진은 순진하달까, 순수 공무원의 범생 기질이 많았다.

이렇게 귀곡자의 제자들인 소진과 장의는 세치 혀 하나로 천하를 평정했다.

후에 맹자는 감탄하여 말하길, 그들이 한 번 웃으면 천하가 흥하고, 한 번 성을 내면 모든 제후들이 두려워한다고 했다. 그 맹자는 좀 뒤에 등장한다.

중국 최초의 시인,
비극의 시인 굴원 이야기

굴원이 〈이소〉를 노래하다

굴원 (출처 : 바이두)

연횡책의 기수 장의가 초나라를 공략할 때였다. 장의는 초와 제의 합종을 깨기 위해 초나라 왕에게 거짓 유세를 한다. 만약 초가 제나라와 맺은 합종을 깨면 상(商)과 오의 땅 600리를 바치겠다고 한 것이다. 물론 거짓말은 탄로 났고 오히려 초나라는 제나라의 신의만 잃어 곤경에 처한다. 합종이 깨지자 진나라와 제나라 연합군은 초를 공격하여 초의 요지 중의 요지 단양과 한중을 빼앗는다.

  장의에게 속은 초나라 왕은 진의 혜문왕이 초의 검중 땅을 탐내고 있다는 소문을 듣고는, 바로 이때다 싶어 "진왕께서 원하시는 검중 땅을 장의와 맞바꾸면 어떻습니까?" 했다. 물론 철천지 원수 장의가 오면 한 칼에 죽여 버리려고 한 것이다. 욕심 많은 진나라 혜문왕이야 내심 장의를 보내 땅을 얻고 싶었지만 차마 말을 못하고 있었다. 그러나 장의가 누군가? 장의는 오히려 한 술 더 떠서 자청해서 진왕께 말한다.
  "왕이시여, 무엇을 걱정하십니까? 신이 폐하의 신표를 가지고 사신으로 초로 가겠습니다. 설령 신이 죽더라도 우리 진나라가 초의 검중 땅을 차지할 수 있다면, 그것은 제가 바라던 바입니다."
  과연 장의다. 문제의 핵심을 그대로 선수치고 들어간다.

  장의는 진 혜문왕의 마음을 이렇게 얻어놓고 초로 향한다. 장의가 도착하자마자 초나라 왕은 즉각 그를 가두고 죽이려 한다. 그러나 장의는 눈썹 하나 까딱 않고 초왕에게 유세한다. 말 한 마디 잘못하면 그대로 황천길 행인 절체절명의 순간이었다.

  "초의 대왕이시여, 무슨 지난 일을 가지고 원한을 가지고 계십니까? 제 말씀을 다 들으신 다음에 판단하십시오. 지금 같은 난세에 군주의 판단은 나라의 운명을 결정합니다. 진은 호랑이고, 다른 나라들은 양떼에 불과한데, 어떻게 호랑이와 손잡지 않고 양떼들 편에 섭니까? 유사시 진의 군대가 초에 오기로 한다면, 파촉에서 배를 띄워 내려오면 열흘이면 족한데, 언제 다른 제후국들의 도움을 받겠습니까?"
  장의는 초왕을 정면으로 바라보았다. 얼레고 겁준다.

"소진의 합종책은 사실 서로 돕는다고 하면서 틈만 보이면 배반하는 것입니다. 이제 제가 진나라와 초나라가 연횡하여 태자를 인질로 교환하고 형제의 나라가 되도록 다리를 놓겠습니다. 이렇게 되면 영원히 서로 공격하는 일은 없을 것입니다."

이때 오늘의 주인공 초나라의 대부이며 만고충신의 표상 굴원(屈原)이 등장한다. 그는 초나라가 또 남의 땅을 욕심내어 장의에게 속으면 나라가 망할 것이라 믿고 충언한다.
"전에도 장의에게 속았는데, 그의 말을 또 들어서는 안 됩니다. 지금 당장 장의를 삶아 죽여야 합니다!"
굴원은 오랑캐 나라 진이 아니라 올곧은 양반 나라 제나라와 힘을 합쳐야 초가 바로 설 수 있다고 생각했다. 그러나 초회왕은 굴원의 충언을 듣지 않았다. 순진무구한 서생 굴원과 달리 장의는 초회왕의 약점을 잘 알고 있었다. 탐욕스런 초회왕을 공략하는 데는 이익이 우선이었다. 회왕은 일단 장의를 그대로 돌려보내면 약속한 검중 땅을 진에게 떼어주지 않아도 되며, 장의가 오히려 힘을 합쳐 약한 나라들을 잡아먹자고 유혹하니 회왕은 또 장의의 말에 속아 넘어가고 만 것이다. 결국 조국 초나라의 멸망을 예감한 굴원은 극심한 좌절 속에서 산천을 헤매고 번민하다가 그만 멱라수에 몸을 던져 죽고 만다.

이제 초나라의 충신이자, 중국 최초의 시인, 비극의 시인 굴원(屈原) 이야기를 할 때가 되었다. 굴원은 삭막하고 살벌한 전국시대에서 홀로 꽃피는 설중매 같은 존재였다.
사마천은 그의 《사기》에서 굴원의 생애를 말하며 동병상련의 안타까운 심사를 이렇게 토로했다.

"굴원의 일생은 흙투성이 허물을 벗고 매미가 빠져나오는 듯한 삶이었다. 혼탁한 세상에서 빠져나온 듯 티끌 하나 묻히지 않고 살아간 사람이다."

기원전 4세기말 굴원은 쓰러져가는 풍전등화의 조국을 슬퍼하며 노래한 시인이었다. 진나라의 대부이며 천하의 유세가인 장의의 농간으로 초나라 회왕이 그의 탐욕으로 나라를 망치는 꼴을 옆에서 지켜보면서 굴원은 낙담한다.

그는 가장 아름답고 낭만적인 노래로 심경을 토로한다. 중국 역사상 최초의 시로서 중국인 모두가 현재까지 가장 사랑해 마지않는 그의 시, <이소(離騷)>부터 감상한다.

이소 (출처 : 바이두)

己矣哉國無人兮其我知兮 (이의재국무인혜막아지혜)
아 끝인가? 나라에 인물이 없고 나를 알아주는 사람도 없네.

又何懷乎故都 (우하회호고도)
나는 또 어찌하여 옛 도읍지를 그리워하는가?

旣莫足與爲美政兮 (기막족여위미정혜)
이미 함께 뜻을 펼칠 사람 없는데

吾將從彭咸之所居 (오장종팽함지소거)
나 이제 팽함(彭咸)을 좇아가리라.

팽함은 은나라의 현자로, 왕에게 자신의 뜻을 간했으나 받아들여지지 않자 강물에 몸을 던졌다. 굴원도 그처럼 조국을 위해 몸을 던질 각오를 드러낸 것이다. 굴원은 결국 팽함의 뒤를 좇아 멱라수에 몸을 던졌다.

<이소>란 '걱정거리를 만난다' 라는 뜻이다. <이소>는 굴원의 사상과 삶이 집약된 대표작으로 장장 375구로 이루어져 있는데, 예나 지금이나 중국인들이 가장 사랑하는 시다. 이백, 두보, 도연명 등 당대의 시인들이 시대를 넘어 그를 추종했다.
다음은 가장 유명한 굴원의 <어부사>를 감상하기로 한다.

굴원, 〈어부사〉를 노래하다

굴원이 걸어간 길은 충신의 길이었다. 어리석은 군주의 탐욕과 비뚤어진 정치로 나라를 망칠 때, 충신은 온몸으로 이를 막지만 군주는 끝없이 의심하고 다른 길로 가고야 만다. 초나라 회왕도 그랬다.

당시의 초나라는 아직 그래도 희망이 있는 강국이었다. 그러나 진나라 대부 유세가 장의의 연횡책으로 강국 초나라는 점차 약소국이 되어갔다. 강태공의 나라 제나라 같은 올곧은 강국과 합종하여, 제초 연합으로 중원을 든든히 버티던 초나라는 어느덧 진나라와 독자적으로 연횡하여 제나라와 갈라선다. 장의의 능력이 빛을 발한 것이다.

전국시대 당시 중원 제국의 식자층들의 성향을 대별해보면, 대체적으로 수구 세력은 친진, 개혁파는 반진(反秦)의 입장을 취했다. 반진 개혁파의 기수 굴원은 끝까지 초회왕에게 충간하지만 탐욕으로 얼룩진 친진 세력의 농간에 결국 넘어지게 된다. 물론 안보와 예산절감을 이유로 전시작전권도 진에 넘어갔다.

굴원은 정적들의 농간으로 파직되어 목숨마저 위태롭게 되자 크게 좌절한다. 굴원의 <어부사>는 이때 탄생한 시이다. 그의 시는 모든 중국인들의 감성과 세계관을 가장 잘 표현한 것으로 정평이 있으며, 시대를 넘어 중국인들이 가장 사랑하는 시다.

어부사 (출처 : 바이두)

이제 충신의 슬픔을 노래한 <어부사>를 감상한다.

屈原旣放 (굴원기방)
굴원이 쫓겨나

游於江潭 (유어강담)
강과 늪지에서 노닐 때

行吟澤畔 (행음택반)
그곳을 거닐며 시를 읊었네.

顔色憔悴 (안색초췌)
얼굴은 해쓱하고 그 모습 초라했네.

形容枯槁 (형용고고)
벌써 죽음이 다가온 모습이었네.

이때 나이 든 어부가 다가와 말을 걸자 굴원이 대답한다.

擧世皆濁我獨淸 (거세개탁아독청)
모든 세상 흐린데 나 홀로 맑고

衆人皆醉我獨醒 (중인개취아독성)
모든 사람 취했는데 나 홀로 깨어 있네

是以見放 (시이견방)
그래서 쫓겨난 것이라오.

그 말에 어부는 넌지시 그를 비꼰다.

世人皆濁 (세인개탁)
세상 사람 모두 흐리다면

何不淈其泥 (하불굴기니)
어찌 그 흙탕물을 흐리게 하여

而揚其波 (이양기파)
파도를 이루지 않으시오?

衆人皆醉 (중인개취)
세상 사람 모두 취해 있다면

何不餔其糟 (하불포기조)
어찌 그 술지게미 씹고

而啜其醨 (이철기리)
그 술을 마시지 않으시오.

굴원은 대답한다.

"사람은 누구나 관이나 옷을 걸칠 때는 먼저 먼지를 떨어내고 쓰고 입지 않소? 이 청결한 몸에 더러운 옷을 입을 바에야, 차라리 이 몸을 던져 상강(湘江)의 물고기 밥이나 되겠소."

그 말을 듣고 어부는 빙긋 웃고 다시 노래로 화답하며 표표히 사라진다.

滄浪之水淸兮 (창랑지수청혜)
창랑의 물 맑으면

何以濯吾纓 (가이탁오영)
내 갓끈 빨고

滄浪之水濁兮 (창랑지수탁혜)
창랑의 물 흐리면

何以濯吾足 (가이탁오족)
내 발 씻으리.

아! 굴원이여! 그대의 분노와 슬픔은 이렇게 수 천 년 동안을 빛나는가!

이 시는 중국 역대 최고의 시로 꼽힌다.

중국 최초의 시집은 물론 공자의 <시경>이다. 거기에는 중원 땅의 민요가 집대성되어 있다. 그러나 작자는 전부 미상이다. 해서 중국인들은 중국 최초의 시인은 양자강 유역, 곧 초나라 땅에서 태어난 굴원을 꼽는다. 중국인들이 그를 너무도 사랑하고 자랑스러워해서 그럴 것이다. 낭만과 슬픔은 시대와 장소를 넘어 언제나 백성들의 것, 굴원은 이렇게 최초로 초나라의 '사(辭)'라는 독특한 운문 형식을 빌려 노래했다.

<어부사> 중 '거세개탁 아독청' '중인개취 아독성'과 마지막 구절인 어부의 충고, '창랑의 물맑으면 …' 이하는 중국 어린아이들까지 외우고 다닐 정도로 유명하며 사랑받는다. 마치 우리의 김소월 시인의 '나보기가 역겨워 가실 때에는 …' <진달래꽃>이 모든 이들이 즐겨 부르는 시인 것처럼.

진의 28대 소양왕, 원교근공책을 얻다

범저, 모진 세월 끝에 진에서 일어나다

기원전 311년, 강력했던 제 26대 진의 혜문왕이 죽고, 그 아들 무왕이 제27대 왕으로 즉위하자, 장의는 갑자기 힘을 잃는다. 무왕은 장의를 좋아하지 않았다. 아버지 혜문왕과 죽이 맞아서 갖은 음모를 꾸며대는 것도 그렇고, 근본 없는 장의가 진나라의 대부로 전횡하는 것도 싫었다.

소양왕 (출처 : 바이두)

그러니 '제행무상, 이 세상 모든 것 변치 않는 것은 없다'는 만고의 진리대로 진나라 조정 대신들은 어제까지의 태도를 바꾸기 시작했다. 장의를 공공연히 비방하고, 모함하기 시작하였다. 국내뿐이 아니었다. 국외에서도 장의가 진의 새로운 왕에게 물 먹고 있다는 소문이 나자, 각국은 진과 맺었던 연횡을 슬슬 버리기 시작했다. 장의는 더 이상 지체하다간 목숨이 위태롭다는 것을 느끼고 야반도주하여 위나라로 떠나갔고, 거기에서 1년 동안 재상으로 있다가 죽었다. 너무도 허망한 일이다. 소진과 장의의 저 빛나는 합종 연횡책으로 천하가 들끓던 시간이 바로 어제인데, 과연 세태의 변화는 진리였다.

그런데 제27대 무왕은 도대체 뭐하는 사람인지 모르겠다. 그는 전혀 다른 의미로 특별했다. 무왕 재위 5년째 되는 해에 그는 우승상 감무를 시켜 낙양을 정벌했다. 그토록 탐내던 주나라 왕실 보물인 거대한 솥 구정(九鼎)을 보고는 장사 맹열에게 그걸 들어보게 하고는 맹열이 구정을 들어 올리자, 자기도 한 번 들어보겠다고 객기를 부리고는, 그 무거운 구정을 들다가 깔려 죽었다. 참나, 원….

제28대 진소양왕 또는 소왕(재위:기원전 306~251년)이 천신만고 끝에 조나라의 지원으로 전격적으로 왕위에 올랐다. 소양왕은 영웅적 풍모를 지닌 영민한 왕이었고 진시황 못지않은 천하통일의 실질적인 리더였다. 그는 자신이 존경하는 아득한 할아버지 목공만큼 명민했으며, 우선 장수했고, 그만큼 일도 많이 하여 진나라 천하통일의 대들보를 놓은 왕이었다. 소양왕은 자신감으로 넘쳐있어서, 이제 유세객들이라면 사기꾼 혹은 모사꾼이라며 넌더리를 내고 있었다. 이제 진나라에 모사꾼은 필요 없다 선언했다. 그래서 유세객들이 인사드리러 오면 무조건 내쳤다.

이때 책사 범저(혹은 범수)가 등장하고 중원은 다시 한 번 들끓기 시작한다. 인재의 바다 속에서 무한경쟁시대에 인물들은 모진 고난을 겪고 살아남아 뜻을 펼쳤다. 범저 또한 그런 인물이었다. 범저는 당시의 모든 인물들처럼 '당연히' 가난하였다. 가진 자들의 자제들은 대체로 무언가에 지극정성을 쏟아 붓는 일을 하지 않는다. 더군다나 전국시대의 살벌한 정세 속에서 천하를 다니며 목숨 걸고 자신을 내세워 유세하는 일은 그들에게 맞지 않았다.

위나라 사람인 그 역시 위 왕 앞에 나설 기회를 얻는다는 것은 거의 불가능했다. 그래서 그는 일단 위나라 중대부인 수고를 모신다. 인간사 원래 그렇지만, 이 수고란 사람이 그리 훌륭한 사람은 아니었다. 의심도 많고 사람 볼 줄도 모르고, 하여간 그냥 쪼다였다.

수고가 위나라 왕의 사신으로 제나라에 갈 때 범저가 수행원으로 따라갔다. 수고의 임무는 과거에 연나라가 제나라를 공격할 때 위나라도 슬쩍 다리 하나를 걸쳤던 사실이 탄로나서, 일이 커지기 전에 이를 사죄하러 간 것이다. 제나라 양왕(襄王)은 이들 일행이 인사하자마자 다그쳤다.

"위나라 졸개들이 여길 왜 왔냐? 그때는 연나라 편에 붙어서 우리 제나라를 죽이겠다고 까불더니 무슨 염치로 왔냐?"

쪼다 수고는 제왕의 힐난에 정신이 하나도 없어 땀만 삘삘 흘리고 있는데, 이때 범저가 당차게 나선다.

"그거야 당시는 제나라가 막강하며 무서웠으니까 연나라와 힘을 합쳐서 나간 거고요, 지금은 제나라의 새 왕께서 훌륭하다고 해서 그 분을 도와 천하를 논하려고 왔는데, 뭘 과거 일을 새삼 언급하십니까요?"

제나라 왕이 범저를 힐끗 보고는 그 용모와 당당함이 마음에 들어 상을 내리는데, 금 열 근과 쇠고기와 술을 보낸다. 범저는 물론 이를 거절했지만, 수고는 귀국하여 스스로 쪼다짓한 죄도 덮을 겸하여, 저놈이 필시 제나라의 스파이일 것이라고 모함한다. 언제나 죄책감과 시기심은 모두를 망치게 되는 법, 위나라 재상은 수고의 보고만 듣고는 매우 화를 내며 범저를 매질한다. 큰 공을 세우고도 졸지에 제나라 스파이가 되어버린 범저는 갈비뼈가 모두 부러지고 이가 다 빠질 정도로 맞는다. 범저가 매를 견디다 못해 죽은 척하자, 그를 거적더미로 둘둘 말아 화장실에 버린다. 빈객들은 술에 취해 오며가며 그의 몸에 오줌을 누어 그를 모욕했다. 위나라 하는 짓이 이러했다. 그러니 위나라의 인재란 인재들은 전부 외국으로 나갔지! 전국시대의 스타들 중 변법재상 상앙과 상승장군 오기를 위시한 기라성 같은 인재들이 모두 위나라 출신이었는데, 단 한 명도 키우지 못하고 전부 외국으로 도주하거나 어쩔 수 없이 빠져나갔다. 오호 통재라!

범저는 그곳 하인에게 살려 달라 애걸복걸 부탁하며 자신을 여기서 나가게만 해준다면 후에 꼭 사례하겠다 하며 몸부림쳤다. 이를 불쌍히 여긴 하인의 도움으로 그는 겨우 사지에서 빠져나온다. 결국 다시 한 번 정안평이란 사람의 도움으로 범저는 장록이란 가명을 쓰면서 변두리 폐가에서 죽지 못해 숨어 살게 된다.

하늘은 지극정성을 다해 살아남아 모진 세월을 견뎌낸 범저에게도 기회를 주었다. 어느 날 진나라 사신으로 위나라에 온 왕계에게 정안평이 은밀하게 범저를 추천하고, 왕계는 범저를 만나 한 눈에 그 인물됨을 알아보고는 범저를 구출해준다. 범저는 드디어 조국 위나라를 벗어나 적국 진나라로 들어가게 된다. 물론 조국과 적국의 의미는 순식간에 뒤바뀌게 되지만 ….

미리 말하지만 후에 범저는 자신을 살려준 하인, 정안평, 왕계 등

은인들에게 각각 큰집과 많은 전답, 큰 성의 태수, 대장군 자리 등 각자에게 천 곱절 만 곱절로 갚는다. 그는 은혜와 원수를 확실하게 갚는 인물이었다.

범저는 진나라에 두 가지 현안이 있다는 것을 알게 된다. 하나는 진의 소양왕이 또 다른 강대국 제나라를 치고 싶어 몸살을 앓고 있다는 것, 또 하나는 왕실의 외척세력이 발호하고 있다는 것이다. 범저는 진나라 소양왕이 유세객을 혐오하고 있다는 사실을 간파하고는 지체 없이 진나라 소양왕에게 간결하며 당찬 글을 올린다. 범저는 먼저 '진나라에 무슨 왕이 있나요, 단지 태후와 양후가 있을 뿐입니다'라고 일갈한 후, '신은 듣기를 일개 대부에게 필요한 인재는 나라 안에서 찾고, 나라를 일으킬 인재는 천하에서 찾는다고 했습니다. 현명한 군주는 천하에서 인재를 빼앗아오는 법입니다'라고 올렸다.

범저의 글을 읽은 진소양왕은 매우 기뻐하여 수레를 보내 범저를 불러와 천하의 일을 의논한다. 진나라가 꿈꾸는 천하통일을 이루기 위해서는 연횡책 말고 새로운 정책이 필요한 시점이었다. 이때 범저가 제시한 외교 전략이 바로 '원교근공책'이다. 이는 진나라와 거리가 멀리 떨어져 있는 나라와는 사이좋게 지내고, 국경을 접한 가까운 나라는 침공한다는 새로운 외교안보 전략이다.

범저의 방책대로 소양왕은 먼저 위세 좋던 외척세력을 전부 귀양 보내고 재산을 몰수한다. 그자들이 훔친 나랏돈이 진나라 재정보다 더 많았다 하니 이게 대체 어찌 나라인가? 또한 진나라는 기왕의 연횡책과 함께 이 새로운 원교근공책을 외교안보전략으로 삼아 끝내 전국시대를 끝내고 천하통일을 이루게 된다.

문제는 중국이 이 원교근공책을 현대에 이르기까지 고수하여 주변국들을 곤혹스럽게 한다는 점이다. 원교로는 미국, 유럽 등이고, 근공으로는 우리 한반도와 일본, 티벳, 필리핀 등 주변국이다. 중국은 이 책략을 계속 사용할 것이다. 군사적, 경제적으로 ….

완벽귀조와 문경지교

범저의 원교근공책의 가장 큰 희생양은 전통의 강국 조나라였다. 진나라가 천하통일을 이루기 위해서는 반드시 황하의 북쪽에 웅거하고 있는 이웃 조나라를 쳐야 했다. 이제부터 벌어질 진과 조의 치열한 전쟁 이야기를 하기 전에 조나라의 아름다운 이야기부터 해야

문경지교 (출처 : 바이두)

겠다. 그것은 '완벽귀조(完璧歸趙)'와 '문경지교(刎頸之交)'의 이야기다.

이 즈음 북방의 조나라는 이웃나라 진의 욱일승천 떠오르는 기세에 짓눌려 있었다. 진은 사사건건 딴지 걸고 뭐든지 트집 잡으며 못 잡아먹어서 안달이었다. 조에는 '화씨지벽(和氏之璧)'이라는 보물이 있었는데, 진(秦)왕이 또 다시 시비거리를 찾아서 자기 성 15개를 그 보석과 바꾸자 하였다. 조왕은 이것이 진나라의 뻔한 수작이라는 걸 바로 간파했다. 조왕은 걱정이 태산이다. 그건 진왕이 보물을 거저먹거나 시비거리 찾자는 것이라는 사실을 알고 있기 때문이었다. 그러나 조의 조정에서는 말만 무성하고 누구하나 감히 나서는 사람이 없었다. 괜히 앞에 나섰다가 진나라에 찍혀 죽거나 바보 되기 십상인 상황이었다.

이때 환관 목현이 자신의 식객으로 있는 무명의 인상여(藺相如)라는 현자를 추천한다. 마땅한 사람도 없던 차에 못미덥지만 일단 선비로서 괜찮아 보이는 그를 사신으로 보낸다. 진의 수도 함양으로 간 인상여가 소양왕을 알현하고 화씨지벽을 보여준다. 역시 진왕은 자신이 제안한 성과의 교환 이야기는 하지 않고 딴전만 피운다. 이에 인상여는 진왕의 뜻을 바로 간파하고는 "실은 그 구슬에는 조그만 흠이 있사옵니다"하며 잽싸게 구슬을 빼앗아 들고 기둥 옆으로 달려간다.

인상여는 기둥 옆에서 발을 구르며 진왕에게 토로한다.
"모든 신하들이 진을 의심하는 중에도, 조왕께서는 진을 믿고 5일간이나 몸을 청결히 하고서 화씨지벽을 넘기셨습니다. 이러한 조왕의 신의를 진왕께서는 참으로 무례하게 대하시니, 이제 이 구슬을 제 머리와 함께 이 기둥에 박살내 부셔버리겠습니다."

목숨 걸고 자신의 조국 조나라의 자존심을 지키려는 인상여를 가상히 여긴 진의 소양왕은 모든 일을 없던 일로 하였다. 조에서는 필시 인상여가 죽었을 것이라 생각하고 그의 시신을 국장으로 치르고자 준비하던 조왕은 인상여가 무사히 살아 돌아오자 그를 당장 상경으로 모셨다. 여기에서 완벽귀조(完璧歸趙)란 말이 생겼다. 이 말의 뜻은 벽옥이 온전히 조나라로 돌아가다. 물건을 조금도 상하게 하지 않고 원래의 주인에게 온전하게 돌려준다는 뜻이다. 오늘날 그냥 '완벽'이라 쓴다.

또 시간이 얼마 지나자 진이 다시 조를 집적거린다. 진왕이 양국의 우호를 다지는 회합을 갖자고 조왕을 초청한다. 초대에 응할 것인지 말 것인지 찬반 논쟁 끝에 나라의 자존심을 세우자는 염파 대장군의 건의로 조왕이 참가한다. 인상여도 대신으로서 조왕과 동행한다. 진소양왕이 조왕에게 가야금을 한 번 타 달라고 요청한다. 그리고는 '진왕이 조왕에게 슬(가야금)을 타게 하였다'고 사관을 시켜 기록하게 한다. 이는 물론 조의 자존심을 구기는 도발 행동이다.

이에 즉각 인상여가 진소양왕에게 다가가 장구를 내밀면서 "진에서는 잔치 때 장구를 치며 노래를 부른다는데, 한번 두드려 주시지요"라고 주문했다. 이는 진의 문화적 열등감을 자극하는 행위, 오랑캐 나라인 당신들은 장구나 치라는 뜻이다. 너무 늘어지므로 여기서 긴 이야기를 팍 줄인다.

나라의 위기를 계속 구한 인상여는 더욱 지위가 높아지고, 이에 대장군 염파가 열 받아 "나는 숱한 전투에서 목숨 걸고 전공을 세웠는데, 인상여는 일개 환관의 식객으로 별다른 무공도 없이 세치 혀만 가지고 지위가 누구보다 높아졌다. 반드시 그놈을 손 좀 봐주겠노라"라며 식식대고 다녔다.

이후로 인상여는 염파와 만나지 않으려고 병을 핑계로 집에 틀어박혀있거나, 입궐도 염파가 없는 날만 나가려고 애썼다. 그러던 어느 날 수레를 타고 외출한 인상여는 길에서 염파와 우연히 마주쳤고, 기사한테 수레를 돌리게 하여 그대로 옆으로 숨어버렸다. 이러한 인상여의 병신 같은 모습에 실망한 부하들이 인상여에게 개긴다.

"우리가 나리를 섬기고 있는 건 당신의 높은 뜻을 존경해서였는데, 오늘 나리의 행동은 한낱 필부조차도 쪽팔릴 행동이었습니다. 그런데도 전혀 부끄러워하지도 않으십니까. 더는 당신을 섬길 수가 없겠습니다."

인상여가 물었다.

"너희는 진왕과 염파 장군, 둘 중 어느 쪽이 더 무서운가?"

부하들은 당연히 진왕이라고 대답했다.

"난 그 진왕을 상대로 면전에서 싸웠고, 여기까지. 왔다. 내가 염파 장군을 무서워할 이유가 있겠느냐? 다만 진이 우리 조를 치지 못하는 것은 나와 염파 장군이 있기 때문이다. 지금 나와 염파가 싸우면 둘 중 하나는 크게 다치거나 죽게 된다. 누구 좋으라고 그러겠느냐? 내가 이렇게 참는 것도 모두 나라를 위해서다."

이 소문을 듣게 된 대장군 염파는 크게 느낀 바 있어 인상여에게 찾아가 그의 앞에 웃통을 벗고 꿇어앉아, 등에 지고 온 가시나무를 내밀었다.

"이 천한 놈이 현자를 몰라보고 마구 까불었으니, 이 채찍으로 원 없이 때려주시기 바랍니다."

"무슨 말씀을! 장군이 있기에 조가 있는 겁니다."

더욱 감동한 염파는 맹세한다.

"인상여, 당신을 위해서라면 이 목을 바친다 해도 후회가 없겠소."

"나도 장군을 위해서라면 기꺼이 목을 바치겠습니다."

그렇게 둘은 서로를 위해 목을 바친다 해도 후회하지 않겠다는 맹세를 했고, 이것이 '문경지교(刎頸之交)'라는 고사의 유래가 되었다.

장평천하대전, 전국시대의 마지막 대회전

범저의 원교근공책은 미약한 이웃나라들을 공격하는 것으로 시작했다. 그 첫 번째 희생양은 전국 7웅 중 가장 약한 이웃나라 한(韓)나라였다. 진의 명장 백기가 한나라의 야왕 지역을 급거 점령하자, 정말 황당한 사태가 벌어진다. 인근 상당 지역의 17개현이 포위되자, 상당의 태수는 백성들과 상의하여 상당 지역을 엉뚱하게 조나라에 바치기로 결정했다. 대저 무슨 일이 벌어질 때는 예기치 않은 작은 일부터 시작한다. 세계대전의 발발이 그랬고, 매사가 그러하다. 춘추전국시대를 통틀어 가장 잔혹하고 커다란 전쟁인 장평대전도 이렇게 작은 일로 시작한다.

한나라 상당 지역의 돌발 상황이 벌

범저 (출처 : 바이두)

어진 이유는, 첫째 한나라 조정이 이곳을 도와줄 형편도 안 되고, 진나라에 대한 평가가 여러 나라 백성들한테 아주 나쁘기 때문이었다. 상앙의 변법으로 인한 가혹한 법치는 진나라가 부강해지는 원인은 되었을지언정 백성들에게는 괴롭기만 했기 때문이었다. 그러나 이 문제로 진, 조, 한 3국은 국제정치의 소용돌이에 휩싸이게 되었다.

조나라 조정의 의견은 두 가지로 의견이 갈렸다. 하나는 상당을 받으면 필시 진과 분쟁이 생기니, 이를 받지 말아야 한다는 것과 아무런 조건 없이 17개현을 얻는 건데 못 받을 거 뭐 있냐는 것 두 가지였다. 어리석은 조왕은 욕심만 앞서서 그 땅을 받자는 의견을 취하여, 조나라 군이 상당 지역으로 가서 피난민들을 위무하게 하였고, 한 술 더 떠 진나라의 만행을 만천하에 공포하며, 저네 조나라가 이토록 훌륭한 군자 나라임을 세상에 알렸다. 아주 기름덩이 들고 불속에 뛰어드는 격이었다. 당시 강대국들은 조마조마 괜히 불똥이 튈까봐 조용히 사태를 관망하였고, 결국 조나라만이 홀로 진나라와 맞서게 되었다. 순간의 선택이 평생을 좌우한다고, 소탐대실의 결과가 어떻게 되는지 …. 이건 마치 필리핀 두테르테가 사사건건 미국에 개기는 것과 같은 형국이었다.

이제 강대국 진나라는 국제적으로 체면이 걸린 싸움을 벌여야 하는 지경에 이르렀다.

도저히 가만 두고 볼 상황이 아니었다. 아니, 은근 그런 상황을 만들어 나갔다. 진소양왕은 즉시 장수 왕흘을 시켜 군사를 이끌고 상당 지역을 접수하기 위하여 진군케 하였다. 그러나 조나라에서도 이미 각오한 바, 조왕은 명장 염파를 파견하여 백성들을 접수하고 진군을 막게 하였다. 양국 군대는 중원 깊숙한 지역에 위치한 장평에서 대치하게 되었다.

때는 전국시대 말기, 진나라와 조나라가 나라의 존망을 건 대회전을 눈앞에 두게 되었다. 두 강대국을 비교하자면, 진나라에는 백기라는 명장이 있고, 조나라에는 명장 염파와 조사가 있다. 진나라에는 명재상 범저가, 조나라에는 인상여라는 명재상이, 진나라는 명군주 소양왕이, 조나라에는 어리석은 효성왕이 있었다. 다 비슷한데 가장 중요한 왕의 품성과 능력이 비교가 안 된다. 인품과 능력 모두 하늘과 땅의 차이.

진과 조나라의 군대가 건곤일척의 대회전을 벌이게 되는 이 장평(長平)대전은 춘추전국시대를 마감하는 최고 최대의 대회전이 된다. 이는 마치 오늘날 세계의 분쟁을 정리하고자 하는 미중 혹은 미소 양강의 세계대전과 같은 것이다. 두 강국은 모든 것을 걸고 싸운다. 당초 조나라는 어떻게 하면 이 전쟁을 피할 수 있을까 하여 가급적 이 전쟁을 피했다. 그러나 싸움을 먼저 건 쪽은 조나라였고, 진나라는 어쩔 수 없이 응수하는 척한 전쟁이었다. 진나라 입장에서는 물실호기(勿失好機)였다. 진나라의 천하통일의 대망은 끝이 없었고, 원교근공책을 쓴 범저는 조나라를 희생양으로 하여 무조건 자신의 전쟁을 이겨야했다.

그런데 그토록 막강하게 조나라를 지켜왔던 명장 조사는 병으로 급사했고, 명재상 인상여는 병이 위중했다. 조나라는 나이 먹은 염파를 장수로 삼아 진나라를 막게 했다. 진나라가 여러 차례 조나라의 군대를 격파했지만, 조나라 군은 보루를 단단히 쌓고 나와서 싸우지 않았다. 진나라가 계속 도발했지만 염파는 응하지 않았다. 진나라 군이 교착상태에 빠진 전선 때문에 점점 괴롭게 되어간다.

그러나 양국 조정은 각각 다른 이유로 초조했다. 조나라는 전쟁이 자국에 유리하게 돌아가고 있음에도 불구하고 조의 혼군 효성왕은 다급했다. 싸우지는 않고 방어만 하고 있는 대장군 염파가 자신의 위신을 떨어뜨리고 있다고 생각했다. 이는 효성왕의 열등감의 소산이다. 또한 진나라는 이 싸움에서 밀리면 뒤에서 조용히 관망하고 있는 다른 6국에 망신살이 뻗치게 되며, 천하통일의 길이 아주 멀어지게 되기 때문에 반드시 이겨야만 했다.

재상 범수는 드디어 그답게 승부수를 띄운다. 우선 진나라의 총사령관을 교체하는 것이었다. 당초 백기 대장군을 나이 많다고 내치고 왕홀을 시켰던 일에 대해 쿨하게 자신의 잘못을 인정하고 비밀리에 다시 백전노장 백기로 교체하였다. 이 사실은 일급비밀로 하여 발설하지 못하게 했다. 또한 조나라의 명장 염파가 있는 한 승리를 가져올 수 없다고 판단했기에, 그의 전가의 보도인 이간책과 스파이전을 사용키로 했다.

갑자기 조나라 조정에 이상한 소문이 은밀히 돌았다. '염파가 진을 공격하지 않는 것은 뒤에서 진과 내통하고 있기 때문이다', '진이 정말 두려워하는 것은 조괄이 장군이 되는 것이다' 라는 것이다. 어리석은 조왕이 이런 소문을 듣게 되었다. 이에 조왕은 조사 장군의 아들 젊은 조괄을 장수로 삼아 염파를 대신하게 하려고 했다. 이때 재상 인상여가 병든 몸으로 기어나가 간언한다.

"왕께서 명성만으로 조괄을 쓰려고 하시는데, 이는 아교로 거문고에 발을 붙이고 대충 연주하려는 것과 같습니다. 조괄은 그저 그아버지가 전한 병서만 읽었을 뿐 전쟁의 묘법을 모릅니다."

인상여는 울면서 충언한다. 어리석은 조왕은 늙고 병든 인상여의 충언을 듣지 않고 기어이 조괄을 장수로 삼았다.

조괄로 말하자면, 그는 사마천이 《사기》에서 사이비 인재로 찍을 만큼 이미 악명 높은 인물로 도대체 답이 없는 인사였다. 그는 천하의 명장 아버지 조사 장군으로부터 일찍이 병법을 배웠는데 모르는 게 없었다. 아버지 조사 장군도 이론으로는 아들을 못 당한다 했다. 그러나 조사 장군은 누구에게도 아들이 병법을 잘 안다고 말하지 않았다. 그의 부인 조괄의 어머니가 그 까닭을 물으니 답한다.

"괄이는 병법을 잘못 배웠소. 전쟁은 입으로 하는 게 아닌데 괄은 너무 쉽게 말을 하오. 장수가 갈 길은 아니오."

조왕이 조괄을 장수로 임명하려니, 그 어머니가 눈물로 왕 앞에 나선다.

장평대전, 세계 전사 상 가장 참혹한 전쟁

조괄이 장수가 되니, 그 어머니가 눈물지으며 조왕 앞에 나선다.
"우리 아들은 장수로 삼아서는 안 됩니다!"
왕이 그 이유를 물었다.
"그 아비 조사 장군은 주변 사람들에게 항상 헌신하여, 그를 좋아하는 진정한 친구가 수백 명이나 되었고, 재산에도 관심이 없어서 조정에서 내리는 상은 모두 부하들에게 나눠주었고, 공과 사도 분명히 하여 전쟁에 소집되면 일절 집안일을 돌보지 않았습니다. 그는 진정한 영웅이었습니다. 반면에 우리 아들 괄은 장군이 되자마자 조회를 받는데, 그 위세가 하늘을 찔러 군사들이 감히 그를 올려다보지 못하며, 왕께서 내리신 돈과 옷감은 집에다 쌓아놓고, 날마다 좋은 땅과 집이 없는지 알아보고는 그것들을 사들입니다. 아비와 아들의 마음이 이렇게 다르니 왕께서는 아들을 제발 보내지 마

장평대전 (출처 : 바이두)

십시오! 만약 그가 대장군이 되면 조나라의 엄한 귀한 자식들이 다 죽게 됩니다."

참으로 선견지명이 있는 대단한 어머니다. 그러거나 말거나 조왕은 대장군이 그럴 수도 있는 일이라며 그냥 조괄을 임명한다.

기원전 252년 7월, 조나라 장수 조괄이 장평에 도착하였다. 백전노장 백기는 조사 장군은 물론 그 아들 젊은 조괄도 잘 알고 있었다. 백기는 조사 장군에 한참 미치지 못하는 조괄의 급한 성격과 병법책에만 의존하는 전략을 역이용하기로 하였다. 도대체 이런 애송이를 대장군으로 보낸 조왕의 판단을 경멸했다.

조괄은 도착 즉시 전임 노장군 염파의 작전을 모두 폐기하고, 참모들을 전부 새로 바꾼다. 그리고 조왕의 바람대로 본때를 보여주듯 염파가 취하던 기다림의 전략을 즉시 버리고 총공격을 감행한다. 이야말로 백기가 기다리던 것이었다. 백기는 조나라의 40만 대군을 격파하기 위해서는 정공법으로는 승산이 없다는 것을 알고 있었다.

먼저 본진 여기저기에 수많은 복병을 배치했다. 그리고 아군으로 하여금 대군을 보고 놀랜 듯 대적하자마자 바로 후퇴하게 하였다.

조괄의 40만 대군은 거두절미하고 진군 본진으로 무지막지하게 쳐들어왔다. 그곳은 그러나 이미 보루를 높게 세우고 조의 대군을 맞이할 태세를 갖추고 있었다. 조군은 진군의 수비를 돌파하지 못하고 시간만 허비하였다. 바로 그 순간, 백기는 대기하고 있던 복병으로 조군의 보급로를 차단하게 했다. 조괄은 전군에 전열을 가다듬고 재공격을 시도하였다. 그러나 이미 조의 군사들의 전열은 흩어지고 있었다.

백기의 노림수가 나왔다. 진군의 본진에 매복해있던 기병 5,000기가 쏟아져 나와 조군의 허리를 휘젓는다. 조군의 대열은 와해되기 시작했고, 이때 지켜보던 진군의 경보병 부대가 드디어 조군의 본진을 타격하자 조군은 완전히 와해되어 버렸다.
진나라군의 백병전은 이미 정평이 나있었다. 그들은 엄청난 완력과 백기 장군의 철저한 훈련으로 천하에 상대할 자가 없었다. 조군은 더 이상 버틸 재간이 없었다.

조괄은 공포에 질린 병사들을 독려하여 새로 보루를 쌓기 시작했다. 튼튼한 보루를 만들어내었다. 아무리 진군이 조군을 초토화 시켰다 하더라도 40만이나 되는 병력은 아직 버티고 있었다. 이리하여 조군은 진군에게 포위된 채 전쟁은 또 다시 소강상태에 접어들었다.

조군이 진군에게 포위된 지 46일이라는 시간이 흘렀다. 보급로가 끊긴 조나라 군사들은 배고픔에 허덕이다 급기야 동료들을 잡아먹는 처참한 상태에 빠지고 말았다. 절망적인 상황을 타개하기 위하여 조괄은 여러 차례 진군을 공격했으나, 번번이 실패하고 말았다. 조괄은 마지막 수단으로 결사대를 조직하여 퇴로를 뚫으려 치고 나갔다. 기다리던 진군의 저격수가 독화살로 적장 조괄을 맞춰 쓰러뜨리니, 그는 전사하고 말았다.

조군은 진군에 항복했고 전투는 종결되었다. 소양왕은 직접 장평 근처까지 와서 모든 병사들을 1계급씩 특진시키고, 군사들을 독려하였다.

진의 소양왕은 이 기회에 조나라를 아주 그냥 초토화시키려 들었다. 변법으로 정교한 법체계와 행정체계를 갖춘 진나라는 막강하였다. 게다가 조나라는 국가의 전 병력을 모두 동원한 상태였으나 진나라는 아직 넉넉하게 여유가 있었다. 결국 조나라는 진에 완전히 포위되어버리고 말았다.

한편 조나라 40만 군사를 어떻게 처리할 지가 큰 골칫거리였다. 이렇게 많은 포로를 먹일 군량이 진나라에는 없었다. 결국 대장군 백기는 조군이 후일에 배신할 것이라는 명분으로 모두를 일거에 처리하기로 결정했다. 즉 조군 40만을 일거에 생매장하라고 명했다. 진군은 이들을 모두 생매장해버렸다. 어린아이 240명은 살려뒀다던가!

실로 참혹한 살육이었다. 전국시대 당시의 정서가 이러하였다. 그런데 바로 얼마 후에 초패왕 항우가 이를 그대로 본떠 진나라 20만 대군을 파묻어버리는 복수를 대신한다.

정말 나라의 지도자가 판단을 잘못하여 인사 한 번 잘못한 결과가 이렇게 참혹한 결말을 만들었다. 지도자의 판단은 세상을 구하거나 망치게 된다. 어느 나라의 경우도 똑같다. 그래서 지존의 길은 멀고 험난한 것. 그 길은 영광의 길보다는 가시밭길 같은 고통스런 길이다. 아무나 나선다고 될 일이 아니다. 또 함부로 그 자리에 앉아서도 안 된다. 인사 문제만 해도 결코 쉽고 편안하게 대충 처리할 일이 아니다. 인사는 만사다. 기왕 수립한 인사원칙이 깨져서는 안 된다. 더군다나 새로 시작하는 정부의 인사원칙은 절대로 지켜져야 한다. 읍참마속의 심정으로 도려낼 건 도려내야 한다.

장평대전은 엄청난 전쟁이었다. 세계 전사 상 가장 참혹한 것이었다. 이 전쟁에 대한 이야기가 과장이 아니라는 사실이 최근의 발굴에서도 밝혀지고 있다. 조나라 병사들의 어마어마한 집단 유골이 최근 발견되어 다시 한 번 세상을 놀라게 했다. 과연 천하의 중국이다!

장평대전, 그 후

대장군 백기는 이렇게 장평대전을 승리했고, 그는 진나라의 전설이 되어갔다. 그가 그동안 점령한 적의 성이 70여개나 되었다. 그러나 인생사 언제나 그러하듯이 빛이 있으면 그림자가 있는 법! 그가 전설이 되고 있는 동안, 다른 한 쪽에서는 그를 뒤에서 가차 없이 칠 준비를 하고 있었다. 당연 백기의 공적이 커지는 만큼 그를 시기하고 두려워하는 사람들도 많아졌다.

특히 재상 범저가 누군가! 백기가 잘 나가는 꼴을 가만히 보고 있겠나! 범저는 잽싸게 움직여서 백기가 더 이상 공적을 세우지 못하도록, 조나라의 땅 일부를 할양받는 조건으로 군대를 철수시킬 것을 소양왕께 간하여 관철시켰다.

장평대전의 엄청난 유골 (출처 : 바이두)

　한편 진나라 군의 잔학한 집단학살은 커다란 반향을 일으켰다. 그것은 물론 다른 5개국에 대한 경고의 의미가 가장 컸고, 강국 조나라를 멸망시키는 계기가 되었다.

　조나라에는 이제 일할 장정조차 거의 없었으며, 도대체 나라를 운영할 수도 없는 지경에 이르렀다. 그토록 강대했던 조나라는 결국 진나라 공격의 호흡조절로 근근히 수명을 연장하긴 했지만 약 30년 후인 기원전 225년에 멸망한다. 그 후로 거칠 것 없는 진나라는 다른 5국을 차근차근 먹어간다. 그 이야긴 이 책의 주제이므로 앞으로 천천히 계속된다.

　다시 이야기로 되돌아가 보면, 소양왕은 거침없이 조나라를 완전히 집어먹으려 했다. 그리고는 재상 범저의 간언도 있고 하여, 점차 세력이 커지고 왠지 불안한 기미를 보이는 노장 백기를 내치고 젊은 장수 왕릉을 대장군으로 삼아 조나라의 수도 한단을 여러 차례 공격하였다. 그러나 조나라는 아직 만만치 않았다. 소양왕은 더욱 열받아 공격했고, 계속 실패했다. 1년여를 공격했지만 매번 허사로 끝났다. 이제 소양왕은 하는 수 없이 재상 범저의 반대에도 불구하고 내쳤던 백기를 불러 대장군을 맡기고 다시 공격하고자 하였다.

하지만 백기 장군 또한 마음에 커다란 상처가 남아 있었다. 왕과 재상 범저를 속으로 원망하던 차였다. 사실 역사적으로 보면 이럴 때 아주 조심해야 한다. 지존과의 자존심 싸움은 목숨을 걸어야 한다. 건곤일척의 모 아니면 도의 절박한 심정으로 모든 것을 걸어야 한다. 백기도 모든 것을 걸었다. 그는 대장군을 맡지 못하겠다며 버텼다. 그러면서 그는 그 이유를 말하기를, 진나라 역시 지난 장평대전에서 크게 피해를 입었으며, 조나라를 공격하는 틈을 타 다른 나라가 진나라를 공격하면 위험해 처할 수도 있다고 했다. 쉽게 말해 못하겠다는 항명으로 왕 명령에 개기는 중이었다. 이는 소양왕과 재상 범저를 동시에 공격하는 언행이었다. 당신들 때문에 일이 이 지경이 되었는데 왜 내가 바가지를 쓰냐는 항명이었다.

범저는 일언지하에 대장군 백기의 진언을 내치며, 일개 장수가 감히 정치를 논하느냐, 그건 니가 걱정할 사항이 아니라며 백기를 모욕했고, 소양왕은 더 열 받아서 백기를 일개 졸병으로 강등시키고, 동시에 음밀이라는 벽지로 유배형에 처했다. 하지만 백기 또한 할 말이 많아 오랫동안 병을 핑계로 왕의 명령을 계속 거부하며 움직이지 않았다. 다른 장수라면 상상할 수도 없는 일이었지만 백기는 자신을 믿었다. 자부심 강한 백기는 감히 니들이 나를 어쩌겠느냐는 배짱이 있었다. 이 진나라에서 나를 건드릴 자 그 누구냐? 나는 진나라의 대장군이다! 역사상 보면, 사람이나 한 나라가 망할 때가 되면 상황 판단을 그르친다. 누구 말도 듣지 않고 고집을 부린다. 망할 길로 들어선다.

백기는 재상 범저를 잘 못 봐도 한 참을 잘 못 봤다. 그는 죽을 고비와 갖은 고생을 다 겪은 사람이다. 오기로 말하면 누구 못지않은 인사다. 말한 바 있지만, 그는 눈치 한 번 준 것도 잊지 않는 사람이다. 작은 은혜도 크게 갚고 작은 원한도 수백 배 갚아준다. 엎친 데 덮친 격으로 조나라와

백기 장군 (출처 : 바이두)

의 전쟁도 계속 답보상태로 있으니 소양왕은 다시 백기 장군에게 두우라는 땅으로 이주할 것을 명령하였다. 속으로는 이제 그만 백기가 백기 들고 엎드리기를 바라면서 …. 이때 범저가 나선다. 그는 이번 기회에 골치 아픈 백기를 아주 제거해버리기로 결심했다. 이놈이 감히 나한테 개겨? 그가 소양왕에게 간언한다. 백기가 전공 좀 세웠다고 기세등등하여 조정을 아주 우습게 여기고 왕까지 능멸하고 있다 하였다. 이를 그대로 두면 나라꼴이 말이 아니게 되며 지존의 위상에 금이 가게 될 것이라 하였다. 자존심 강하고 성질 급한 진소양왕은 즉시 백기에게 칼을 보내 스스로 자결할 것을 명한다. 그나마 네가 전공을 세웠으니 명예를 지켜주는 거라고 했다. 사실이었다. 자결 권유는 죄인에 대한 최고의 예우였다. 후에 조조 또한 그의 영원한 책사 순욱에게 마지막 예우로서 칼을 보내 자결을 권했다.

자결을 명받은 백기는 아무리 생각해도 자신의 잘못이 없었다. 군인으로서 평생 몸 바쳐 싸운 결과가 이렇듯 허망하고 억울한가! 자신은 평생에 걸쳐 진나라를 위해 싸웠고, 단 한 번도 패전하지 않았으며, 무엇보다 최대의 전쟁인 장평대전에서 승리하지 않았던가! 자신은 진나라의 만고공신으로 남아야할 인물이지 자결할 사람이

아니었다. 왜 내가 죽어야 하는가?

무관들의 문제점이 여기에 있다. 그들은 자신을 돌아볼 줄을 모른다. 앞으로 나가는 것에만 능하다. 조나라 염파 장군도 마찬가지였다. 그래도 그는 훌륭한 재상 인상여를 친구로 둬서 충고를 잘 들었고 그가 하자는 대로 하여 말년이 좋았다. 조왕이 그를 내치고 쪼다 조괄을 대장군으로 바꿨을 때, 그의 성질대로 했으면 하마터면 그는 처참하게 죽은 목숨이었다. 염파는 절친 인상여의 충고를 듣고 조용히 은퇴하였기에 말년이 풍요로웠다.

백기는 몇 날 며칠을 생각한 끝에 드디어 그는 자신이 죽어야 할 이유를 찾아냈다.

"아, 나는 조나라의 젊은이들 40만 명을 참혹하게 생매장한 나쁜 놈이 아니던가? 나는 죽어 마땅하다. 내가 이긴 가장 큰 전투가 바로 나의 죽음의 이유가 되었구나!"

대장군 백기는 이겨서 죽었다. 이때가 진나라 소양왕 50년 11월 추운 겨울날이었다.

아! 무한경쟁시대의 인간들이 이랬다. 한 치 앞을 가늠할 수 없는 전국시대의 비정한 현실 속에서 그들은 이렇게 이겨서도 패해서도 죽었다.

그 뒤 몇 십 년 후 초패왕 항우군은 신안(新安)에서 진나라 명장 장한이 거느리는 20만 대군과 크게 한 판 붙는데, 진나라군의 그 막강한 대군이 항우군의 불시 습격을 받게 되어 대패하고 만다. 장한 장군은 항우에게 투항하여 살아남지만, 그의 20만 장졸은 초나라 군과 보급 문제로 갈등하다가, 그들의 반란을 걱정한 항우에게 장평대전 때와 같은 이유로 생매장 당한다.

이 때문에 백기가 죽었듯이 항우도 그 잔인성이 천하에 알려지게 되고, 이것이 유방과 비교되며 천하쟁패의 경쟁에 큰 차질이 생기게 된다. 백성들은 이런 일에 엄청 민감한 법이다. 반면 유방은 장자방과 소하의 진언대로 진나라 3대 황제 자영의 투항을 받아주고, 약법삼장이라는 법도 법 같지도 않은 민심 위무용 초간단 법률을 반포하여 민심을 얻게 된다.

역사는 이렇게 끝없이 반복되는가?

진나라 재상 범저의 삶

사마천은 진나라 재상 범저(혹은 범수)의 성품을 다음과 같이 평가했다.

재상 범저는 단 한 끼의 식사에 대한 은혜에도 반드시 보답하였고, 한 번 노려본 원한에도 반드시 보복하였다. 범저는 출중한 인물인 동시에 가슴 속에 한이 많이 쌓여 있는 사람이다. 자신에게 조금만 잘해줘도 매우 고마워했고, 약간만 기분 나쁘게 해도 원수로 여겼다.

그 옛날 백수 시절, 그는 위나라의 수고라는 중대부에게 몸을 의탁하고 있을 때 제나라 사신으로 가는 수고를 도와줬다가 오히려 죽을 고비를 넘긴 적이 있었다는 사실을 우리는 잘 알고 있다. 그 수고가 이번에는 진나라에 사신으로 왔다. 그 이유는 진나라가 한나라와 위나라를 공격할 것이라는 풍문이 돌았기 때문에, 진 조정에 전쟁을 피하기 위한 유세를 하기 위해서다.

범저는 이 사실을 보고 받고는 회심의 미소를 지으며 즉시 수고에게 찾아간다. 범저의 장난기가 발동한 것이다. 그는 옛날과 다름없이 실업자의 행색으로 변장하고 사신인 수고 앞에 나타난다. 생각과는 달리 그래도 수고는 그를 반기며 지금 무슨 일을 하는지 물었다. 범저는 비실거리며 그냥 조정의 말단 공무원으로 일하고 있다고 대답한다. 이에 수고는 범저에게 좋은 옷을 사주며 너무 기죽지 말라고 격려한다. 아! 수고의 이런 무의식적인 약간의 선의가 그의 목숨을 살리게 된다.

수고는 무시무시한 진나라의 재상을 만나고 싶은데, 무슨 방법이 없겠냐고 범저에게 사정사정한다. 범저는 망설이지 않고 시원스럽게 대답하기를, 자신이 마침 그분을 잘 알고 있으니 걱정 말라며 당장 그를 만나러 가자고 한다. 범저가 마부가 되어 수고를 자신의 집으로 안내하였다. 그를 대문 밖에서 기다리게 해놓고 먼저 들어간 범저가 한참을 기다려도 나오지 않자, 수고는 경비에게 물었다.

"여기가 진나라의 재상집이며, 아까 집안에 들어가신 그분이 우리 진나라의 재상이신 장록 대부인데요."

수고는 너무도 놀라 아찔함으로 휘청거렸다. 그가 천하의 대장군 백기까지 죽인 무시무시한 진나라의 재상이라니! 자신과 위 왕이 옛날에 그에게 한 짓이 떠올라 눈앞이 캄캄해졌다. 이제 위 왕과 자신은 죽은 목숨이었다. 이윽고 집안으로 불려간 수고는 온몸에 땀흘리며 무조건 엎드려 싹싹 빌었다.

"저와 위나라 왕이 인물을 알아보지 못하고 그때 한 짓은 머리카락을 모두 뽑아 속죄해도 모자랍니다."

수고는 이마를 수없이 바닥에 찧며 피가 낭자하도록 자신의 죄를 빌었다. 범저는 무서운 얼굴로 과거의 치욕을 되새긴다.

한참 후 범저가 수고와 위 제의 죄를 논고한다.

"네놈들의 죄목은 세 가지다. 너는 나에 대한 시기심으로 위 제에게 나를 제나라의 첩자라고 모함했다. 둘째, 위 제가 나를 죽도록 패고 더러운 화장실에 버렸을 때 그냥 보고만 있었다. 셋째, 손님들이 나에게 더러운 오줌을 갈겨댈 때 나를 구해주지 않았다. 그래도 니놈들이 살기를 원하느냐?"

수고는 한나절을 눈물 콧물을 흘려대고 이마에는 피가 낭자하여 목숨을 구걸했다. 이윽고 범저가 나직하게 말한다.

"네가 좀 전에 나에게 그래도 옛정을 보여 비단옷을 사주었으니, 네 목숨은 살려준다. 그러나 위나라 왕에게 전하여라. 즉시 스스로 자신의 머리를 잘라 가져오라고! 그렇지 않으면 위나라의 수도 대량을 허물고 대량 사람들을 몰살시키겠노라!"

수고는 위나라로 뛰어가 즉시 위 제에게 이 사실을 보고했다. 기겁한 위 제는 조나라의 평원군에게 도망쳤다. 범저의 성격과 과거를 잘 알고 있는 진소양왕은 어떻게든 그 원한을 풀어주고 싶었다. 범저가 원한을 품고 있는 위 제가 조나라 평원군의 식객으로 가있는 것을 알고, 그는 평원군을 진나라로 소환하여 위 제를 죽이라고 협박한다. 그러나 무슨 생각인지 어처구니없게도 평원군은 이 제안을 거절하였다.

열받은 소양왕이 이번에는 조나라 효성왕을 위협한다. 결국 효성왕은 군사를 내어 평원군 저택을 포위하지만, 위 제는 조나라 재상

우경(虞卿)과 함께 도망쳐서 위나라의 신릉군에게 도움을 청한다. 신릉군은 진나라를 무서워하여 위제를 받아들이는 것을 주저했지만 일단 국경까지 맞이하러 나간다. 그러나 공포에 질려 있는 위 제는 신릉군이 자신을 만나러 나오지 않을 것이라는 소문에 낙담하여 스스로 목숨을 끊고 말았다. 한숨 돌린 효성왕은 위 제의 목을 진나라에 바치고, 평원군은 해방되었다.

지금 말하는 평원군과 신릉군 등은 후에 자세히 말할 것이지만, 전국시대의 4군자라 하여, 그들은 제후는 아니지만 그 못지않은 세간의 평판과 영향력을 가진 유명인사들이라 식객들이 각자 3천 이상이었다 한다. 당시 식객수는 곧 그 집주인의 평판의 크기였다.

범저는 자신을 추천해 준 왕계도 소양왕에게 말해 하동태수에 임명했으며, 위나라를 탈출할 때 도와준 두 사람 즉, 하인에게는 엄청난 전답과 보화를 주었고, 정안평을 추천하여 장군으로 임명하였고, 가난하게 살 때 신세를 진 사람들에게 일일이 찾아가서 보답하였다. 범저의 성품이 이러하였다.

범저가 한창 잘나갈 때, 같은 유세가 출신의 친구 채택(蔡澤)이 찾아왔다. 그는 범저에게 뜬금없이 그 옛날 천하를 주름잡던 선배 재상들 이야기를 해준다.

상앙이 변법으로 진나라를 융성케 하였지만, 그의 엄한 법으로 너무도 많은 백성들의 피를 흘리게 하여 자신의 원칙으로 참혹하게 온 집안이 죽은 얘기하며, 풍운아 오기가 그토록 추구하던 혁신과 병법으로 결국 배반당해 죽은 얘기 등등.

채택이 여기까지 찾아와서 하는 말은 자명하였다. 이제 잘나갈 때 그만 하라는 뜻이었다. 친구 채택의 충고에 범저는 홀연히 깨달았다. '멈춤의 지혜'를 깨달은 범저는 모든 것을 훌훌 털어버리고 재상 자리에서 내려와 은둔생활로 자연을 벗하며 그의 마지막 생을 보냈다. 마지막까지 현명한 선택을 한 범저였다.

강대국 조나라는 왜 망했나?

노장군 염파와 간신배 곽개

　우리가 잘 아는 천자
문 끝자락에는 '기전파
목 용군최정(起翦頗牧
用軍最精)'이라는 자
구가 있다. 이는 전국시
대에 대한 이해가 없이
는 해석이 불가능한 부
분이다.
　풀이하자면 '기전파
목'은 '백기, 왕전, 염
파, 이목'의 이름 뒤의
자들을 모아놓은 것인

염파 (출처 : 바이두)

데, 그들은 모두 전국시대의 천하명장들이다. 해서 그 뜻은 '4명의 명장들이 군사를 가장 잘 운용한다'라는 뜻이 된다. 이 문구는 중국 전국시대를 장식했던 4대 명장 이야기에서 유래한다.

천자문은 중국 5대10국 시대 남조시대 양나라의 주흥사가 글을 만들고 동진의 왕희지의 필적 중에서 해당되는 글자를 모아 만든 것이다. 전국시대 4대 명장 이야기니까, 그들이 활동한 기원전 3세기로 보면 약 2200여 년 전 이야기다.

진의 대장군 백기와 조나라 명장 염파는 장평대전이 한창일 때 묘하게 엇갈린다. 모든 것이 엇비슷한 두 나라의 싸움에 가장 중요한 지존의 리더십이 차이가 나서, 진나라의 소양왕은 현군이고 조나라의 효성왕은 어리석은 혼군이라는 점이 두 나라의 차이점이었고, 그 차이가 끝내 천하통일과 망국이라는 천양지차의 결과를 낳고 말았다.

진의 소양왕과 재상 범저 그리고 대장군 백기는 천하대전인 장평대전을 승리로 이끌었고, 사실상 그들 때에 진나라 천하통일의 얼개를 거의 다 그려놓았다. 물론 기라성 같은 진의 현군들과 명재상들의 지속적인 공헌이야 말할 것도 없지만 …. 그러나 백기는 자긍심이 너무 넘쳐나서 재상 범저까지 적으로 돌리게 되고, 결국 그에 의해 죽음에 이르게 되었다. 그러나 조나라의 명장 염파는 장평대전이 한창일 때 중도에 실각 당했으니, 그 얘기를 마저 해야 한다. 왕전과 이목 두 장군은 아직 아니고 조금 뒤에 출연한다.

대장군 염파는 흔히 노익장의 대명사로 알려졌으나, 워낙 늙어서도 출중했기 때문에 그럴 뿐, 실제로는 젊은 시기부터 두각을 나타냈다. 전국시대에 가장 뛰어난 명장 중 한 명으로 꼽힐 정도로 탁월한 장수인 동시에 정치가로서도 안목을 갖춘, 문무겸비한 인물이며 재상 인상여와 문경지교의 의리를 맺은 바 있다.

조나라 효성왕 4년 기원전 260년, 염파는 장평대전을 치루는 도중 그를 시기하는 간신배 곽개가 진의 재상 범저의 책략에 넘어가 뇌물 받아먹고 그를 끌어내려 조괄을 대장으로 삼고는 나라를 망친 바 있다.

그 후 염파는 여전히 연나라를 침공하고 위나라도 포위하는 공적을 연달아 세워 이름을 떨친다. 이런 와중에 염파는 전후 사정을 알게 되고, 왕의 비호를 받고 있는 간신배 곽개를 소인배라고 모욕 준다. 염파는 인상여에게도 그랬지만 성질이 괄괄하고 급해서 참지 않는다. 열등감 덩어리 곽개는 인생 목표를 염파 죽이기에 두고는 사사건건 음해한다. 그는 황후에게 붙어서 왕에게 간언한다. 연나라와의 전투가 한창 진행 중일 때, 염파의 공적이 다시 올라가는 것을 막기 위해 곽개는 왕후를 움직여 염파가 너무 늙어 전쟁에서 질 것이라 간언하여 그를 소환하고 대신에 젊은 악승을 보낸다.

조왕의 갑작스런 소환과 애송이 악승을 자신의 후임으로 보낸 사실에 염파는 진노한다. 옛날 장평대전 때도 이런 짓을 하더니 또 다시 자신을 내쳐서 전쟁을 망치고 나라를 멸망시키는 왕의 처사에 참을 수 없었다. 그는 후임으로 온 악승을 한 칼에 죽이고 그 길로 위나라로 망명한다. 아, 간신배여, 못난 왕이여, 장군 염파여!

항상 하는 말이지만, 인사가 만사!

호시탐탐 조를 집어먹을 궁리만 하던 진나라가 물실호기! 이 좋은 기회를 놓칠 리 없다. 성동격서라고 진은 조를 낚기 위해 위를 친다. 진의 장난에 놀아나는 곽개는 위나라 조정의 요청에 원군을 보냈는데, 진은 조군을 박살내고 그대로 조나라로 진격한다. 위기에 몰린 조나라 왕은 망명간 염파를 다시 불러들이고자 했다. 그러나 염파가 귀국하면 자신의 목숨은 끝이기에, 곽개가 가만있을 수 없다. 이때 염파의 노익장에 얽힌 처절한 일화가 나온다.

조왕은 사실 염파의 상태가 어떤지 확신이 없었다. 장수로서야 최고지만 그의 연령이 너무 늙어 주저하는 마음이 일었다. 밀사를 보내 그의 상태를 살피게 했다. 염파는 조왕에게 잘 전하라며 자신의 건재함을 과시한다. 그는 밀사와의 식사 자리에서 밥 한 말과 고기 열 근을 먹고, 한바탕 말 달리며 왕성한 무력시위를 한다. 이때 곽개가 뒤에서 또 다시 농간을 부린다.

곽개의 농간에 넘어간 밀사 녀석의 보고는 기도 안 찬다.

"염파가 밥은 잘 먹는데요, 식사 도중에 배 아프다며 화장실을 들락거리고 꼴이 영 말씀이 아니었습니다요!"

결국 조왕은 염파의 늙음에 그를 장군으로 쓰기를 포기한다. 염파는 결국 이리저리 헤매다가 초나라로 갔으나 그곳에서 죽고 만다. 그는 조나라 병사들을 지휘하고 싶다는 한 맺힌 말을 남겼다고 한다. 그러나 백기 장군에 비하면 그래도 괜찮았다.

염파의 망명으로 그 뒤를 이은 조나라의 장수가 이목이다. 이목 역시 명장이었으나 그 뜻을 제대로 펴보지 못하고 천하의 간신배 곽개의 농간으로 죽는다.

조나라가 진나라에 패망했을 때, 곽개는 진나라 왕을 따라 함양성으로 따라 간다. 이때 그는 집안 곳곳에 숨겨 놓은 황금을 파내 수레 여러 대에 실었다. 함양성으로 가던 도중 그를 노리던 정적들의 사주를 받은 도적떼의 습격을 받아 목숨도, 황금 수레도 모두 빼앗겼다. 배신자이며 간신배인 역적의 최후가 이러 했다.

V. 여불위 등장하다

주황실의 멸망과 여불위의 등장

큰 장사꾼 여불위

어쨌거나 전국시대의 강대국 사이에서 종주국 주황실은 언제나 이리저리 눈치 보며 노심초사하고 있었다. 마치 이빨 빠진 늙은 사자가 젊은 사자놈들 날뛰는 바람에 암놈들도 다 내주고 슬슬 뒤꽁무니 빼면서 죽을 때만 기다리는 격이다.

그즈음 주황실은 세상 돌아가는 상황 파악 능력까지 무더지고 있었다. 결국 장고 끝에 악수 둔다고, 주나라는 제후들의 합종책에 덩달아 가담하여 진을 적으로 두게 된다.

진소양왕은 그동안 억지로라도 섬기는 척하던 주황실의 배반에 진노했다. 이에 기급한 주 난왕은 36개 읍과 주민 3만 명을 바치고 용서를 빌었다. 진소양왕은 난왕을 죽이지는 않고 목숨만은 살려서 돌려보냈다. 이에 난왕은 충격으로 죽게 되고, 서주의 백성들은 보따리 챙겨서 동주로 달아났다. 그 후 기원전 249년 장양왕은 동주를 멸망시킨다.

50년 이상 재직하며 엄청난 위업을 달성한 소양왕도 결국 죽었다. 그 아들인 효문왕 영주가 즉위했다. 이에 조나라에 인질로 있던 영이인(자초)은 처자와 여불위를 데리고 진나라로 돌아와 태자에 책봉되었으며, 효문왕은 즉위한 지 1년 만에 사망하고, 태자 영이인(자초)이 왕으로 즉위하니, 그가 진시황 정의 부친인 제30대 진왕인 장양왕이다. 장양왕 영자초는 참으로 스토리가 많은 사람. 아니! 그가 아니라 오히려 주인공은 천하의 장사꾼 여불위! 이제부터 그들의 칡뿌리처럼 얽힌 이야기들을 말할 때가 왔다. 여불위를 모르는 사람은 없다. 그러나 잘 아는 사람도 별로 없다. 이제까지 정치인이나 장수들 이야기만 해왔지만 이제 장사꾼 이야기를 시작한다.

전국시대의 치열한 전란 속에서 각국은 나름대로 한 가지 원칙을 세웠다. 그것은 서로의 안전을 확보하는 방책을 상호조약으로 맺어둔 것이다. 이는 강대국이든 약소국이든 모두 관행처럼 지켜야만 했다. 그것은 각국 왕실의 공자 한 사람을 인질로 상대국에 보내는 것이다. 그러나 당연히 중요한 인물이 인질이 될 수는 없고, 왕의 정실 말고 첩실의 아들 중에서 서열이 한참 뒤의 잘 보이지도 않는 왕자, 유사시 잡혀 죽어도 그만인 별 볼 일없는 공자가 인질로 가게 된다.

지금 조나라에 진의 인질로 와있는 영이인(자초)이 진나라 왕실의 그런 사람이었다. 그의 부친은 소양왕의 둘째 아들인 안국군(安國君)으로 호랑이 같은 아버지 소양왕의 수십 명의 아들들 중의 하나이다. 그런 그가 진 왕실의 치열한 암투 끝에 살아남아 세자가 되고 왕으로까지 추대되는 것은 엄청난 일이었다. 안국군이 죽기 살기로 사고 한 번 크게 치고 결국 소양왕을 잇는 효문왕이 된다. 안국군에게도 또한 아들이 20여 명쯤 있는데, 정실의 소생은 없고 모두 서출로, 영이인은 그 중간쯤에 위치하였다. 그러니 서출 간에 경쟁이 좀 치열하겠나.

영이인은 서열도 아득한데다 그의 생모 하희(夏嬉)는 그 남편 안국군이 그리 총애하는 여인이 아니었다. 그러니 하희는 이인을 낳고도 궁중의 독수공방 신세의 외로운 여인이 되었다. 당연 이인도 모친과 같은 팔자로 아무도 눈여겨보는 이 없었다. 그는 좀 자라자 바로 적국 조나라로 보내졌고, 그가 인질로 가있거나 말거나 진은 조나라를 심심하면 침공했고 영토를 짓밟았다.

조나라는 너무 열 받아서 이 인질을 당장 죽여 버리고 싶었지만, 진나라 눈치도 보이고, 별것도 아닌 영이인을 죽였다고 진나라가 뭐 놀랠 것도 아니고 해서 그냥 내버려뒀다. 이인은 아무도 돌보지 않는 적국 조나라에서 그야말로 굶어 죽기 직전의 궁색한 나날을 보내고 있었다.

이때 등장한 사람이 여불위다. 여불위는 하남의 위(衛) 복양의 상인 집안 출신으로, 어려서부터 여러 나라를 돌며 장사를 해서 부를 쌓았다. 그는 거부인 아버지와 함께 중국 천하를 누비며 크게 장사하는 장사꾼이었다. 그는 장사꾼 답지 않은 자신만의 꿈을 가지고 있었다. 그것은 입신양명하는 것이었다. 벼슬아치가 아니었음에도 자신이 크게 출세하는 꿈을 꾸고 있었다.

그는 장사길에 나서 여기저기 다니다가 우연히 조나라에 인질로 와있는 진의 공자 영이인을 만났다. 그야말로 운명적인 만남이었다. 그는 이인을 만나자마자 한눈에 '이 물건 가지고 장사하면 엄청 남겠구나!'라고 생각했다. 이것이 훗날 기화가거(奇貨可居)라는 고사의 유래가 되었다. 집으로 돌아온 여불위는 이 일을 자신의 부친과 상의했고, 장시간 논의 끝에 여씨 부자는 이인에게 투자하기로 결정하고는, 다시 조로 돌아와 공자 이인을 찾아갔다. 전국시대의 억만장자로서 그는 지금 돈의 투자처를 발견한 것이다. 자신의 꿈을 실현시켜줄 대상을 찾은 것이다. 장사꾼 집안의 자식으로서 입신양명해보겠다는 자신의 꿈을 실현시킬 좋은 기회라고 생각했다.

여불위는 많은 돈을 아낌없이 투자하여 이인이 사는 집도 최고로 좋은 곳으로 옮기고, 이인이 활발하게 조나라의 사교계에 진출토록 공을 들였다. 그가 마치 조국 진나라 조정에서 인정받은 것처럼 당당하게 행동하게 했다. 어제의 영이인의 모습이 아니었다. 만나는 사람마다 먼저 잘 대접했고, 찾아가서 선물하였다. 조 왕실에도 들어가서 조왕 부부를 연회에 초대하고 고관대작들도 함께 초청하여 최고로 대접하였다.

자연히 그를 대하는 조나라 조정의 태도도 크게 달라졌다. 그들은 이인이 진소양왕으로부터 미래를 약속받은 것으로 확신하게 되었다.

당연히 이인을 찾는 손님들이 북적거리게 되었다. 심지어 그중에는 당대의 최고학자인 순자(荀子)나 공손용(公蓀龍)같은 거물들의 모습도 보였다. 이인은 그들을 융숭하게 대접했으며, 태도 또한 은근하여 과연 왕재! 라는 칭찬이 돌게 되었다. 이 모두가 여불위의 킹 메이킹 프로젝트의 일환이었다.

영이인이 이렇게 1년여를 조나라 한단성에서 제대로 자리 잡는 것을 보고는, 여불위는 다시 진나라 수도인 함양(咸陽)으로 큰 장사를 위해 먼 길을 떠난다.

킹메이커 여불위 움직이다

조나라 수도 한단에서 함양은 장장 2,000리 길이다. 아무리 갈 길이 멀다 해도 북의 조나라의 도시와는 모든 면에서 비교가 안 되는 남쪽의 형양과 주나라의 수도 낙양만은 들러 가야한다.

형양은 교통의 요지로서 전국시대의 모든 정보가 한데 모이는 곳으로 전쟁, 폭동, 정변 등 모든 사건 사고가 이곳에 알려지기 때문에, 이곳은 꼭 들러서 며칠간이라도 묵어야 한다.

또한 주의 천년 수도 낙양은 정통 귀족과 묵은 부자들이 살고 있는 곳으로 귀한 보물과 서적들이 즐비하고, 왕실도서관에는 진귀한 고전들로 꽉 차있다. 그야말로 너무도 훌륭한 보물들로 가득한 곳이다. 여불위는 이곳도 꼭 들린다. 언젠가는 이곳 낙양을 자기 것으로 취하리라 마음먹는다.

여불위 일행이 함곡관을 거쳐 함양에 도달한 것은 약 두어 달 지나서였다.

이제 본격적으로 작업할 대상은 당연 태자 안국군과 그의 부인 화양 부인이다. 안국군은 그의 형 도태자가 연전에 위나라에서 죽자, 2년여에 걸친 형제들 간의 암투를 종식시키고 태자의 자리에 오른 실력자였다. 안국군의 비인 화양 부인은 천하일색의 빼어난 미인이다. 태자 안국군은 부인을 극진히 사랑하여 그의 말이라면 무조건 오케이였다. 그러나 그들에게는 자식이 없었다. 나이는 들고 허전하기만 한 상황이었다.

여불위는 이 정보에 착안하여 작전을 짜기 시작한다. 당연히 영이인을 양자로 들이는 일이다. 그러기 위해서는 태자비의 언니에게 먼저 접근키로 했다. 선물로는 몰락한 주나라 왕실 귀족에게 구입한 각종 보물을 활용하여 태자비와 그 언니와 주변 인물들에게 마구 뿌리는 것부터 시작했다.

여불위는 자신이 존경하는 부친과 나눴던 그 언젠가 천하대세에 관한 대화를 늘 생각한다. 부친은 과거 맹자를 존경하여 그에게 언제나 많은 돈을 희사해왔다. 부친은 맹자에게 천하대세를 한 수 배웠다. 맹자는 부친에게 말하였다.

"머지않아 천하는 분명 통일될 것이다. 그것은 상인들에게 좋은 세상이 될 것이다."

이에 여불위가 물었다.

"그러면 어느 나라가 통일할 것 같습니까?"

세상이 통일된다는 데는 부친과 맹자의 의견과 같았으나, 누가 통일할 것인가에 대해서는 여불위는 생각이 달랐다. 맹자는 살인을 하지 않는 군왕, 어진 군왕이 세상을 통일한다고 하였다. 그러나 여불위는 단순히 어질기 보다는 유능한 군왕이 천하를 통일하리라고 생각하였다.

어진 자와 유능한 자가 싸운다면 누가 이길까? 지금 천하의 대세는 세 나라였다. 전통의 강국 초나라와 제나라, 그리고 신흥강국 진나라가 그것이었다. 제나라와 초나라는 어질기는 하나 무능하고, 진나라는 거칠기는 하나 유능하였다. 그는 당연히 진나라 편이었다.

여불위가 천하를 주유하며 장삿길에 나서며 관찰한 바로는, 저마다 잘 나고 저들이 천하통일 한다고 떠들고 있지만 자신은 언제나 굳게 믿고 있었다. 결국 세상을 통일하는 것은 진나라일 것이라고. 이에 부친이 물었다.

"왜 하필 오랑캐 나라 진나라냐?"

"그것은 아버님이 잘 모르고 하는 말씀입니다. 진나라가 비록 오랑캐 출신이라 하지만 지금 그 나라에서 벌어지는 일을 보면 천하에서 단연 으뜸입니다. 백성들은 소박하며, 관리들은 겸손하고, 고관들도 다른 나라처럼 당파싸움 하지 않고 무엇보다 정부가 부정부패 안하고 청렴합니다. 다른 나라에서 임금에게 올리는 결재서류는 보통 몇 달씩 걸릴 것도, 진에서는 단 며칠 만에 결재가 됩니다. 사회는 안정되어 있고, 법이 살아 있고, 군대는 엄숙합니다. 무엇 하나 흠을 찾을 수 없습니다. 그런 진나라가 천하통일 하는 것은 자명한 이치입니다."

여불위가 내친 김에 한 걸음 더 나간다.

"저는 남들이 무력으로 세상을 얻는 것처럼, 돈으로 이 세상을 얻고자 합니다."

그 누구보다 돈의 위력을 아는 아버지다. 그의 부친은 오히려 아들에게 설득되어 점차 여불위의 생각을 지지하게 되었다. 진의 공자 영이인에게 투자하자는 아들의 생각을 지원키로 한 것도 그 때문이었다.

여불위의 부친은 아들이 큰 그릇이라는 것을 잘 알고 있었다. 하지만 이번 투자 건은 세심하고 철저하게 추진해야 할 것이었다.

"새 임금을 세우는 것은 최고의 장사다. 보통장사는 실패하면 재산을 잃을 뿐이지만 지금 이 장사는 실패하면 삼족이 멸하게 되는 엄청난 장사다. 그래도 해볼래?"

"꼭 해보고 싶습니다!"

"시간이 얼마나 걸릴까?"

"지금 왕이 고령이시고 태자 안국군도 사십 줄이니까, 한 이십년 봅니다."

"좋다. 같이 해보자. 돈은 니 맘대로 써라. 얼마든지 이 애비가 지원하마!"

그러나 하늘은 짓궂었다. 여불위의 킹메이킹 프로젝트는 예상보다 훨씬 빨리 진행되었다. 아무도 어쩔 수 없게 신속하게 진행되고 있었다.

드디어 기다리고 기다리던 태자비로부터 연락이 왔다. 그동안 뿌린 약발이 이제야 통하고 있었다. 이제부터였다. 여불위는 다시 주황실에서 구입한 아껴뒀던 천하의 보물들을 꺼내들었다. 태자비의 마음을 한 칼에 녹여야 했다. 보도 듣도 못한 보물을 보면 태자비의 마음도 따뜻해질 것이었다.

킹메이커 여불위 날다

태자비의 언니는 그동안 많은 작업을 진행시켰다. 그녀의 동생인 태후는 여불위를 만나자마자 호감을 보이며, 지난번 주황실의 보석이 너무 좋았다고 칭찬부터 하였다. 언니가 배달사고 치지 않고 심부름을 잘한 것이다. 여불위는 얼른 지난번보다 훨씬 더 좋은 보석을 바친다. 놀래며 기뻐하는 태후.

여불위는 태자비 화양 부인께 고한다.

"지금 조나라에 인질로 나가있는 왕자 이인은 참으로 효심 있고 성실한 청년입니다. 그는 무엇보다 태자비마마를 친어머니처럼 그리워하며 매일매일을 눈물로 지내고 있습니다. 부디 태자비마마께서 그를 불쌍히 여기셔서 양자로 삼으시면, 안국군과 화양 부인 두 분께 커다란 기쁨이 될 것입니다. 또한 이인을 안국군의 세자로 삼으시면, 형제간의 싸움도 멈추게 될 것이고, 특히 마마의 노후를 보장할 수가 있습니다. 부디 마마의 노후를 그에게 의탁하십시오. 그는 신실한 청년입니다. 그보다 더 좋은 일이 어디 있습니까!"

후사가 없는 화양 부인의 걱정거리를 미리 챙기며 설득하는 여불위의 간청은 보물과 함께 바로 먹혔다. 여불위의 듬직한 금력과 후사에 대한 대비책은 태자비의 마음을 얻는데 더 이상 바랄 것이 없었다. 태자비는 그의 제안을 받아들였고, 곧 안국군에게 말하여 동의를 얻어냈다.

다시 조나라로 돌아온 여불위는 영이인에게 이 소식을 전하고, 자신과의 약조를 확실히 해줄 것을 다시 한 번 약속토록 했다. 당연히 영이인은 여불위를 자신의 후견인으로 하였으며, 어떤 경우에도 배신하지 않을 것을 약속했다. 여불위는 이인에게 양어머니 화양 부인의 출신을 따라서 이름을 자초(子楚)라 바꾸게 하였다. 그가 영자초다. 이제부터는 그를 영자초라 부른다. 그는 훗날 안국군 효문왕을 이은 30대 장양왕이 된다.

여불위는 한 술 더 떠서 기왕 주는 김에 자신의 애첩 천하일색 조희까지 영자초에게 준다. 자신이 가진 것 중 최고를 준 것이다. 자초가 평소 조희를 짝사랑하고 있다는 것을 눈치 채고 있었기 때문이다. 실로 여불위가 엄청나게 큰 선물을 준 것이다. 웬만해선 자신의 사랑하는 여인을 포기하고 남에게 넘겨준다는 것은 여불위에게는 참으로 어려운 일이 아닐 수 없다. 하여간 그런데, 자초 부부는 얼마 후에 아들을 낳게 된다. 결혼한 사람들이 아들 낳는 게 무슨 대수인가 하겠지만, 그게 그렇지 않다.

바로 이때 우리의 존경하는 사마천 형의 말을 들어본다.
그는 《사기》에서 다음과 같이 말한다.
'이때 여불위가 자신의 애첩이었던 조희를 마음에 들어 하던 자초에게 바쳤는데, 조희는 이미 여불위의 아이를 임신한 상태였고, 그 아이가 바로 훗날 진의 31대 왕으로 즉위하게 될 정(政, 훗날의 진시황제)이다.'
이 얘기는 사실 여부로 수천 년 간 논란에 휩싸였고, 주장하는 사람에 따라 달랐다. 여불위가 시황제의 친아버지인가에 대한 소문은 이미 시황제 생전부터 떠돌고 있었고, 진시황제도 이런 소문을 들어 잘 알고 있었다. 여불위가 시황제의 친아버지임을 부정하는 진나라 측의 사가들은 시황제를 중상모략하려고 지어낸 이야기라고 주장하였다. 그런데 작가는 언관이며 사관인 사마천의 말이 맞는다고 본다.

기원전 252년, 진의 소양왕이 재위 55년 만에 죽고, 차남이며 세자인 안국군이 효문왕으로 즉위하면서 영자초 또한 부인 조희랑 여불위랑 다함께 사이좋게 진으로 돌아와 태자가 되었다. 그런데 어찌된 일인지 펄펄하던 효문왕이 얼마 안 되어 죽었다. 참으로 괴이한 일이었다. 모든 의문을 덮고 드디어 영자초가 태자로써 왕위에 즉위하였으니, 그가 30대 장양왕이다. 참으로 사람 팔자 아무도 모른다더니!
여불위는 자초의 후견인으로서 진의 승상이 되고 문신후(文信

侯)에 봉해졌다. 여불위가 그토록 원하던 자리에 오르게 된 것이다. 이제 천하에서 그 누구도 그를 넘볼 수 없게 된 것이다. 천하의 대국 진나라의 승상이 된 것이다. 그러나 그는 과연 여기서 만족할까?

또 다시 2년 만인 기원전 246년에 장양왕이 갑자기 죽었다. 도대체 무슨 일인지 모르겠다. 사마천은 아무런 언급이 없다. 다만 몇몇 재야사가들은 강하게 여불위를 의심하였다. 하여간 그 후 황태자 정이 13세로 왕위에 오르자, 여불위는 상국(相國)이 되어, 왕의 아버지에 버금가는 지위라는 뜻의 중부(仲父)로 불리며 왕을 도왔다.

새로 진나라 왕이 된 시황제 영정은 친정을 할 수 있는 나이는 아니었기에, 아버지 때에 승상이던 여불위가 섭정이 되어 국사를 돌보았다. 이제 자신의 세상이 되어버린 진나라에서 여불위는 마음대로 국사를 휘둘렀다.

당시 전국시대의 사군자라 불리는 각국의 유력자들이 수많은 식객을 모아 천하에 이름을 떨치고 있었는데, 그들은 제나라 맹상군 전문, 조나라 평원군 조승, 위나라 신릉군 무기, 초나라 춘신군 황헐 등이다. 여불위 또한 자신의 집에 3천 명의 식객을 불러들였고, 여불위 집안의 일꾼 숫자가 1만 명을 헤아렸다고 한다. 몇 번 얘기지만 그 당시는 유력자들이 식객을 많이 불러 모으는 것이 유행이었다. 해서 식객의 수는 바로 그 유력인사의 힘에 비례하였다. 유력자는 식객들을 평소 잘 모시다가 유사시에 그들로부터 도움을 받기도 하였다. 그 식객 가운데는 훗날 진의 승상이 되는 천하의 이사도 있었는데, 그 재능을 일찍부터 눈여겨본 진왕 정이 그를 발탁해 먼 훗날 재상으로 삼았다.

천하통일을 이루는 진나라의 초석을 놓은 여불위는 승상으로 재임하는 동안 수많은 학자들을 동원하여 여러 학문을 집대성한 책을 만들게 했다. 그 결과 제자백가의 학설뿐만 아니라 민간전설·민간요법·도교 등에 관한 백과전서인 《여씨춘추》를 펴냈다. 이때 여불위는 엉뚱한 객기를 부린다. 그는 완성된 여씨춘추를 진의 수도인 함양성 성벽에 진열해 놓고, "이 책에 적힌 글 가운데 한 글자라도 더하거나 뺄 수 있는 자가 있다면 그에게 천금을 주겠노라"고 했다. 이 일화는 훗날 일자천금(一字千金)이라는 고사의 유래가 되었다.

　그토록 치밀하고 심모원려의 여불위였지만, 결국 그는 자신이 만든 업보에 결국 빠지게 된다. 그는 과거의 애첩인 왕비 조희와의 인연으로 모든 공든 탑을 무너뜨리게 된다. 그것이 그의 한계였다. 그런데 그의 꿈은 정말 진나라 승상까지였을까? 그가 막바지에 허우적댄 것은 그가 이루고자 했던 망상 때문 아니었을까?
　그의 이야기는 일단 여기서 쉬고, 진시황이 아직 미성년자이니 그가 정식으로 등장하고 나서 다시 이야기를 계속하고자 한다.

VI. 전국시대를 밝힌 스타들

전국시대를 밝힌 스타들

법가의 스승, 순자

君者, 舟也, 庶人者, 水也 (군자, 주야, 서인자, 수야)

水則載舟, 水則覆舟 (수즉재주, 수즉복주)

"임금은 배요, 백성은 물이다. 물은 배를 띄우기도 하지만, 배를 뒤집어엎기도 한다."

"임금이란 존재는 물위에 뜬 조각배와 같아서 백성 알기를 정말 무서워해야 한다. 그것이 그가 살 길이다(순자, 왕제편)."

얼마 전 우리나라 교수 집단이 군주서수(君舟庶水)라는 연말 휘호를 작성하여 발표했는데, 그것이 이것이다.

순자 (출처 : 바이두)

순자(荀子)는 그 이름이 순황(荀況)이다. 그는 조나라에서 기원전 300년경에 태어났으며 기원전 230년경에 사망했다. 《순자》는 그의 경세에 관한 책인데, 대략 기원전 230년경에 만들어졌으며, 난세에 뛰어든 순자가 천하통일의 사상적 준거를 제시한 책이다.

그 역시 여불위의 식객이 되었을 정도로 세상사에 관심이 많았다.

순자는 춘추전국시대의 제자백가(諸子百家, 사상가들)에 속하면서, 유가의 사상적 기반을 가지고 출발했다. 그의 책 《순자》는 대부분 자신의 저술인데, 이것이 공자나 다른 제자백가들과 다른 점이다. 즉, 공자만 해도 자신의 글보다는 제자들과의 문답이나 강론을 정리한 것으로, 순자와는 달랐다. 그의 학문은 넓이와 깊이 면에서 동시대의 누구도 따를 수 없을 정도였다.

그는 유가와 법가의 중심에 서면서 두 사상을 한 데 엮는 역할을 했다고 평가받으며, 점차 법가적 사고방식으로 기울었다. 따라서 그는 공맹을 수정하고, 특히 맹자와는 결정적으로 정반대의 입장에 섰다. 비슷한 시기에 활약한 두 사상가인 순자와 맹자의 다른 점은, 같은 유가지만 순자는 세밀한 논증과 냉철한 문체로 학문과 교육의 중요성을 강조했고, 맹자는 이를 위한 별도의 편을 두지 않고 《맹자》 여기저기에서 감성적이며 직설적인 일갈, 비유 등으로 격언처럼 학문과 교육을 언급했다.

즉, 《맹자》는 애초부터 어록집의 성격이며, 《순자》는 논문집의 성격이다. 사실 이는 두 영웅의 성향 차이에서 빚어진 것이기도 한 것이다. 또한 순자의 시선은 대단히 현실주의적이며 현대적이다.

우리가 다 아는 맹자의 성선설과 순자의 성악설이 대표적인 대척점이다. 순자는 인간의 본성을 악으로 규정했다. 그러나 그 악함은 올바른 목표를 설정하고 좋은 교육을 받고 끊임없이 노력하면, 그 본성을 선(善)으로 바꿀 수 있다고 주장한다. 맹자의 성선설에 대립하는 내용이다. 즉, 인간의 본성은 악하나 인위(人爲)에 의해 선해진다는 것, 즉, 인간의 선함은 후천적이며 인위적인 교육의 결과라는 것이다.

인간은 태어나면서부터 이기적이다. 그런 본성이 있기 때문에 남을 해치고, 다투며, 질서나 도덕을 해친다. 그러므로 교육을 받아야 하고, 인의예지에 따른 교화가 필요하다. 인간은 본성을 억압하는 노력을 교육을 통해 해야 한다. 그래야 질서나 도덕을 되찾아 세상이 편안해진다.

굽은 나무는 불에 대거나 증기로 쪄서 똑바로 펴야 반듯해지고, 이 빠진 칼은 숫돌에 갈아야 날카로워진다. 인간도 그와 같다. 사람의 본성이란 대개 비슷한 것인데, 성인이 만들어 낸 예(禮)와 의(義)를 배워서 교화될 수 있다. 성인이 보통 사람보다 뛰어난 것은 인위에 의한 것이다. 원래 성인도 보통 사람과 다를 바가 없는데, 성인이 보통 사람보다 뛰어난 점이 있다면 그것이다.

그의 제자 가운데 당대 최고의 법가 사상가이자 정치가가 두 명 있는데, 그들이 바로 위대한 법가 사상가 한비자(韓非子, 기원전 280~233년경)와 법가 정치가 이사(李斯, 기원전 280~208년경)다. 이들은 천하를 피로 물들이며 파란만장한 역사를 만들어 정통 유교사상가들의 증오심을 샀다. 두 사람이 만들어간 일들로 그들의 스승인 순자에 대한 평가에도 악영향을 주었으며, 순자의 훌륭한 글도 이상하게 왜곡되어 그 훌륭한 업적에도 불구하고 유가들의 도덕적 거부감을 샀다. 사실 법가 사상가들의 운명이 대체로 그러하였다. 법가적 사상이 인간들에게 주는 이미지는 그리 좋은 것이 아니었으며, 그것을 바탕으로 한 정치가들의 행태도 법가에 대한 인식을 나쁘게 하는데 일조하였다. 상앙이 그 대표적인 사례였다. 상앙이 집권하던 시기의 진나라에서는 언제나 죄인을 처단하는 피의 강을 이루었다.

순자가 주장하는 철학은 엄정하며 명쾌하여 유가의 철학자들처럼 시도 때도 없이 천명을 언급하며 애매한 논리를 펴는 것을 배척했다. 그는 확실하게 인간을 주체로 하는 사상을 주장했으며, 우리의 인식은 분명한 감각기관과 경험을 통해 이루어진다는 유물론적 사고방식을 주장했다. 이는 정통 보수주의자들과 기존의 귀족들이 아닌, 새로이 등장하던 신흥 지주 계급을 위한 사상적 배경을 구축하는 것이었다.

결국 순자의 사상과 논리는 신흥 진나라의 천하통일 사업에 이론적인 근거를 제공하는 것으로 평가받으며, 훗날 공산주의 사상으로 무장하여 마오쩌뚱의 노동자 혁명을 거친 현대의 중국에서 그런 순자의 역사적 역할을 높이 평가하고 있다. 2천몇백 년이 지난 오늘날 순자는 법가의 대표적인 사상가, 뛰어난 유물론자로 평가받게 된다.

순자는 말한다. 얼음은 물이 얼어 생겨나지만, 물보다 더 차다. 먹줄처럼 곧은 나무라도 열을 가해 구부리면 차바퀴로 쓸 수 있다. 그렇게 굳어버리면 원래의 곧은 나무로 돌아가지 않는다. 나무는 먹줄을 대지 않으면 똑바로 자를 수 없고, 금속은 숫돌로 갈아야 날카로워진다. 그처럼 군자도 매일 반성하고 학문에 정진하지 않으면, 지혜를 잃고 잘못된 길로 들어서고 만다.

세상의 동서남북 어느 곳에서도 아이 울음소리는 똑같다. 그러나 그들은 전부 다르게 자라난다. 교육이 사람을 다르게 만드는 것이다. 쑥도 삼밭에서 나면 곧게 자라난다. 성인이라고 해서 나면서부터 특별하지는 않다. 사물을 잘 이용할 따름이다. 굴뚝새는 깃털로 둥지를 틀고, 머리 터럭으로 집을 짜서 갈대 이삭 끝에 매단다. 그런데 바람이 불어와 이삭이 꺾이면 알이 깨지고 새끼가 죽는다. 이것은 새집이 불완전하기 때문이 아니다. 새집을 묶어 둔 갈대 이삭이 약하기 때문이다.

서쪽 지방에 야간(射干)이라는 나무가 있다. 줄기는 네 치밖에 안 되지만, 높은 산에서 자라기 때문에 천 길 낭떠러지를 내려다본다. 쑥이 삼밭에서 자라면 받쳐주지 않아도 곧게 서고, 하얀 모래라도 흙이 섞이면 검게 보인다. 그러므로 군자는 반드시 땅을 가려 살 곳을 정하고, 훌륭한 사람을 가려 사귀며, 사악한 것을 멀리하고 올바른 것에 다가서려 한다. 보이지 않는 노력을 쌓지 않으면 큰 뜻을 이룰 수 없고, 보이지 않는 곳에서 행하지 않으면 좋은 성과를 이룰 수 없다.

맹자, 민본사상의 기수

하늘은 백성이 보는 대로 보고, 백성이 듣는 대로 듣는다

도대체 그 당시 전국시대 같은 살벌한 시대에 맹자가 왕들에게 군왕 모독죄 혹은 내란 예비음모죄 하다못해 국가보안법 등등으로 사형당해 죽지 않고 살아남은 게 신기하다. 그렇기 때문에 진나라

맹자 (출처 : 바이두)

에서는 그를 부르지도 않았고, 맹자 또한 가지도 않았다. 진나라같은 부국강병의 나라 철권 국가의 왕이 맹자를 용납할 분위기가 아니었다. 맹자도 누울 자리보고 발 뻗는다고, 진나라 근처에는 얼씬도 하지 않았다. 맹자가 만약 진나라에 가서, 그의 지론대로 왕이 시원찮으면 뒤집어 엎어버려도 됩니다! 라는 따위의 말을 했다간 즉각 죽음이었다. 그것도 단칼에.

맹자는 기원전 372년, 전국시대 중기에 그 이름도 희미한 추(鄒)나라의 사대부 집안에서 태어났다. 이름은 가(軻), 자는 자여(子輿), 자거(子車), 또는 자거(子居)라고 하며, 공자의 손자인 자사(子思)의 문하에서 배웠다. 여러 나라에서 유세하며 다녔고 양반 나라 강태공의 제나라에서 주로 거했고 벼슬도 했다.

그는 소크라테스처럼 주로 문답법으로 왕들과 제자들을 교화시켰고, 당대에 제일 잘나가는 사상가였다. 왕도정치를 강하게 주장하며 법가 사상가들을 개똥 취급했다.
특히 순자와는 정반대의 논리를 폈다. 맹자는 양나라 혜왕과의 대화가 유명하다. 그의 민본주의 사상은 특히 이때 만천하에 드러났다.

양(梁) 혜왕(惠王)이 왕도에 대해 물으니, 맹자가 답한다.
《서경(書經)》에 이르길, '하늘은 백성이 보는 대로 보고, 백성이 듣는 대로 듣는다' 했습니다. 군주가 그 의무를 게을리하여 백성들에게 원망이나 불평을 듣는 자는 마땅히 자리에서 물러나야 합니다. 또 왕이 자리에 연연하여 독재를 하거나 백성들을 억압하려 든다면 살해되어도 무방합니다. 또한 사람의 본성은 어질기 때문에 통치자는 반드시 인의로써 나라를 다스려야 합니다. 그것이 왕도정치입니다. 왕도정치란 인의에 기초하여 공리주의를 물리치고, 백성들의 뜻에 따라 정치를 펴는 것을 말합니다."

이렇게 그는 기회 있을 때마다 위험하기 그지없는 사상을 군왕들 앞에서 가차없이 피력하여, 주위의 다른 사람들이 모골이 송연해졌다고 한다. 그는 언제나 부당한 권력에 대한 백성의 저항을 옹호하고, 왕의 권력은 백성들이 부여하는 것이라고 주장하는 등 매우 진보적인 주장을 하였다. 맹자의 사상은 백성 본위의 사상이었다.

그는 전국시대의 법가적 · 패도적 부국강병 사상을 반대하고, 도덕적으로 정치하면 오히려 부국강병을 이룰 수 있다는 왕도정치를 말하였다.

양나라 혜왕 (출처 : 바이두)

양나라 혜왕이 다시 맹자에게 물었다.

"나는 나랏일에 모든 정성을 다하는데, 왜 나를 따르는 백성이 늘어나지 않는 거요?"

맹자가 대답했다.

"전투가 한창 중에 세가 불리하여 갑옷을 버리고 도망칠 때, 어떤 병사는 백 보를 가서 멈추고, 또 어떤 병사는 오십 보를 가서 멈추면, 오십 보를 도망친 사람이 백 보를 도망친 사람을 비웃는다면, 왕께서는 이를 어떻게 생각하십니까?"

"오십보 백보(五十步百步)! 도망치기는 마찬가지가 아니오?"

"그렇습니다. 겨우 그 정도 선정(善政)을 베풀면서 이웃 나라보다 백성이 많아지기를 바라지 마시오."

양혜왕이 또 나라의 이익되는 바를 질문하니,

"왕께서는 어찌하여 꼭 이익을 말씀하십니까? 다만 인(仁)과 의(義)가 있을 뿐입니다.

왕께서, '어찌하면 내 나라에 이익이 있을까' 하시면, 대부(大夫)는 '어찌하면 내 가문에 이익이 있을까' 할 것이고, 선비와 서민들은 '어찌하면 내 한 몸에 이익이 있을까' 할 것이니, 이같이 위, 아래가 서로 다투어 이익을 도모한다면, 그 나라는 반드시 망할 것입니다."

"힘으로써 사람의 복종을 얻었다면 이는 마음으로부터의 복종을 얻은 것이 아니고, 다만 굴복당하는 자의 힘이 약해서입니다. 덕으로써 사람의 복종은 얻었다면 이는 마음에서 비롯된 기쁨에 근거한 참된 복종을 얻은 것이니, 일흔 명의 제자가 공자께 복종한 것이 바로 이와 같습니다."

맹자는 언제나 당대 제후들의 부국강병 정책을 '패도(覇道)'로 규정지었고, 옛날의 성왕(聖王)들이 행하였던 '왕도(王道)'로의 회귀를 주장하였으며, 그 왕도의 실천 덕목으로서 '인'과 '의'를 제시하였다.

사마천은 사실 이러한 맹자의 주장이 당대 군주들에게는 황당하게 들렸을 거라며, 전국시대에 그의 주장은 진나라에서 빛나던 법가와 군현제의 사상에 눌러 기를 펴지 못했다 했다. 《맹자》라는 책은 사실상 맹자의 실패의 기록이라 해도 과언이 아니라고까지 했다. 그러나 당대에 맹자는 의외로 제왕들에게 인기가 있었고, 여불위의 부친도 그를 후원했다. 맹자가 한번 지나갔다 하면 주변 군주들이 그에게 노잣돈을 주지 못해서 안달이었다. 맹자가 제나라를 떠나서 추나라로 돌아갈 때, 지나가는 길에 있던 송나라와 설나라의 군주들은 맹자에게 황금 수십 근을 노잣돈으로 주었다.
아마도 이는 당대의 왕들이 가졌던 지적 열등감이나 맹자의 철학적 지성에 대한 존경심 때문이 아닌가 생각한다.
맹자는 사단(四端)으로 인간의 마음을 설명했다. 사단이란 네 가지 마음씨를 말하는데, 측은하게 여기는 마음은 어짊의 시작이요(측은지심(惻隱之心)은 인지단야), 부끄러워하는 마음은 의로움의 시작이요(수오지심(羞惡之心)은 의지단야), 사양하는 마음은 예절의 시작이요(사양지심(辭讓之心)은 예지단야), 옳고 그름을 가리는 마음은 지혜의 시작이다(시비지심(是非之心)은 지지단야). 즉 인간은 원래 이 같은 네 가지 단을 가지고 태어났다고 한다.

맹자의 유교적 민본주의를 말할 때, 우리는 언제나 다음 말을 떠올린다.
"백성이 가장 귀중하고, 사직(社稷)이 그 다음이며, 군주는 가장 가볍다. 이 때문에 백성의 신임을 얻어야 천자(天子)가 되고, 천자의 신임을 얻어야 제후가 되며, 제후의 신임을 얻어야 대부(大夫)가 되는 것이다. 왕이 그 사직을 위태롭게 한다면, 곧 갈아치운다. 천하에 가뭄과 홍수가 일어난다면, 곧 사직을 갈아치우면 된다."

순자와 맹자

맹자가 다니면서 왕들 앞에서 즐겨 부르짖었던 말들이다.

"이게 사람이 할 짓입니까!"

"왕께서는 어찌하여 이익 따위를 말씀하십니까? 오로지 인과 의가 있을 따름입니다!"

그러나 순자는 아니다. 순자는 대단히 냉철한 현실주의자이며, 쿨하며 현대적이다.

순자는 맹자가 철저히 부정하는 이익을 말한다. 그것은 현실의 패자들에게 어필하고 자신의 사상을 피력하기 위해 어쩔 수 없는 일이라 생각했다.

"인은 사람의 마음이요, 의는 사람의 길이다"하는 것까지는 순자와 맹자 두 사람이 비슷한데, 순자는 말한다.

"아기가 어버이를 따르는 이유는, 울면 당장에 부모가 달려와 안아 주고, 젖 먹여 주리라 기대하기 때문이다. 먼저 부모가 아기를 만족시킴으로써 유대감이 생기게 되고, 이것이 가족애로 발전되는 것이다. 결국 부모 자식 간의 특별한 관계라는 것도 사실상 특별한 이익에 기초한 것이다. 그러므로 이익을 따르고, 무언가 얻기를 바라는 것은 사람의 정(情)이요, 성(性)이다."

반면에 맹자는 왕 앞에서 대놓고 잘못된 왕은 갈아치워야 한다, 백성을 착취하는 왕과 관료들은 도둑놈이다, 죽여 버릴 수도 있다, 등등 험악한 말을 서슴없이 내뱉은 인물이다. 나아가서는 인간에게 해를 끼치는 신(神) 따위는 갈아치워야 한다는 말도 한다.

모든 정치권력과 종교권력의 권위를 마냥 인정하지 않고, 사람들에게 해를 끼치면 바뀌어야 한다고 말한 것이다. 군주와 종교 권위의 정당성이 어디까지나 백성에게 있다는 말이다. 맹자가 항상 강조하는 것 중의 하나가 '좋은 것을 독식하지 말고 최대한 많은 백성들과 함께 하라'는 것이다.

순자는 인간의 본성을 악으로 규정한다. 그러나 올바른 목표를 설정하고 적절한 교육을 받으면서 끊임없이 노력하면, 그 본성을 선(善)으로 바꿀 수 있다고 주장한다.

맹자의 성선설과는 정반대다. 인간의 본성은 악하다. 인간의 선함은 후천적이며 인위적인 교육의 결과이다. 인간은 태어나면서부터 이익을 좋아한다.

그런 본성을 따르기 때문에 남을 해치고, 다투며, 질서나 도덕을 파괴한다. 그러므로 스승의 지도를 받아야 하고, 예의에 따른 교화가 필요하다. 그렇게 하면 본성을 억제하는 힘이 생기고, 질서나 도덕을 되찾아 세상이 편안해진다.

옛날의 성인은 백성을 감독하고 교화하기 위해 군주의 권력을 내세워 예의를 설파했다. 또한 백성을 다스리기 위해서 법을 만들고, 백성을 통제하기 위해서 형벌을 내렸다. 그리하여 백성은 모두 규율을 잘 지키는 선량한 인간이 된다.

만일 군주의 권력도, 예의에 의한 교화도, 법에 의한 지배나 통제

요임금 (출처 : 위키백과)

도 없고, 군주가 아무 일도 하지 않으면서 백성의 생활을 방관한다면 어떻게 될까? 아마도 강한 자가 약한 자를 못 살게 굴고, 무리를 지은 다수의 힘이 선량한 사람을 괴롭혀 세상의 질서는 무너지고 말 것이다. 예를 들어 인간의 본성이 정의와 질서에 합치한다면 성인이 왜 필요하며, 법이 무슨 소용인가? 예의가 무슨 필요가 있겠는가?

순자의 제자 두 사람이 전국시대의 법치주의 법가의 최고봉인 이사와 한비자인 것이 결코 우연이 아니다.

순자는 자연의 작용을 천명(天命)이라 보면서, 인간이 감히 손댈 수 없는 것은 아니며, 주체적으로 자연에 작용해 그것을 이용하라고 말한다. 깨어 있는 인식을 주장하면서 인간의 능력에 대한 믿음을 가진다.

하늘은 일정한 법칙을 가지고 있다. 요(堯)와 같은 성왕이 만들 수 있는 것도 아니고, 걸(傑)과 같은 폭군 때문에 없어지는 것도 아니다. 그럼에도 불구하고 인간 세계에 길흉이 있는 것은 인간 자신 때문이다. 열심히 일하고 절약하는 사람에게 하늘은 가난을 줄 수 없다. 먹을 것을 가리고 적절한 운동을 하는 사람에게 하늘은 질병을 줄 수 없다. 반대로 사치하고 게으름을 피우는 사람에게 하늘은 부귀를 주지 않는다. 음식을 가리지 않고 적절한 운동을 하지 않는 사람에게 하늘은 건강을 줄 수 없다.

하늘이 내려 준 같은 조건 아래서도 도리에 어긋난 행동을 하는 나라에는 천재지변이 일어난다. 그것은 하늘을 원망할 일이 아니다. 사람의 도리에 따라 그렇게 되었기 때문이다.

하늘에는 사계절의 변화가 있고, 땅에는 물질을 생산하는 힘이 있다. 그리고 인간에게는 그 두 힘을 이용할 수 있는 능력이 있다. 하늘과 땅과 사람이 제각기 다른 역할을 가짐으로써 우주의 질서는 유지된다. 인간이 스스로 해야 할 일을 잊고 천지와 나란히 서려는 것은 어리석은 일이다. 진정한 지혜란 인간의 영역을 넘지 않는 것이다.

하늘을 가장 위대한 존재로 생각하고 따르기보다는 하늘을 물질로 생각하고 이용하는 편이 낫다. 하늘에 순종하며 그것을 찬양하는 것보다는 천명을 인간에게 유리하게 작용하도록 하는 것이 낫다. 사계절이 순조롭게 운행되기만을 기다리는 것과 계절의 변화에 대비하고 응용하는 것 가운데 어느 것이 더 낫겠는가. 인간의 힘을 망각하고 하늘에 순종하기만 하면, 만물의 실체적인 모습을 모르게 된다.

하늘은 사람이 추위를 싫어한다고 해서 겨울을 없애지 않고, 인간이 먼 길을 싫어한다고 해서 땅을 줄이지도 않는다. 그와 마찬가지로 군자는 소인의 입이 흉흉하다고 해서 도덕적 실천을 그만두지 않는다. 하늘과 땅에는 불변의 법칙이 있다. 그와 마찬가지로 군자에게도 불변의 도덕이 있다.

군자는 인간의 능력을 믿고 하늘에 기대지 않으려 하지만, 소인은 인간의 능력을 믿지 않고 하늘에 기대려 한다. 그렇기 때문에 군자도 소인도 더 잘살기를 바라는 것은 똑같으나, 군자는 하루하루 진보하고 소인은 하루하루 추락한다.

어찌됐든, 이러한 순자의 주장은 후대 유학자들이 보기에 유학의 본령을 파괴할 수 있는 위험한 발상이었다. 그렇기에 맹자와 후대 유학자들의 관점에서 순자를 평가하면, '천하를 도탄에 빠트릴 수 있는' 위험한 사상이 되는 것이다. 유학자들이 유학을 파는 것은, 어디까지나 천하를 도탄으로부터 건져내기 위함인데, 여기에서 위험성을 내포한 순자의 사상은 그 자체로 학문의 존재의의를 상실한 것으로 해석될 여지가 있는 것이다.

전국시대의 네 명의 군자 1, 맹상군 전문과 평원군 조승

전국시대 이야기를 하면서 어쩔 수 없이 제후 군왕 이야기 위주로 했었는데, 사실 훌륭한 대부들이 언제나 그림자처럼 그들을 뒷받침했으며, 그들이 없이는 나라가 지탱될 수 없을 정도였다. 전국시대의 수많은 대부 중에서 네 명의 군자가 유명한데, 그들은 제나라 맹상군 전문, 조나라 평원군 조승, 위나라 신릉군 무기, 초나라 춘신군 황헐 등이다. 이들은 서로 앞다투어 선비들을 접대하고 빈객들을 초빙하는 데 힘을 기울여 서로 경쟁하여 그 힘으로 나라를 돕고 동시에 자기들의 권력을 유지하려고도 했다. 또한 이들은 제후 왕상 못지않은 훌륭한 인품과 능력을 가졌다. 사실 이러한 빈객제도는 일종의 민주주의의 실현방식이었다. 유력자들이 주요의사결정 하

맹상군 (출처 : 바이두)

기 전에 각계각층의 의견을 사전에 경청하는 것은 나라를 위해 좋은 일이었다.

사마천이 말하는 전국시대의 대표적인 네 명의 군자들을 살펴본다. 우선 맹상군 전문을 말해본다. 그 이유는 그가 가장 재미있고 다양한 일화를 남겼으며, 강태공이 세운 군자의 나라 제나라에서 재상을 역임했고 식객 삼천명을 거느렸다. 초강대국 진(秦)나라에서 그의 명성을 듣고 초청해, 진나라에 갔다가 모함을 받아 죽을 뻔한 경험을 했다. 그때 식객 중 한 사람의 기지로 인해 살아남았기에 '계명구도(鷄鳴狗盜)'라는 사자성어로 유명해졌다. 그는 모든 사람들이 각자 저마다의 능력과 소질을 갖고 태어났다는 믿음에 따라 그 누구도 천하게 여기지 않고 평등하게 대접한 것으로 유명하다.

제나라 제후 전영이 40명의 아들을 두었는데, 맹상군 전문은 첩실의 자식으로 태어났다. 당연히 부친의 재산을 물려받기 어려운 상황이었지만, 자신의 능력을 발휘하여 살아남았다. 아버지 전영은 그에게 집안일을 돌보게 하고 빈객들을 관리하도록 맡겼다. 그러자 뛰어난 빈객들이 더 많이 몰려들어 맹상군 전문의 명성이 제후들에게 알려졌고 아버지는 그를 후계자로 지명했다. 아버지가 죽자 그는 설(薛) 땅을 물려받아 빈객을 불러 모았는데 그 숫자가 수천 명에 이르렀다. 그는 신분이 귀하고 천함을 가리지 않고 똑같이 대우했다.

애초에 아무 재주 없었던 이들을 빈객으로 삼았을 때, 다른 사람들은 돈 낭비를 한다며 그를 매우 비난했다. 하지만 결국 이들의 도움으로 맹상군이 진나라에서 곤경에서 벗어날 수 있게 되었다. 맹상군에 관한 일화 중에서 가장 유명한 이야기가 '계명구도'다. '닭과 개 울음소리를 내는 사람이 식객 중에서 있었는데 그들이 꼭 필요할 때 제 역할을 했다'는 이야기다. 평소 사람을 가리지 않고 대우했던 맹상군이었기에 식객들은 주군을 위해 죽을 힘을 다해 제역할을 했다는 의미로 전해지는 고사성어다.

사실 맹상군은 재상으로서 그 인품이 너무 유명하여 제나라왕이 그를 슬슬 견제하려 할 때, 진에서 맹상군을 재상으로 초대한다는 말이 나오자 잘됐다 하며 얼른 진으로 갔다. 맹상군이 진나라에 재상 노릇 하러 갔다가 진나라 소양왕의 변덕으로 좌절되고, 소양왕이 인재인 그를 제나라로 돌려보내기보다 죽여 버리기로 작정한 터에, 맹상군의 빈객 중에서 개 흉내를 내며 좀도둑질을 하던 자가 진소양왕의 가죽옷을 훔쳐내서 진소양왕의 애첩에게 바치니 그녀가 맹상군을 풀어 주도록 진왕에게 말해 맹상군은 풀려날 수 있었다. 또한 달아나던 중 한 빈객이 닭 울음소리를 흉내 내는 자가 있어 새벽닭의 흉내를 내었기에 진왕이 닫아놓은 함곡관의 문을 열고 맹상군 일행은 간신히 빠져나올 수 있었다.

조나라의 평원군 조승은 현명하고 포용력이 있어 빈객이 수천 명이나 되었고, 조나라 혜문왕과 효성왕 두 왕의 재위기에 재상 자리에 3차례나 올랐다. 그에 관한 일중에서 가장 유명한 것은 모수와 관련된 이야기다. 진나라가 조나라 수도 한단을 공격하자 조나라 왕은 평원군을 초나라에 보내 도움을 청하고 합종책을 마련토록 하였다.

평원군은 왕의 명을 받고 재능 있는 식객 스무 명을 뽑아 초나라에 가는 협상단을 구성하고자 하여, 삼천 여 명의 식객 중에서 적합한 인물을 골랐고 간신히 19명을 찾아낼 수 있었는데 한 명이 모자랐다. 한참 고민을 하던 중 모수라는 이가 나타나 스스로를 천거하였다. 이것이 유명한 모수자천(毛遂自薦) 이야기다.

평원군 (출처 : 바이두)

평원군이 그에게 말했다.

"현명한 선비는 어느 곳에서도 주머니 속에 있는 송곳 같아서 그 끝이 금세 드러나 보이는 법이오. 이를 낭중지추(囊中之錐)라 하는데, 선생은 내 수하에 삼년이나 있었는데 그 이름을 들어본 일이 없으니, 어찌된 일이오?"

그러자 모수가 이렇게 대답했다.

"공의 말씀이 옳지만 아직까지 저는 주머니 속에 없었습니다. 저는 오늘에야 비로소 공의 주머니 속에 넣어달라고 부탁하는 것입니다."

이에 다른 19명은 서로 눈짓으로 모수를 비웃기를 그치지 않았지만, 그 말을 들은 평원군은 말이 된다고 여겨 모수를 명단에 포함시켰고 함께 초나라로 가게 되었다.

평원군은 초나라 왕과 합종의 맹약을 협상하기 위해 높은 누대 위의 단상에서 새벽부터 하루종일 협상을 하였는데, 해가 질 때까지도 합의에 이르지 못했다. 이때 모수는 장검을 비껴들고 계단으로 뛰어올라 평원군에게 말했다.

"합종의 이해관계는 두 마디면 결정되는 건데 오늘 이토록 결론을 못내리는 까닭은 무엇입니까?"

이에 초왕이 모수의 방자함을 크게 꾸짖었다. 모수는 기죽지 않고 칼에 손을 대며 더욱 앞으로 나아가 말했다.

모수 (출처 : 바이두)

　"초왕께서 저를 꾸짖는 것은 초나라가 큰 나라이고 사람이 많기 때문입니다. 그러나 지금 왕의 목숨은 나의 손에 달려 있습니다. 그 옛날 탕왕은 칠십리의 땅으로 천하의 왕 노릇을 했고, 문왕은 백리 의 땅으로 제후들을 신하로 만들었는데, 이는 모두 당시 그 세력에 의하여 위엄을 떨쳤기 때문이었습니다. 초나라는 땅이 사방 오천리 에 군사가 백만으로 패자의 자격을 가지고 있습니다. 초나라의 강 함을 천하는 당할 수가 없습니다. 진나라의 백기란 자는 그저 그런 놈에 지나지 않습니다. 그런데 수만의 병사를 이끌고 초나라와 전 쟁을 하여 한 번 싸움에 언정을 함락시키고 두 번 싸움에 이릉을 불 태웠으며 세 번 싸움에 왕의 조상을 욕되게 했습니다. 이는 우리 조 나라조차도 수치로 여기는 일인데 초왕은 어찌 수치로 여기지를 않 습니까. 합종을 하는 것은 초나라를 위한 것이지 조나라를 위한 것 이 아닙니다."

　초왕은 모수의 말에 감동하였다. 조와 초는 합종의 맹약을 하여 진나라를 물리쳤다.

평원군은 합종을 성사시키고 조나라에 돌아온 후 말했다.
"나는 이제 더 이상 선비들의 관상을 보지 않겠다. 내가 그동안 수천 명의 상을 보면서, 천하의 선비들을 하나도 놓치지 않았다고 자부했는데 오늘 모 선생을 보지 못했다. 모 선생은 초나라에 가자마자 조나라를 구정(九鼎)과 대려(大呂)보다 더 무겁게 만들었다. 모 선생은 세 치의 혀로 백만의 군대보다 더 강하게 만들었다. 나는 이제 감히 선비의 상을 보지 않겠다."
그러고는 모수를 상객으로 대우했다.

모수의 말은 특히 안중근 의사가 하얼빈에서 이토 히로부미(伊藤博文)를 처단한 후, 그 이유를 밝힐 때 인용하기도 한 말이다.

> 합종을 택한 것은 초(楚)를 위한 것이지 조(趙)를 위한 것이 아니듯이, 오늘 내가 이등박문을 죽인 것은 일본을 위한 것이지 한국을 위한 것이 아니다.
>
> (1910년 2월 22일자 일본 〈오사카마이니치신문(大阪毎日新聞)〉)

이 글은 안중근 의사가 사형선고를 받은 뒤 일본인 변호사 미즈노 기치타로(水野吉太郎)의 수첩에 기록된 것이다.

안중근 (출처 : 위키백과)

전국시대의 네 명의 군자 2, 신릉군 무기와 춘신군 황헐

신릉군 무기는 의를 위해 나라를 버리기까지 한 사람이다. 사마천이 특히 그를 좋아했다. 그는 위나라 소왕의 막내아들이며, 안희왕의 이복 동생이다. 무기는 겸손한 인품을 가지고 있어서, 선비가 잘났거나 못났거나를 따지지 않고 모두에게 예를 갖추어 사귀었으며 교만하게 대하지 않았다.

진나라 소양왕이 조나라를 포위하였을 때, 무기의 누이가 조나라 혜문왕의 아우인 평원군의 부인이었는데, 여러 차례 위나라 안희왕과 신릉군 무기에게 편지를 보내 조나라를 구해 달라고 부탁하였다. 안희왕은 처음에는 장군 진비(晉鄙)에게 군사 10만 명을 주어 조나라를 구하게 하였다. 그러나 진나라에서 사신을 보내 위협하자, 곧 태도를 바꿔 조나라를 구한다고 해 놓고 실제로는 양다리를 걸친 채 시간만 끌었다.

조나라의 평원군은 신릉군 무기에게 사신을 보내 위나라의 배신을 크게 책망하였다.

무기는 안희왕이 끝내 조나라를 도와주지 않을 것이라 판단하고는, 빈객들을 설득하여 수레 100여 대를 준비하였다. 그는 조나라와의 의리를 지켜 조나라와 함께 죽기를 각오했던 것이다. 무기는 한단을 향해 가는 길에 빈객 후영에게 들러 상황을 알렸다. 후영은 그에게 비책을 알려준다. 결국 후영과 백정 주해의 목숨을 건 도움으로 위나라 군사 8만을 훔쳐서 진나라 군대를 공격하였다. 이에 진나라 군대는 어쩔 수 없이 포위를 풀고 돌아갔다. 조나라 효성왕과 평원군이 직접 국경에서 무기를 맞아 크게 감사하였다.

조나라 효성왕이 신릉군 무기에게 감사의 표시로 성 5개를 무기에게 주려고 하였다. 그 말을 들은 무기는 갑자기 목에 힘이 잔뜩 들어가 자만심으로 가득하게 되었다. 이에 빈객 중 한 사람이 무기에게 충언한다.

"세상에는 잊어야 하는 일과 잊지 말아야 하는 일이 있습니다. 남이 신릉군께 베푼 은덕은 잊지 말아야 하지만 신릉군께서 남에게 베푼 은덕은 곧 잊는 것이 좋습니다. 모든 일에는 양면이 있는 법이어서, 위나라의 군사로 조나라를 도운 것은 조나라에서는 공이 되지만, 위나라에서는 역적이 됩니다. 이런 때에는 특히 몸을 낮추어 겸손하고 교만하시면 안 됩니다. 그래야 모든 사람들에게 덕이 있게 됩니다."

이런 고언을 듣는 순간 무기는 부끄러워 어쩔 줄을 몰라 하였다. 그는 단연코 사양하여 조나라 성을 끝내 받지 않았다. 그가 그 성을 받는 순간 신릉군은 위나라의 적이 되고 마는 순간이었다.

무기는 조나라에서 10년을 머물렀다. 그러던 중 진나라가 위를 공격하자 위 왕은 그를 불렀다. 무기는 가지 않으려 했으나, 결국 돌아가서 위의 대장군이 되어 진의 공격을 막는다. 무기가 돌아온 것을 알게 된 제후들은 각기 군사를 보내 위나라를 구하게 하였다. 무기는 다섯 나라의 군사를 이끌고 황하 이남 지역에서 진나라 군대를 물리쳐 함곡관에 이르렀다. 연합군의 힘에 눌려 진나라 군대는 감히 함곡관 밖으로 나오지 못했다.

진나라 재상 범저가 즉시 방책을 내놓아 위왕을 흔들어댄다.
"천하의 제후들은 위나라 공자 무기는 알지만 위나라 왕은 알지 못합니다. 신릉군 무기가 이를 이용해서 위나라 왕위를 넘보고 있습니다."

한편으로는 위나라에 여러 차례 사신을 보내 무기가 왕으로 즉위하지 않았느냐며 축하 인사를 하였다. 무능하며 어리석은 위 왕은 두려움에 신릉군을 경계하여 내치게 된다.

이후 무기는 병을 핑계로 조정에 나가지 않았고, 마침내 정말 병으로 죽고 말았다. 그 해에 안희왕도 죽었다. 곧 위나라는 진에 멸망당한다.

초나라 출신의 춘신군 황헐은 변설에 뛰어난 재능이 있었다. 그는 초나라가 위기에 처해있을 때마다 자신의 변설로 여러 차례 위기를 벗어난 적이 있었다.

진나라는 초나라를 가볍게 보고 대군을 일으켜 초나라를 일거에 멸하려고 했다. 이에 황헐은 진나라로부터 초나라를 구하기 위해 표장을 써서 진 소왕에게 올려, 진을 물러나게 하였다.

춘신군 (출처 : 바이두)

또한 황헐이 진 소왕의 약속을 받고 초나라에 귀국하자, 초나라는 다시 황헐을 사자로 삼아 태자 완을 인질로 진나라에 보냈다. 진나라는 두 사람을 몇 년간 붙들어 두고 귀국시키지 않았다. 황헐은 진왕에게 진언하였다.

"태자를 귀국시키는 편이 진나라에 이로울

것입니다. 태자가 귀국하여 초왕의 자리에 오른다면 그는 필시 진나라를 중히 받들고, 또한 상국의 무한한 은혜에 감격할 것입니다. 이것은 곧 진과 초 두 나라 사이의 동맹관계는 더욱 깊어지고, 또한 만승지국에 베푸는 덕이 됩니다."

초왕이 후사가 없자, 이원이 춘신군에게 자신의 누이동생을 바쳐 아이를 임신케 하고 후에 초왕에게 그녀를 보내자고 설득한다. 춘신군이 동의하고 초왕이 그녀를 만난 끝에 사내아이를 얻게 되자, 그 아이를 태자로 봉하고, 이원의 누이는 왕비가 되었다. 초왕이 누이로 인하여 이원을 중용하자, 이원은 이때부터 초나라의 비선 실세가 된다.

이원은 혹시 춘신군이 두 사람만이 알고 있는 그 비밀을 누설하거나 혹은 시기하게 될 것을 걱정하여 아무도 몰래 자객들을 고용하여 춘신군을 죽여 그의 입을 막으려고 했다. 그러나 그때는 이미 초나라 사람들 중에 그 비밀을 알고 있는 자가 여럿 있었다. 이는 마치 진나라에서 여불위와 장양왕의 관계와도 같았다.

부하 신하 주영이 춘신군에게 건의하기를 이원을 먼저 쳐서 죽이지 않으면, 춘신군이 당한다 하며 자신의 말대로 할 것을 강력히 건의했으나, 춘신군은 이를 군자답지 못한 일이라며 일언지하에 거절했다. 결국 춘신군은 이원에게 당해 죽게 된다.

당단부단 상명멸족(當斷不斷 喪命滅族)! 이 말은 '결단해야 할 때 하지 않아 목숨을 잃고 멸족당하다'라는 뜻으로 태사공 사마천이 애통해하며 말했다.

"춘신군이 진소왕을 설득하고, 다시 목숨을 걸고 태자를 탈출시켜 귀국시킨 일은 참으로 지혜로운 일이었다. 그러나 후에 이원 같은 필부에게 제압당한 것은 그가 늙어 지혜가 무디어졌기 때문이었다. 옛말에 이르기를 '마땅히 결단을 해야 할 때 결단을 내리지 못하면, 도리어 화가 미칠 것이다'라고 했는데 춘신군이 주영의 말을 받아들이지 않은 것을 두고 한 말이 아니고 무엇이겠는가?"

연나라의 악의 장군, 주군에 대한 애끓는 연서

사마천은 말한다. '연나라는 밖으로는 오랑캐들과 대항하고 안으로는 제나라와 진(晉)나라에 대항하면서 강국 사이에 끼어 국력이 가장 약하였고, 거의 멸망 직전에 이른 경우도 한두 차례가 아니었다.' 그런 연나라가 전국시대에 접어들어 한 번 크게 빛을 본 적이 있었다. 그것은 연소왕(燕昭王)과 악의(樂毅) 장군에 의해서였다.

왕권이 뒤바뀌는 와중에서 제나라의 공격으로 연나라는 엄청난 혼란에 휩싸이고, 나라가 망하기 일보 직전에 이른다. 이때 왕위에 오른 태자 평(연소왕)은 연을 다시 일으켜 세우고 제나라에 복수하고자 마음먹는다. 그때 위나라에서 온 인물이 악의 장군이다.

악의는 조나라 사람으로 위나라에 머물고 있던 차에 연나라에 사신으로 왔다가 연소왕의 극진한 대우에 신하되기를 자청한 것이다. 연소왕은 악의를 보자마자 단번에 중용한다.

악의 장군 (출처 : 바이두)

소왕은 악의의 제안을 받아들여 진(秦)·초·한·조·위 다섯 나라와 합종하고 그를 최고 사령관으로 임명하여 제나라를 공격한다. 악의는 연나라 군사를 이끌고 패주하는 제나라 병사들을 끝까지 뒤쫓아 제나라 수도 임치(臨淄)를 점령하고 제나라의 모든 보물들을 연으로 보낸다. 그는 제나라에 머물면서 항복하지 않은 제나라의 성을 하나씩 평정하여 거(莒)와 즉묵(卽墨)을 제외한 70여 개 성을 함락시켜 연나라로 귀속시켰다.

소왕과 악의가 죽이 맞아 진군하여 제나라를 멸망시키기 직전, 소왕이 죽고 그의 아들 혜왕이 즉위하게 된다. 항상 그러하지만 바보혜왕은 시기심으로 악의를 싫어한다. 당시 제나라 즉묵성은 전단(田單)이 지키고 있었는데 그는 혜왕과 악의 둘의 사이가 좋지 않다는 것을 알고 반간계(反間計)를 쓴다.

'악의는 즉묵성을 무너뜨릴 수 있으면서도 일부러 전쟁을 질질 끌고 있다. 게다가 악의는 제나라에서 왕이 되려고 한다' 이런 헛소문을 전해들은 혜왕은 얼씨구나 하면서 악의를 즉각 경질했고, 깜도 안 되는 기겁을 그를 대신해 사령관으로 교체했다. 악의는 자신의 시대가 이미 지나갔음을 알고는 조나라로 망명해버린다. 이후 전단이 연나라 군사를 치고 이전에 잃어버린 제나라의 모든 성을 되찾는다.

순식간에 나라의 존망이 위태롭게 된 연나라의 혜왕은 악의에게 뻔뻔하기 그지없는 편지를 쓴다.

"과인은 공을 한시도 잊은 적이 없소. 과인이 그대를 기겁과 교대시킨 것은 타지에서 너무 고생을 하는 것 같아 좀 쉬라고 그런 것이오. 그런데 그대는 과인의 뜻을 오해하고 연나라를 버리고 조나라에 망명해버렸소. 선왕께서 그대를 그리 우대하셨거늘 그 보답은 어찌할 것이오?"

악의가 혜왕에게 답서를 쓰니 이것이 그 유명한 <보연혜왕서(報燕惠王書)>다. 그 내용이 연소왕에 대한 악의의 절절한 마음이 담겨있는 그야말로 연인끼리의 연서(戀書)와도 같은 것이었다. 이 편지는 중국 고전문학사에서 최고 명문으로 평가받으며, 역대 문장선집에 빠짐없이 수록되어 있다. 이것이 바로 유명한 제갈량의 <출사표>의 원본이 된 것이다. 연서에서 악의는 자신이 왜 연나라를 떠나 조나라로 왔는지 그 이유를 밝힌다. 그는 연나라에 그대로 남아있을 경우 당할지도 모를 불명예와 모욕이 두려웠다고 말한다. 내가 재앙을 당한다면 이는 나를 알아봐준 선왕의 명성을 떨어뜨리는 일이다! 나를 길거리의 똥개가 아니라 호랑이로 알아봐준 선왕의 뜻을 생각한다면 나는 절대 개죽음을 당해서는 안 된다! 오자서는 오나라 왕 부차가 선왕인 합려만 못하다는 것을 알지 못하고 계속해서 간(諫)하다 비참하게 죽어, 자신을 써 준 합려의 얼굴에 먹칠을 하고 말았다! 나는 그럴 수 없었다! 이렇게 에둘러 선왕과 비교하여 그만 못하다고 연혜왕을 비꼰 악의는, 그러나 조나라를 위해 내가 연나라를 치는 일은 없을 것이라고 약속한다.

또한 자신과 선왕의 인연을 말한다. "신은 제 능력도 제대로 모르면서도 선왕의 명령을 받들어 자리에 앉아 최선을 다한다면 다행히 허물은 없을 것이라 생각하여 명을 받고 사양하지 않은 것이옵니다."

이 표현은, 연소왕이 과감하게 자신을 아경에 임명했을 때, 또 제나라를 공격하고 공을 세우자 창국(昌國)에 봉하여 창국군(昌國君)으로 삼았을 때를 생각하며 한 말이다. 나는 내 능력이 아경이 될만한지 어떤지 알지 못하지만, 왕께서 나를 그와 같은 지위에 합당하다 여기셨으니 내가 할 수 있는 것이겠지 하고 믿고 따랐던 것이다. 왕께서 나의 능력을 그처럼 보셨다면 나는 그런 사람이다! 하여 나는 망설임 없이 당당하게 왕의 명령을 받았던 것이다! 그러니 어찌 내가 개죽음을 당하여 나의 명예와 선왕의 명예에 흠집을 낼 수가 있겠는가!

악의 장군이 연서에서 말한 특히 유명한 구절은 어러하다.

君子交絶, 不出惡聲 (군자교절, 불출악성)
군자는 절교한 뒤에도 상대의 험담을 하지 않으며,

忠臣去國, 不潔其名 (충신거국, 불결기명)
또한 충신은 섬기던 나라를 떠나게 되었을 때도 자기변명을 하지 않는다.

다시 말해서 자신이 고결하다는 주장을 하여 떠난 나라에 대해 나쁜 소리를 하지 않는다.

이후 연나라는 악의의 아들을 중용했고 악의는 조나라와 연나라를 오가며 두 나라의 객경이 되었다. 요즈음의 세태를 볼 때 더욱 생각나는 인물이 아닐 수 없다.

어떤 학자들은 이런 악의 장군을 현대의 스티브 잡스에 비유한다. 스티브 잡스야말로 버려짐에 익숙한 인물 아닌가. 그는 태어나자마자 버려진 인물이다. 1955년 태어나자마자 버려져 양부모 밑에서 자랐다. 그리고 어른이 되어서도 또 한 번 자신이 만든 회사에서 버려졌다. 이렇게 그는 실패 속에서 자란 사람이다. 그의 가슴은 숯검덩이가 되었을 터, 그러나 실패는 그가 다시 일어 날 수 있는 훌륭한 온상이었고, 자신의 오류를 수정할 수 있는 훌륭한 기회였다. 그렇지만 세상에 대한 적개심은 없었을까?

스티브 잡스가 1984년에 이룩한 매킨토시의 성공에도 불구하

스티브 잡스 (출처 : 위키백과)

고, 1985년 애플의 대주주들은 잡스의 독주를 두려워한 나머지 그를 경영 일선에서 쫓아냈다. 그는 자신이 창업한 회사에서 쫓겨나는 수모를 겪었다. 결국 그는 자신을 따르는 몇 사람의 전직 애플 직원들과 함께 넥스트스텝이라는 새로운 회사를 세웠다. 당시 그의 관심은 미래형 운영체제를 탑재한 고급 하드웨어의 개발과 컴퓨터 그래픽으로 이루어지는 애니메이션 제작에 쏠려 있었다. 이를 위해 회사 이름을 딴 넥스트스텝이란 차세대 운영체제를 가진 컴퓨터 개발에 돌입했고, 동시에 루카스필름의 3D애니메이션 파트를 맡았던 픽사(Pixar)를 인수하게 되었다.

스티브 잡스는 모든 역량을 픽사의 애니메이션 제작에 집중했다. 그의 선택은 옳았다. 1995년 픽사가 제작한 <토이스토리>가 대성공을 거두었던 것이다. 토이스토리를 성공시킨 것은 미래를 내다볼 줄 아는 잡스의 안목 때문이었다.

토이스토리의 성공은 그에게 애플로 다시 귀환할 수 있는 영광을 안겨주었다.

만성적자에 시달리던 애플사는 잡스를 쫓아낸 지 12년 만에 다시 그를 최고 경영자로 복귀시켰다. 1997년에 10억 달러의 적자를 기록했던 애플사가 그의 복귀 뒤 단 1년 만에 4억 달러 가까운 흑자를 만들어냈다. 거기에 새로운 개념의 매킨토시 iMac을 통해 잡스가 이룬 성과를 더욱 빛나게 해주었다.

'누가 컴퓨터의 미래를 묻거든 스티브 잡스를 보게 하라' 라는 말처럼 그는 '패러다임의 변화'를 통해 인생 역전의 시나리오를 써나갔다.

VII. 장강의 물결이 요동치다

영정, 진의 31대 왕으로 즉위하다

여불위가 13세의 왕 영정을 섭정하다

　　정말 숨 가쁘게 달려온 세월이었다. 기원전 7세기 무렵의 제9대 왕 진목공의 찬란했던 영광의 시간들이 무참한 순장제도로 신기루처럼 사라진 후, 진나라는 300여 년간의 무거운 침묵 끝에 기원전 4세기 경의 제25대 왕 진효공 때에 이르러 상앙과 함께 법치주의를 근간으로 한 부국강병의 기틀을 세워 다시 새 출발한 이래 혜문왕(惠文王) 때의 소진, 장의의 합종연횡책으로 천하를 움직이고, 50여 년간 재위한 제28대 소양왕(昭襄王 혹은 소왕, 기원전 306~251년) 때의 재상 범저가 시행한 원교근공책으로 국제정치의 주역

유방 (출처 : 바이두)

으로 발돋움하여 이룩한 엄청난 업적들, 제29대 효문왕(孝文王, 재위:기원전 251~250년), 그리고 이제 여불위가 설계하고 일으킨 영자초 즉 제30대 장양왕(莊襄王, 재위:기원전 249~247년)에 이르기까지 …. 천하제국이 오직 꿈속에서만 기원하던 천하통일의 기운은 이제 진나라의 코앞까지 다가오게 되었다.

진나라는 마지막 6대에 이르는 왕들의 재위 기간에 기적과도 같은 발전을 이루었다. 그들 제왕들과 당대 최고의 인재들이 합심하여 일으킨 피나는 업적으로 진나라는 이제 누구도 넘볼 수 없는 막강한 나라가 되었다. 여불위가 디자인하여 왕위에 앉힌 영자초 장양왕은 그 부친 효문왕이 2년 만에 죽고 왕위를 넘겨받았으나, 그 역시 재위 3년 만에 죽고 만다. 이렇게 알 수 없는 의문사의 연속으로 선왕들이 짧게 재위한 후에, 드디어 영정이 열세 살의 어린 나이로 제31대 진 왕위에 올랐다.

기원전 259년 정월 조나라 수도 한단(邯鄲)에서 태어난 영정은 태어나던 때 '온 방 안에 붉은빛이 가득하고 온갖 새들이 날아올랐다'라고 진 역사에 기록되어있다.

천하를 통일할 영웅이 진나라에서 탄생할 것이라는 예언은 아득한 옛날부터 있었다. 사람들은 이 아이가 그 천하통일의 주인공이 아닐까 생각했다. 이는 마치 진 영정 이후 두 번째 천하통일의 주인공인 한고조 유방이 거대한 백사를 한 칼에 두 동강이 내고 적제의 아들이 백제의 아들을 죽였노라고 외친 것과 같은 맥락의 이야기다.

어린 정은 아직 조나라가 제 고향으로 생각됐고, 진나라에는 오고 싶지 않았다. 다만 무서운 아저씨 여불위와 아버지와 어머니 조희가 하자는 대로 진나라에 왔을 뿐이었다. 부친 영자초 장양왕은 여불위의 설계로 왕위에 올랐기에 왕위에 오르자마자 여불위를 상국이라는 왕과 맞먹는 재상 자리에 앉혔다. 상국이라는 자리는 재상 중에서도 특별한 지위에 있는 자가 가진다. 그로부터 한참 뒤 후한 말기 동탁이 어린 왕 앞에서 상국의 지위에 오른 바 있다.

기원전 247년 영정은 아버지 장양왕이 재위 3년 만에 죽자 왕위를 계승해 진나라 왕위에 올랐다. 그때는 여섯 명의 할아버지 왕들의 피나는 노력으로 진의 영토는 이미 동서남북으로 크게 뻗어나 있었다. 사서에 나와 있는 대로 그 확장한 지명들을 다 옮겨 쓰려면 너무 많고 복잡하여 작가조차 헷갈릴 정도다. 한 마디로 천하통일은 이미 실제로 이루어져 있었다. 다만 천하의 다른 6국에 대한 진나라의 확실한 접수절차만 남아있는 상태였다. 이제 그들은 마지막을 향해 몸부림을 치고 있을 뿐이었다.

여불위는 여전히 상국으로서 다시 중부라는 호칭도 겸했다.
그는 10만 호를 봉토로 받았고 호를 문신후(文信侯)라고 했으며, 널리 빈객과 학자들을 초빙하여 천하를 병합하려고 했다. 모든 국사는 여불위가 알아서 처리하도록 했다. 영정이 정식으로 왕 노릇하기까지 9년간 중요한 나랏일은 재상인 여불위가 맡아서 다 처리했다. 이때 여불위는 제자백가사상을 집대성해 《여씨춘추》를 지었다. 《여씨춘추》는 오늘날 백과사전의 기원으로 누구나 읽어야할 필독서가 되었다.

영정 재위 9년간, 장군 몽오가 위나라를 공격해 20개 성을 빼앗았다. 특히 이때 훗날의 재상 이사가 여불위의 개인 집사가 됐으며, 몽오, 왕의, 표공 등이 진나라 장군이 됐다. 그들은 앞으로 진의 천하통일 전쟁의 영웅으로 성장한다.

진나라의 욱일승천하는 기세에 위기를 느낀 한·위·조·제·초 등 다섯 나라가 함께 진나라를 공격해 전쟁을 벌였고, 이 전쟁에서 내친 김에 아에 끝을 보려는 진나라가 이기고 계속 위나라를 점령하고 동군까지 쳐들어가자, 위나라 임금 각(角)이 일족을 이끌고 거주지를 옮겨서 험한 산세에 의지해 하내(河內)를 지켰다. 이제 진나라는 짐승들을 한쪽 구석으로 몰아 목을 따려는 포수로서의 여유를 부리며 짐짓 산천경개를 감상하고 있다.

여기까지가 공식적인 애기고, 이제부터가 진짜다. 킹메이커 큰 장사꾼 여불위가 장양왕이 별 볼 일 없던 인질 시절, 자신의 애첩 조희를 선물로 준 일이 있음은 이미 우리가 잘 알고 있는 바이고, 그녀가 생각지도 못하게 태후가 되자마자 나이 서른여섯의 한창 나이에 남편 장양왕이 죽었다. 어린 영정 왕이 즉위하고도 조태후는 첫사랑 여불위를 잊지 못하고 툭하면 밤마다 마차를 타고 승상 여불위의 집을 찾는다. 여불위는 점차 위기를 느끼게 된다. 영정 왕이 나이는 어리지만 눈매도 매섭고, 성깔도 그렇고 보통내기가 아닌 것을 일찍이 간파했다.

여불위는 서둘러서 자신을 대신할 조태후의 애인감을 찾기에 이른다. 장사꾼 다운 감으로 자신의 삼천 식객을 총동원하여 전국에 쓸만한 인재(?)를 찾아보다가 고진감래라고 실로 딱 맞는 재목을 구한다. 그가 바로 5천년 중국사를 통틀어 가장 크다는 노애다. 뭣이 큰지는 독자들의 상상에 맡긴다. 사마천 형의 표현대로라면, 노애는 음란한 곡을 연주하면서 그 녀석의 거시기에 단단한 오동나무로 만든 수레바퀴를 매달고는 딥다 돌려댔다고 한다. 여불위는 애들을 시켜서 태후에게 은근히 이러한 소문이 전해지게 하여 그녀의

욕정을 불러일으켰다.

사마천이 이러한 적나라한 얘기를 《사기》에 자세히 쓴 이유가 무엇일까? 그건 그의 특기인 유머 기질이 발동한 것이리라. 그는 《사기》 곳곳에 블랙유머 코드를 숨겨놓았다. 이것이 권력자에 대한 그의 조롱의 칼이며, 세상에 대한 그의 외침이고 사기를 읽는 재미다.

어쨌거나 이 소문을 듣고 몸이 달아오른 태후는 노애를 만나게 해달라고 여불위를 들들 볶는다. 여불위는 "거, 사람 참!"하며 애를 태우게 하다가, 못이기는 체하며 노애를 태후에게 보낸다. 처음엔 젊잖게 셋이서 다 같이 술 한잔하면서 탐색전을 벌이다가, 적당한 때에 여불위가 쓱 빠지고 둘만 남겨 놓고 나왔다. 바로 조태후가 노애를 희롱하니 과연 명불허전! 내 어찌 그동안 너 없이 살았던가! 지난 세월이 너무도 아쉽기만 하였다. 이야말로 하늘이 보내준 크리스마스 선물 중에 선물이 아니던가!

그 크기와 힘과 근력 가히 천하의 명품 인재로다! 영웅이 별거더냐? 네놈이 바로 천하영웅이로다. 그날 밤 이후 조태후는 만사 제치고 노애에게 매달리게 되었다. 낮에 잠깐 보는 정무도 노애를 시켜 언능 처리하고는 그냥 둘이서 낮이고 밤이고 없었다. 무릉도원이 따로 없었다.

그러나 …, 그러나 …, 세상이 어디 그리 만만하던가!

영정왕의 친정과 노애와 조태후와 그리고 …

그렇게 그렇게 세월은 흐르고 흘러 기원전 238년 영정왕 9년에 그는 22세의 나이로 고도 옹성(雍城)에서 대관식을 거행하고 정식

노애 이야기 (출처 : 바이두)

으로 친정(親政)을 시작한다. 이제 천하는 대지진이 일어나 장강이 출렁이고 태산이 흔들거리는 폭풍우 속으로 진입하게 된다. 그의 대장정은 천천히 살펴보기로 하고, 여전히 우리의 목전의 관심사인 조태후와 노애의 일을 살펴보기로 한다.

그러나 노애가 태후궁에 마냥 머무를 수는 없는 일, 아무리 조태후라도 세상의 눈이 무서웠다. 특단의 조처가 필요했다. 또 다시 여불위가 사랑하는 연인 조태후를 위해 방도를 마련해야 했다. 이런 일에 천부적인 도가 튼 사람이 누군가. 천하의 진나라 왕도 만든 사람이 여불위 아니던가! 여불위는 사람을 보내 또 작전 싸인을 보내 노애를 궁형에 해당하는 죄로 고발하도록 꾸몄다. 궁형이란 바로 사기를 쓴 사마천이 당한 형벌 아니던가. 거시기를 거세하는 벌. 반란죄나 왕명을 거역한 자에 가하는 형벌이다.

형을 집행하는 관리와 모의하여 노애를 궁형에 처하는 척하고는, 노애의 수염을 모두 뽑아 환관으로 만들었다. 그다음 일사천리로 태후궁에 환관의 자격으로 입성한 노애는 이제 거칠 것이 없었다. 태후는 노애를 극진히 아꼈고 점차 태후궁의 대소사는 물론 정사도 그와 상의하기에 이르렀다. 시간은 흘러가고 몇 년이 지나 갑자기 태후 몸에 이상한 신호가 온다. 놀랍게도 나이 먹은 조태후가 임신하게 된 것이다. 조태후의 기쁨이야 말할 나위가 없었고, 차제에 또 다른 아이디어를 내게 된다. 자신들과 아이를 지키는 묘수를 생각 해낸다.

조태후는 여불위를 움직여서 태후궁을 옹(雍)이라는 조용한 지역으로 옮기게 한다.

그러나 사람이란 환경이 조금만 바뀌어도 자신의 주제와 한계를 바로 잊어버리게 된다. 시정잡배 노애의 천박한 욕심이 슬슬 발동한다. 그도 그럴 것이, 당시 노애의 시종만도 수천 명이고, 벼슬자리를 구하며 돈보따리 들고 뵙기를 요청하는 인간들이 구름처럼 모여들어 노애의 식객수가 천여 명이었다고 하니! 이 녀석이 점점 간댕이가 부어서 여불위 흉내를 내게 된다.

이때쯤엔 세상 인간들이 그들 조태후와 노애 두 사람을 식사 때 반찬으로 술자리의 안주로 삼게 되었다. 점입가경 노애와 여불위의 세력 비교까지 하며 갑론을박하는 지경에까지 이르게 된다. 다시 말해 만조 수위가 거의 찼다는 얘기, 이제 뚝방 무너지는 일만 남았다. 이럴 때는 누가 무슨 말을 해도 귀에 들어오지 않는 법이다. 태후는 노애에게 그 위상에 걸맞게 장신후라는 벼슬을 하사한다. 그에게 제후의 지위까지 준 것이다.

브레이크 없는 벤츠라더니, 과연 그랬다. 그에 더해 점입가경으로 여불위도 어쩌지 못하는 일들이 여기저기서 터지기 시작했다. 그것은 조정 대신들의 눈과 입들이었다. 그들은 합심해서 불만을 터뜨리기 시작했다.

노애의 방자함은 점점 극에 달했다. 원래 천박한 인간들이 권력을 쥐게 되면 욕심의 끝을 모르게 되는 법, 최근 어느 나라에서도 실컷 목도하는 일이렸다! 그는 아무 것도 거칠 것이 없었다. 그러던 어느 날 드디어 일이 터진다. 연일 계속되는 대신들과의 술자리에서 무식한 노애의 방자함에 참다못해 한 원로대신이 젊잖게 훈수하니, 술에 취한 노애가 대노하여 일갈한다.

"네 이놈! 내가 누군줄 알고! 영정 왕의 계부인 내게 네놈이 어찌 이리도 무례할 수 있단 말이냐!"

이제는 모든 일이 끝장에 들어서게 되었다.

술자리에 참석한 모든 대신들이 갑자기 어안이 벙벙하여 얼어붙는다.

"아니! 이게 무슨 소리여! 저 내시놈이 지금 무슨 소리를 하고 있단 말인가! 그동안 세상에서 수군거리던 모든 소문이 전부 사실이었단 말인가!"

그 다음날 대신 일동이 대궐에 모여 그동안 친정 체제를 선언하고 적폐 청산의 기치를 내건 영정왕에게 장문의 탄핵안을 올린다. 사실 이럴 때 인간들은 정확하게 팩트 만을 말하지 않는다. 있는 말 없는 말 다 보태서 그동안의 시기심과 불만 모두 합해서 장신후 아니, 노애를 탄핵한다. 당시는 왕이 입법·사법·행정 삼권을 모두 다 장악하고 있으니, 헌재는 별도로 없다.

그 탄핵 사유는 이렇다. 첫째, 노애가 환관도 아니면서 거짓으로 환관 행세하며 태후궁에 들어간 죄, 둘째, 그가 환관은커녕 정력 넘치는 천하의 변강쇠로서 태후와 수없이 정을 통해 아이를 둘씩이나 낳고 버젓이 부부 행세하고 있는 죄, 셋째, 그뿐만이 아니라 결정적으로 조태후와 공모하여 그들의 아들로 영정왕의 후사를 삼자하며 … 라고 말하려다가, 에잇, 기왕 내친걸음 한걸음 더 나가자 하여, 쿠테타를 일으켜서 영정왕을 폐위시키자고 음모를 꾸몄습니다! 라고 고변했다. 정말 기도 안차는 일이 벌어진 것이다. 이제 볼 것도 없이 진의 궁정 내에 피바람이 몰아치고 있었다.

영정왕은 이 시련을 차분하게 처리하고자 했다. 하지만 그의 콤플렉스는 언제나 어머니였다. 어머니의 추태를 어릴 때부터 보며 자라왔고, 자신이 여불위의 실제 아들이라는 풍문도 들어서 잘 알고 있었다. 그의 어머니 콤플렉스는 너무 컸다. 살의를 품은 적도 여러 번 있었다. 상부 여불위에 대해서도 마찬가지였다. 언젠가는 처리하리라 마음먹고 있던 차였다. 자신의 시대에는 이런 장애물이 완전히 깨끗하게 치워져야 제대로 왕 노릇할 수 있으리라 믿고 있었다. 그가 적폐 청산의 기치를 내건 이유도 여불위를 타겟으로 한 것이었다.

그러던 차에 이런 탄핵안이 올라온 것이다. 영정은 비밀리에 특검을 가동해 뒷조사를 시켰다. 그는 신속하고 냉철하게 조사했다. 특검 당국도 그의 뜻에 맞게 잘해주었다.

탄핵안은 전부 사실임이 밝혀졌다. 다만 마지막 쿠데타 부분이 다소 미심쩍기는 했지만 그냥 밀어부쳤다. 어머니와 노애가 무슨 수로 자신에 대해 쿠데타를 일으킬 수 있단 말인가? 막강한 진의 군대를 한 줌도 안 되는 태후궁 군사를 가지고 공격한다는 것은 상상할 수도 없는 일이었다. 하지만 영정왕은 차제에 모두를 쓸어버리기로 결심했다. 다시 올 수 없는 절호의 기회였다. 이들을 처단하여 천하의 본보기로 삼기로 하였다. 이제 영정의 눈앞에는 아무 것도 보이지 않았으며, 잠재되었던 그의 포악한 본성이 꿈틀거리고 있었다.

영정왕, 여불위를 숙청하다

진시황 (출처 : 위키백과)

영정왕의 근성이 나온다. 죄인들의 처형장은 궁궐 앞, 의도적으로 모든 대신과 백성들이 보는 앞에서 노애는 가장 비참하게 처형당한다. 그는 목을 자른 다음 사지를 말 네 필에 매달아 찢어 죽이는 거열형을 당한다. 그 다음 당연히 노애의 구족은 아무 죄도 없이 모두 끌려와 아비규환 속에서 난도질당하고, 노애와 어머니 조태후 사이에 태어난 아기 두 명도 짐승처럼 죽는다. 애들이 무슨 죄가 있느냐며 울면서 매달리는 어머니의 애원도 한 방에 물리치고 두 아이를 차마 글로 표현하기도 끔찍한 가장 잔인한 방법으로 죽인다. 태후궁의 모든 재산은 몰수되고 가신들은 추방당한다. 두 사람의 흔적을 아주 제거해버리는 것처럼. 어머니 조태후는 한참을 고민한 끝에 차마 죽이지는 못하고 멀리 지방으로 거지꼴로 추방했다. 그 이후의 소식은 없다. 영정의 성미로 볼 때, 유배 가는 길목 숲속에서 아무도 안볼 때 자객의 손에 죽었을 것이다.

이때의 악몽으로 영정왕은 차후 죽을 때까지 삼천 궁녀와 놀기는 했으되, 정비를 두지 않았다. 만약 궁녀 중에서 누구라도 정비를 노리고 주접떨면 한 칼에 죽였다.

이제 마지막으로 가장 중요한 일이 남았다. 모두들 왕이 어떻게 나오나 숨죽이며 관찰했다. 그것은 당연히 상국 여불위에 대한 처리 문제였다. 영정은 여불위를 정말 죽일 생각을 했다. 그러나 이제 막 친정을 시작한 영정은 문제가 그리 단순치 않다는 것을 감지했다. 여불위는 이미 십여 년간 진나라에서 무소불위의 전권을 휘두른 최고권력자였다. 그뿐인가, 그의 탁월한 사람 관리능력으로 그와 음으로 양으로 엮여있는 인적 컨넥션은 넓고 깊었다. 그들 모두가 어린 영정에게 들고 일어났다. 여불위를 죽이는 건 인간의 도리가 아니다, 사람이 할 짓이 아니라며 여불위를 옹호했다. 그는 충신이라며 절대적으로 옹호하고 나섰다. 궐내에 불온한 기미까지 보였다. 영정이 함부로 여불위를 건드려서는 안 될 것 같았다. 궐내의 모든 세력이 여불위 편이었다. 영정은 위기를 느꼈다. 여불위 또한 그답게 태연자약하게 난국을 돌파했다. 그는 아무 일도 없었던 것처럼 행동했다.

그래도 영정은 여불위를 그냥 내버려둘 수는 없었다. 영정은 독하게 마음먹고 일의 마무리를 처리했다. 여불위를 상국의 자리에서 끌어내리고 그의 고향 하남땅으로 귀양 아닌 귀양을 보낸다. 거기서 근신하라는 지시였다. 그러나 여불위를 잘 아는 인사들이 그를 그냥 내버려두지 않았다. 그의 고향집은 또 다시 식객들과 재사들로 붐빈다. 그에 대한 기대치가 여전하기 때문이다. 옛날과 조금도 달라지지 않았다. 아니, 한 술 더 떠서 주위의 인간들은 은근한 기대를 불 질렀다. 사실 당시 여불위가 마음먹으면 못할 것도 없었다. 여불위의 상황 판단이 안이했다. 그는 곧 모든 것이 정상화 되리라 믿었다. 절대권력을 가진 자들의 말로가 대체로 이러하였다.

그들은 너무도 오랫동안 갑질에 익숙하다보니 마지막 순간이 도래할 때까지도 현실파악을 못한다. 멀리 갈 것도 없다. 어느 나라에서도 과거에서 지금까지 계속 벌어지는 일이다. 그러나 여기에 또한 인생의 묘미가 있는 것인지도 모르겠다. 그러한 몰인식이나 인식의 불균형으로 인해 사람의 흥망성쇠가 결판나고, 모두에게 돌아가면서 기회가 주어지는 거 아니겠는가!

여불위도 늙어서 평상심이 사라졌는지, 아니면 영정, 넌 내 자식이라는 믿음 때문인지 그 옛날의 날카로운 판단력이 사라지고 없었다. 그것도 나이 탓 이런가!

여불위는 영정의 무서운 감시의 눈을 무시했다. 그러던 어느 날 드디어 저승사자가 도착한다. 그것은 영정왕의 친서 한 통. 대뜸 불문곡직 영정의 불호령이 떨어진다.

"그대는 진나라에 무슨 공이 있기에 하남 땅 10만 호의 식읍을 갖고 있는가? 그대는 진나라와 무슨 친척 관계가 있기에 짐의 중부라는 호칭을 얻었는가? 그동안 잘 먹고 잘 살았으니 이제 가족을 데리고 오지인 촉 땅으로 떠나라!"

그 당시 촉 땅은 그야말로 함경도 아오지 탄광 지역이다.

지구를 떠나 죽으라는 말이다. 여불위는 자신의 시대가 다 했음을 비로소 깨닫고 미련 없이 독주를 마신다. 여불위여! 그래도 아쉬운가? 세상의 모든 돈과 권력을 다 가졌던 그대가 아닌가?

궁내의 골칫거리를 일거에 정리한 영정왕은 이제 홀가분하게 큰 날개를 펴고 하늘을 향해 비상을 시작한다. 기원전 237년, 왕위에

이사 (출처 : 바이두)

오른 지 10년 차이며, 친정 시작 1년 차이다. 선왕 6대에 걸쳐 이룩한 모든 업적들을 이제 추수할 때가 되었다. 천하에 걸쳐 이루어진 6국의 합종책을 하나하나 깨고, 연횡책과 원교근공책으로 밀어부친다는 진나라의 기본 전략에는 변함없었다.

얼마 전 영정은 천하의 인재를 얻었다. 그는 여불위의 집에서 그의 개인 집사로서 일하고 있었다. 그가 바로 천하의 이사다. 여불위의 집에 방문하던 때 영정은 그의 하는 일을 보고 그를 일단 중간관리로 발탁하였다. 이사는 영정과 함께 천하통일을 이루고 마지막까지 그 위업을 완성하는 인물이다. 이사는 영정에게 있어 장자방이며 제갈량이었다. 그의 도움으로 영정은 아무런 거리낌 없이 날개를 펴기 시작한다.

정도전 (출처 : 위키백과)

우리는 이제부터 이사의 행적을 추적해보기로 한다. 그전에 잠깐 언급하고 싶은 한 사람이 있다. 조선 개국의 최고 공신이며 조선의 국정철학과 국가경영정책 거의 모든 것을 구상하고 만들어 나간 경세가 정도전. 그는 천육백여 년 전의 진나라의 이사를 사숙하고 그와 유사한 길을 걸은 인물이다. 그는 고려 말기 최전방 북방 사령관으로 근무하고 있던 이성계를 스스로 찾아가 새 나라 건설의 구상을 나누고, 그를 주군으로 모셔 조선을 창건하였다. 정도전은 이상적인 선비 국가를 목표로 하는 국정철학을 실현하려다가 결국 철학이 전혀 다른 이방원에게 죽는다. 그런 점에서 정도전은 환관 조고와 저급한 권력투쟁 하다 조고에게 죽는 이사보다는 행복한 사람이다.

젊은 날 이사는 초(楚)나라에서 문서를 관장하는 말단 관리 노릇을 했다. 야심가인 이사가 자신의 처지에 결코 만족할 리 없었다. 우울한 날들을 보내던 이사가 관청의 쥐들의 습성을 관찰하게 되었다. 변소에서 사는 쥐는 오물을 먹다가 인기척이 나면 깜짝 놀라 내빼는 모습을 보였고, 반면 거대한 곡식창고에서 곡식을 먹는 쥐들은 인기척이 나도 조금도 겁내지 않고 유유히 지나갔다. 이에 이사는 사람이나 쥐나 처한 환경에 따라 태도가 달라진다는 사실을 크게 깨달았다.

그는 더 이상 망설이지 않고 자리를 박차고 고향 초나라를 떠났다. 유학자이면서 제왕학과 법가의 최고봉인 순자를 찾아 제나라로 갔다. 순자의 유학은 공자나 맹자의 유학과는 달랐다. 그의 기본 사상은 '제왕학(帝王學)'이었다. 따라서 전국시대 말기의 시대정신에 부합하고 새로 일어나는 신흥 지주계급의 요구에 안성맞춤이었다.

이사는 '제왕학'을 공부하기 위해 순자를 택한 것이다. 이사는 부국강병학의 이론가답게 말한다.
"비천한 것보다 더한 부끄러움은 없고, 곤궁한 것보다 더 슬픈 것은 없다."
그는 강렬한 출세지향적 인물이었다. 탐구정신이 아주 강했고, 학업도 우수했으며, 성적도 남달라서 순자의 눈에 들었다. 그리하여 순자의 수제자 가운데 한 명이 되었다. 이때 다른 수제자 한 명이 있었다. 그가 법가의 최고봉 한비자다.

학업을 마친 이사는 전국 7웅의 형세를 살핀 결과, 오직 진(秦) 밖에는 자신이 갈 곳이 없으며, 그곳에서 진의 재상이며 당대의 거부 여불위에 몸을 의탁하기로 결정하였다.
그가 스승 순자에게 작별 인사를 하러 가자 순자는 그에게 왜 진나라로 가려고 하냐고 물었다. 이에 이사는 자신의 생각과 관점을 조금도 숨기지 않고 이렇게 대답했다.

"지금이야말로 공명을 세울 수 있는 절호의 기회입니다. 제 뜻을 제대로 펼 수 있는 곳은 오직 진나라 밖에 없습니다. 사람에게는 비천함이 가장 큰 수치요, 곤궁함이 가장 큰 슬픔입니다. 지금 같은 전국시대에 아무것도 하지 않는 것은 배운 사람의 태도가 아니라고 생각합니다. 그래서 진나라로 가려고 합니다."

스승 순자는 고개를 숙인 채 아무 말도 하지 않고 야심만만한 수제자 이사를 보냈다.
이때 순자는 공맹의 유가들과 맹렬하게 토론벌이며 천하치국의 도를 논하던 자신의 젊은 시절을 떠올렸을 것이다.

영정왕, 이사의 〈간축객서(諫逐客書)〉를 받아들이다

출세하고자 하는 자는 때를 놓치면 안 된다. 이사는 공명을 구하고 원대한 뜻을 펼치기 위해 머나먼 천리 길을 걸어 진으로 갔다. 당연히 제일 먼저 찾은 곳은 진의 최고 실력자 상국 여불위의 집이었다. 그곳에서 식객 노릇하는 것으로 시작했다. 낭중지추, 이사는 바로 여불위의 눈에 띄어 집사가 되었다. 그

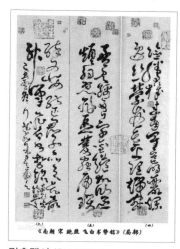

간축객서 (출처 : 바이두)

는 가끔씩 여불위의 집을 방문하는 어린 영정왕의 눈에 들기 위해 갖은 노력을 다했다.

영정이 마침내 이사의 존재를 알게 되었고, 이사는 그에게 말할 기회를 노렸다.

여불위와 영정이 함께 있을 때, 그는 자신의 논설을 펼 기회를 얻었다.

이사는 진목공 때의 영광을 말하고는 그때 천하통일을 이루지 못한 이유를 시기가 무르익지 않았고 하늘의 도움이 없었음을 논했다. 그러나 지금이야말로 진이 천하통일 할 시기이며 영정왕의 명민함이 목공의 그것을 뛰어넘는다고 추켜세웠다. 이제 진이 통일대업에 나서지 않으면 영영 다시는 이런 때가 오지 않는다라며 진왕에게 유세했다. 아부 잘하는 것도 능력임을 이사는 보여주었다.

영정왕은 이사를 높이 평가했다. 그는 여불위에게 부탁하여 이사를 궁으로 데려왔다.

그를 바로 장사(長史)라는 오늘날로 말하면 청와대 총무비서관실 행정관 자리에 앉혔다. 궐내의 모든 문서를 수발하는 자리다. 왕명을 받들고 문서를 관리하는 자리라 왕을 지척에서 모시게 되니 대화할 기회가 많았다. 이사는 쾌조의 승진을 거듭한다. 영정은 이사를 계속 그의 곁에 두고 매사에 자문을 구한다. 이사는 순식간에 대부의 반열에 올라있게 된다.

이사는 그동안의 진의 전설적인 재상들이 내놓았던 훌륭한 책략들을 심사숙고하여 이를 더욱 세련되고 강력하게 밀어붙일 방책을 구상한다. 드디어 이사는 천하통일 방책을 다시 내놓는데, 그것은 기왕의 연횡책과 원교근공책을 합친 고도의 외교안보 책략이었으며, 그 위에 유세객들이 전가의 보도처럼 쓰는 이간책과 매수책을 근간으로 한 설득과 협박 책략을 더한 것이었다. 그는 이 방법으로 가뜩이나 쇠약해진 6국을 뒤흔들고 정신 못 차리게 했다. 사실 그들 6국은 한 두 나라를 제외하고는 이미 멸망의 길로 들어서고 있었다. 이사의 책략은 그대로 먹혀들어가서 천하통일은 눈앞의 밥상처럼 보였다. 영정은 이사를 더욱 평가하여 그를 외국인으로서는 가장 높은 벼슬인 객경(客卿)으로 승진시켰다.

이사의 초고속 승진은 이제 아무도 말릴 사람이 없었다. 영정왕은 그를 철저하게 신뢰했다. 그러나 다른 소멸하는 6국도 그대로 나라를 들어 진에게 바칠 수는 없는 일, 그들 나라의 현자들도 자신의 나라를 위해 계책을 냈다. 그들은 무력으로 맞서거나 간첩을 보내는 등 모든 방법을 동원하여 진의 역량을 약화시키려 했다.

그러던 중 경천동지할 커다란 사건이 벌어지게 된다. 존재도 희미한 한나라에서 일을 벌인다. 한나라 왕은 한의 최고 토목기술자 정국(鄭國)을 시켜 진나라에 들어가 거대한 수리시설을 건설하는 대토목공사를 일으키게 한다. 그가 워낙 유명한 토목기술자이므로 진에서는 아무도 의심하지 않고 그 제안을 수락하고 일을 시킨다.

이 정국거(鄭國渠)는 워낙 규모가 크고 힘들어서 진나라의 예산이 물 쓰듯 투입되고 있었다. 진의 재정이 흔들거린다. 정국은 기술자답게 이 일에 몰입되어 일을 추진하던 중에, 우연히 그가 한나라에서 밀명을 받고 들어온 첩자라는 사실이 밝혀지게 된다.

진의 수구 세력들이 모두 들고 일어나 악을 쓰며 외국 세력들을 몰아낼 것을 연일 상소를 올리며 영정을 압박하니, 그도 하는 수 없이 진나라 내의 모든 외국 공무원들을 내보내는 축객령을 내린다.

물론 이사도 그에 포함되어 진을 떠나게 되었다.

　이사로서는 잘 나가다가 진나라 수구 세력에게 밀려나는 절체절명의 순간이 온 것이다. 그러나 천하의 이사가 아니던가! 그의 위기 관리 능력이 빛을 발한다. 그는 만고에 빛나는 저 <간축객서(諫逐客書)>라는 상소문을 영정왕에게 올린다.

　천하의 명문 <간축객서>는 이렇게 시작한다.

　"거대한 태산은 한 줌의 흙도 사양하지 않으며, 깊은 바다는 작은 물줄기도 가리지 않습니다. 이처럼 왕은 한 사람의 백성이라도 물리치지 않아야 그 덕을 밝힐 수 있습니다. 이제 왕께서 내리신 축객령에 대해 말씀 드립니다."

　"첫째, 그 옛날 위대한 목공께서 유능한 인재를 구하실 때 동방의 초나라로부터는 백리해를, 서융에서는 유여(由余)를 초청했고, 또 송나라로부터 건숙(蹇叔)을 모셔왔고, 비표(丕豹)와 공손지(公孫支)를 기용했습니다. 목공께서는 이 다섯 명을 기용하여 천하패자로 군림하셨습니다.

　둘째, 효공께서는 위나라의 상앙을 기용하여 풍속을 바꾸고 국가와 인민을 부강하게 만드는 변법을 실행하셨습니다. 대외적으로는 초 · 위를 물리쳐 땅을 천 리나 넓히셨기에 진은 더욱 강대해졌습니다.

　셋째, 혜왕께서는 장의의 계책을 받아들여서 6국의 합종책을 깨고 각국이 진에 복종하도록 했습니다. 다음 소양왕께서는 범저를 기용하여 왕권을 강화하고 원교근공책으로 진의 위업을 이루셨습니다. 이 네 분의 국왕은 모두 외국의 객경을 기용하여 진에 공헌한 것입니다. 객경이 대체 진에 무엇을 잘못했단 말입니까? 만약 네 분 국왕께서도 축객령을 내리셨다면 진은 강대국이란 이름은커녕 아직도 변방의 오랑캐 나라로 근근히 연명하였을 것입니다.

넷째, 유능한 인재는 진주·보물·미녀·좋은 말보다 훨씬 더 중요합니다. 왕께서 가지고 계시는 진주나 보배 따위는 모두 진나라에서 나지 않는 것들이며, 미녀와 좋은 말 그리고 재물도 동방 여러 나라에서 가지고 온 것들입니다. 이런 것들은 외국에서 가져다 쓰면서 어째서 객경들은 내쫓으려 하십니까?

대왕께서는 이런 하찮은 물건들만 중시하고, 객경들은 중요하게 여기시지 않는 것 같습니다. 이건 결국 다른 나라의 힘만 키우고 진의 통일대업에는 불리할 것입니다.”

이사의 천하명문 상소문을 읽은 영정왕은 즉시 '축객령'을 취소, 추방했던 객경들을 다시 진나라로 복직시키고, 이사는 승진시켜 진나라 정식 벼슬인 정위(廷尉)로 올렸다.

나아가 이사의 설득으로 정국을 사면하고, 계속해서 정국거(鄭國渠) 건설을 지휘하여, 10년 만에 마침내 진나라에서 가장 큰 규모의 수리시설인 정국거를 완공해냈다. 이 정국거는 지금까지 중국의 장대한 수리시설로 중국의 발전에 크게 공헌해왔다.

이사의 충언을 받아들인 영정왕의 소문은 온천하에 퍼져서 천하의 인재들이 물밀 듯이 진나라로 몰려오게 된다.

이사가 목숨 걸고 천하의 명문장 <간축객서>를 제출한 것도 대단하고, 또한 이를 허심탄회하게 받아들여 즉각 자신의 명령을 취소하고 모든 객경들을 불러들인 진왕 정. 그들을 보고 있노라면, 그저 감탄만 나온다. 너무도 부럽다. 오늘날 21세기의 민주주의 체제 하에서도 이루어지기 어려운 일들이다. 이런 신하와 왕이 존재한 진나라였다. 진의 천하통일은 너무도 당연지사였다!

VIII. 영정왕, 이사와 함께
천하통일의 문에 들어서다

영정왕, 이사와 함께
천하통일의 문에 들어서다

영정왕, 한비자를 만나다

이제부터 진이 6국을 멸망시키고 천하통일을 이룩하는 전 과정을 하나하나 살펴보기로 한다. 역사는 한 번으로 끝나지 않고 꼭 재현되고 반복된다. 그들 6국의 실패와 진의 성공을 살펴보면서 역사의 냉엄한 현실을 새삼 곱씹어보고자 한다. 동시에 우리는 지도자의 선택과 태도가 얼마나 중요한지, 그와 함께 나라를 지탱하는 모든 세력들이 어떤 목표를 향해 가는지를 볼 것이다. 그리고 또한 묵묵히 뒤따르는 백성들의 염원과 일상의 삶이 가지는 무게의 의미도 주목할 것이다.

매사에 망설임이 없었던 영정왕은 이사의 말대로 목공 못지않은 아니 더 훌륭한 군주였다. 그는 무엇보다 열린 사고의 소유자로서 평생 인재를 중시하고 중용했다. 인재를 알아보는 안목과 통찰력, 대범함이 뛰어났으며 일단 기용한 인재는 충분히 신뢰해 과업을 제대로 수행할 수 있도록 했다. 인재를 대하는 그의 진정성과 관용적인 태도는 다른 제왕들을 압도하는 강력한 힘이 되었다.

영정왕이 단행했던 축객령과 이사의 충간으로 그것에 대한 과감한 취소는 커다란 반향을 불러일으켰다. 천하의 인재들이 진나라로 구름같이 몰려드는 효과를 일으켰다. 유명한 왕기, 모초(茅焦), 위료(尉繚), 왕전(王翦), 왕분(王賁), 이신(李信), 왕리(王離), 몽염(蒙恬) 등 전국시대의 기라성 같은 인물들이 몰려들어, 제각기 진의 정치·경제·군사·외교·문화 등 모든 분야에서 진을 발전시키는 데 커다란 공을 세웠다.

영정왕과 이사는 이제 천하통일 사업을 본격적으로 착수한다. 춘추전국시대 초부터 무려 500년 이상을 버텨오던 전통의 6국이 진나라에게 차례차례 쓰러지는 데는 10년이 채 걸리지 않았는데, 어떻게 천하의 대국 여섯 나라가 그렇게 간단히 멸망당할 수 있었을까?

영정왕이 가장 먼저 공격 목표로 삼았던 조나라는 6국 가운데 가장 세력이 강해 천하통일에 최대 장애물이었다. 과거 장평천하대전으로 국력이 약해질 대로 약해진 조나라지만, 조나라는 아직도 강자로서 이목(李牧)과 방난(龐煖) 등 명장이 버티고 있어 난공불락이었다. 영정은 북방의 조나라를 치기 위해서는 그 인근에 붙어 있는 가장 약한 한나라부터 공격하기로 한다. 그 배경에는 두 가지 이유가 있는데, 하나는 한나라를 먹어야 그다음 조나라 수도 한단으로 곧장 공격할 수 있기 때문이고, 또 하나는 한비자 때문이었다. 한나라에는 무서운 현자 한 사람이 있었는데, 그가 곧 법가사상가 한비이며 그의 책《한비자(韓非子)》다. 그의 이야기부터 시작한다.

《한비자》에 나오는 유명한 이야기, 바로 주구사서(酒拘社鼠)의 고사이다.

송나라에 술장수가 있었다. 그는 훌륭한 술장수로 술맛도 좋고 서비스도 좋은데 어느 날부터 술이 안 팔렸다. 그는 동네 어른에게 물었다.

"술맛도, 서비스도 다 좋은데 왜 갑자기 술이 안 팔리는지 모르겠어요."

"새로 들인 당신 집개가 사납소?"

한비자 (출처 : 바이두)

"그렇긴 합니다만, 개와 술이 무슨 관계입니까?"

"두렵기 때문이오. 사람들은 대부분 어린 애를 시켜 술을 사오게 하는데, 아이는 개가 무서워 당신 주막집을 가지 않고, 다른 주막집을 가지요. 그러니 당신 집 술이 안 팔리는 거요."

한비는 계속해서 '나라에도 개와 같은 존재가 있다'고 말한다. 사나운 개가 선량한 사람을 물어뜯으려고 하듯, 바른 정치를 하려는 충신을 끊임없이 해코지하려는 간신이 있다는 얘기다. 그래서 현자는 대궐에 들어가지 않는다. 그러니 간신만 판친다.

이어 제환공과 재상 관중의 대화가 나온다.

"나라를 다스리는 데 무엇을 가장 걱정해야 하는가?"

"사당의 쥐입니다. 쥐가 사당에 들어가 살 때, 불태워 죽이자니 사당이 탈 것이요, 물을 끌어 죽이자니 사당의 칠이 벗겨질까 걱정입니다. 이것이 사당의 쥐를 잡지 못하는 이유입니다. 군주의 좌우에 간신들은 밖으로 권세를 부려 백성을 착취하고, 안으로는 패거리를 지어 국정을 농단합니다. 그럼에도 그들을 잡아들이지 못합니다. 사당의 쥐처럼."

　'술집 개처럼 간신이 충신을 물어뜯고, 사당의 쥐처럼 군주를 어지럽힌다면, 나라가 어찌 망하지 않겠는가?' 한비는 법술가의 대가답게 논설을 편다.

　약육강식의 전국시대에서는 부국강병을 이루어 다른 나라와 싸워 이겨야 한다. 그러기 위해서는 먼저 군주가 강력한 통치력을 가져야 한다. 군주가 힘에 의존하지 않고 인의로 통치를 해야 한다는 사고방식은 난세에 맞지 않다. 군주가 강력한 국가 체제를 만들어 국정을 완벽하게 장악해야 한다. 그렇게 하면 아무리 평범한 군주라도, 나라를 잘 다스릴 수 있다. 이러한 방법이 바로 '법술'이다.

　법술의 '법'이란 곧 법률이다. 법은 철저하게 널리 알려야 한다. 그리고 거기에 '술'을 도입한다. 이것은 군주가 가슴에 새겨 두고 아무도 모르게 은밀히 사용하는 것이 중요하다. 속내를 들켜 버리면 아무런 효과도 없다.

　'술'이란 한마디로 신하에 대한 군주의 통치 기술이다. 이 경우에 신하란 대신에서 일반 관리, 때로는 백성까지도 포괄하는 개념이다. 군주는 신하들이 경애심을 가지고 자신을 받들어 모신다는 생각은 추호도 해서는 안 된다. 신하라는 존재는 자신의 이익밖에 모른다. 그들은 군주가 권력을 쥐고 있기 때문에 어쩔 수 없이 신하 노릇을 할 따름이다. 따라서 군주의 힘이 약해지면 군주의 지배권을 배제하려고 한다. 그것이 그들의 이익을 극대화해 줄 수 있기 때문이다. 어쩌면 이렇게 서구의 마키아벨리가 말하는 것과 흡사한가! 마키아벨리는 한비자를 공부했음이 틀림없다!

　한비는 한(韓)나라 명문 귀족의 후예로 본명은 한비(韓非), 한자

(韓子)라고 불리다가 당나라의 문인이자 정치가인 한유(당송팔대가의 한 사람)와 구별하기 위해 한비자로 불렸다. 그는 귀족 가문에서 태어났지만, 서출이며 날 때부터 말더듬이여서 사람들과 어울리지 못했고 외롭게 성장했다. 그의 문장 속에서 느껴지는 울분이나 냉혹한 법가사상은 그 영향으로 여겨진다.

영정왕, 한비자를 얻기 위해 한나라를 멸망시키다

송나라의 한 농부가 밭을 갈고 있는데, 토끼가 달려가다가 밭 가운데 있는 그루터기에 부딪혀 목이 부러져 죽고 말았다. 그것을 본 농부는 그날로 쟁기를 버리고 그 나무를 지키며(守株) 다시 토끼가 걸려들기를 기다렸지만(待兎), 결국 토끼는 얻지 못하고 사람들의 웃음거리만 되고 말았다.

한비자는 이 비유를 들어 고대 성인의 방법만을 고집하는 유가의 어리석음을 비판했다. 즉, 옛것이라고 해서 무조건 따르지 말고, 그 시대에 맞는 새로운 통치법을 배우고 구사해야 한다는 말이다. 그래서 '수주대토(守株待兎)'는 고루하게 옛것을 고집하며 새로운 상황에 적응하지 못함을 가리키는 말이 되었다.

또한 모순(矛盾)이야기는 아주 중요하다. 초나라에 방패와 창을 파는 사람이 있었다. 그는 방패를 팔 때는 '내 방패는 단단해서 어떤 무기로도 뚫을 수 없다' 하고, 창을 팔 때는 '내 창은 날카로워 어떤 물건도 꿰뚫는다'라고 했다. 어떤 사람이 '그러면 당신의 창으로 당신의 방패를 찌르면 어떻게 되오?'라고 묻자 무기 장수는 그만 할 말을 잃고 말았다.

한비의 이 모순 이야기는 사실 요순 두 임금 고사와 유가를 비판하기 위한 것이었다.

유가는 고대의 성왕들인 요(堯)왕과 순(舜)왕을 찬양하는데, 순을 찬양해 '요가 천자일 때 순은 스스로 각지로 나아가 노동을 실천해 모범을 보임으로써 백성들이 다투지 않게 했다. 이것이야말로 성인의 덕이다'라고 했다. 한비는 '요가 성인이라면 천하가 잘 다스려지고 있을 것이니 순이 나설 여지가 없다. 만일 순이 나아가 세상의 잘못을 고쳤다고 한다면, 요의 정치에 잘못이 있었음을 나타내므로 요는 성인이 아니다'라고 했다. 이 비유를 통해 '요와 순이 모두 성인이라는 것은 모순'이라고 주장한 것이다.

유가는 요나 순 임금 같은 고대의 성인(聖人)들을 높이 찬양하고, 그들의 행위를 본받는 것이 위정자의 길이라고 주장한다. 그러나 과연 그럴까?

순자는 말한다. '요순 임금의 선양이라는 말은 헛소리다. 요 임금이 자신의 아들에게 왕위를 물려주지 않고 현자인 순 임금에게 왕위를 선양했다는 이야기는 유치한 자의 지어낸 이야기에 불과하다!'라며 유가에서 주장하는 아름다운 전통을 비웃는다.

법가의 비조 한비자 또한 스승에 동조하며 한발 더 나간다.

"순이 요를 협박하고, 우가 순을 협박하고, 탕이 걸을 협박하고, 무왕이 주를 정벌한 이 4인의 왕자는 신하가 그 임금을 시해한 것이다."

공자, 맹자가 말하는 인의예지의 정치의 화신인 요순 임금을 한마디로 박살내고 있다.

요 임금 (출처 : 바이두)

236

과연 순자와 한비자! 법가의 비조들 다운 멋진 멘트들이다. 이러니 유가의 전통에 꼿꼿이 버티고 있던 중국과 조선의 유생들이 순자, 한비자라면 수염이 곤두섰을 법하다.

또한 한비는 말한다. 옛날과 지금은 그 왕들이 처한 상황이 천양지판으로 다르다. 옛날의 왕들이 자리에 연연하지 않고, 지금은 자리에 매달리는 것은 그 실익이 다르기 때문이다. 그와 마찬가지로 옛날에는 재물을 가벼이 여기고 지금은 재물을 모으려 하는 것은 딱히 유가에서 말하는 것처럼 도덕이 땅에 떨어져서가 아니다. 옛날에는 재물이 남아돌았고, 지금은 재물이 부족하기 때문이다. 그러니 고대의 성인을 본받는다는 것은 시대착오적인 행동에 지나지 않는다.

또한 유가는 전쟁도 정치도 힘에 의존하지 말고, '인(仁)'으로 수행해야 한다고 말한다. 과연 그럴까? 시대가 내려오면서 무력은 점점 확대되었고, 입으로 '인의(仁義)'를 주장하는 자들은 한결같이 멸망의 길을 걸었다. 역사를 돌이켜 보면, 옛날에는 도덕을 다투고 이어서 지략을 다투다가, 지금은 힘의 우위를 다투고 있다. 아무리 '인의'를 외쳐 본들, 상대가 힘을 구사하면 꿈짝도 할 수 없다. 이쪽에서도 힘으로 대항하는 것밖에는 다른 방법이 없다.

정치에 대해서도 똑같은 말을 할 수 있다. 유가가 주장하는 '인의'에 의한 정치란, 다른 말로 사랑과 정의에 따른 정치라고 할 수 있을 것이다. 사랑의 근원은 부모와 자식의 사랑이다. 그것이 아무리 깊고 넓다 한들 사랑으로는 정치를 할 수 없다. 또한 백성은 정의에 따라 움직이지 않는다. 공자가 자신의 사상을 설파하며 천하를 유세하던 시절조차도 그의 사상에 감복하여 따른 제자는 고작 70명에 지나지 않았다.

공자 (출처 : 바이두)

반면 노(魯)나라 애공(哀公)은 평범한 군주였지만, 일단 군주의 자리에 오르자 모든 백성이 그의 지배를 받아들였고 권위에 복종했으며, 공자도 그 신하가 되었다. '인의'라는 점에서 보자면 애공은 공자의 발바닥에도 못 미친다. 그러나 군주가 되어 권위의 힘을 갖게 되자, 모든 백성을 복종시키고 공자도 신하로 삼을 수 있었다.

유가는 군주에게 권위의 힘을 사용하라고 권하지 않고, '인의'를 펼쳐 천하의 왕이 되라고 한다. 이것은 모든 군주에게 공자와 똑같이 되라는 말과 같고, 백성 모두에게 공자의 제자가 되라는 말과 같은데, 이는 실현될 수 없는 잠꼬대에 지나지 않는다.

법을 기반으로 군주의 권위를 확립하는 것 이외에 난세를 살아갈 방법은 없다. 그런데도 유가의 학자들은 잘못된 미사여구를 늘어놓으며 세상을 현혹하고 있다.

진나라의 영정왕이 《한비자》를 읽고 나서 무릎을 치며 감탄했다.
"내가 이 사람을 만나 함께 이야기할 수 있다면, 죽어도 여한이 없겠다."
옆에 있던 이사가 복잡한 심사를 감추며 말한다.
"이것은 한비의 저술인데, 저는 이 자와 함께 동문수학했습니다. 한나라에 가면 반드시 그를 찾을 수 있을 것입니다."

영정왕은 한나라에 대한 욕심과 한비자를 얻을 생각 등 겹사해서

약한 한나라를 공격하도록 명령했다. 느닷없이 진왕의 군대가 쳐들어오자 한나라는 정신없었다.

뒤늦게 진나라의 의도를 알아차린 한나라 왕은 즉시 한비를 진나라로 보내 겨우 화를 모면했다. 그러나 우여곡절 끝에 영정왕을 만난 한비는 말더듬이지만 '진나라가 한나라를 치는 것은 국익에 전혀 이로울 것이 없습니다'는 내용의 글을 올려 조국 한나라를 살렸다.

한비자를 직접 만나본 영정왕은 그의 탁월한 식견을 높이 평가했다. 그러나 이사는 학생 시절부터 가졌던 열등감을 다시 떠올리며, 위기를 느꼈다.

이사는 영정왕에게 말한다. 한비는 한나라의 공자로서 진을 위해서는 벼슬하지 않을 것이고, 그렇다고 돌려보내는 것도 앞으로 후환거리가 될 것이므로 그냥 죽여 버리자고 건의한다. 이사는 일단 옥에 갇힌 한비를 그냥 두지 않고, 진왕의 뜻인 것처럼 독약을 보내 스스로 자진케 하였다. 한비 또한 이것이 이사의 계략임을 눈치챘지만, 진왕에게 상소 한 번 올린 후 다른 방도가 없다는 것을 알고 독약을 마셨다.

한비를 통한 자구책도 실패로 끝나고, 다시 재개된 진나라의 무지막지한 공격에 한나라는 속절없이 무너졌다. 한나라는 기원전 231년 주요 지역의 태수들이 진나라에 영토를 바쳤으며, 영정왕 17년(기원전 230년) 한나라 왕 안(安)이 포로로 붙잡혔고 한나라는 멸망했다. 한나라는 이렇게 자국의 인재 한비 때문에 6국 중에서 최초로 무너진 나라가 되었다. 그리고 군주 영정의 편애가 당대의 인재를 죽였다.

이제 다른 5국도 도미노처럼 차례차례 무너질 일만 남게 되었다.

영정왕, 파죽지세로 6국을 정벌하다

강대국 조나라와 인재의 보고 위나라까지 멸망하다

춘추전국시대 그 많은 나라 중에서 어느 나라인들 아깝지 않으랴 만은 전국 7웅의 6국의 멸망은 너무도 참혹하고 안타깝다. 역사적으로나 문화적으로나 찬란하기 그지없는 그 기라성 같은 나라들이 지도자의 한순간의 잘못으로, 또 인사 한 번 잘못하여 나라 전체가 풍비박산 난 것을 보면 실로 모골이 송연하다. 대신들이 수립하고 집행하는 정책결정도 전장의 장수가 진군하여 싸우는 전투도 모두 나라의 명운과 직결된다. 우리는 임진왜란 당시 이순신과 원균의 전투를 비교하면 쉽게 알 수 있다.

칠천량 전투에서 원균의 단 한 번의 실수가 전쟁의 승패를 갈랐다. 그 패전으로 조선의 바닷길을 순식간에 내주고 왜적은 그길로 경상 · 전라 · 충청 삼도를 초토화시켰다. 그 직후 이순신이 복귀하여 울돌목 명량과 이슬다리 노량에서의 대승으로 왜적을 물리쳤다.

임진왜란 7년 내내 적장 풍신수길은 오매불망 이순신을 죽이는 것이 지상최대의 목표였다. 그러나 그들은 오히려 이순신에게 연전연패하였고 적장 도요토미 히데요시도 패전의 후유증으로 죽었고 급기야 침략군은 모두 저들의 고향 왜국으로 도망가지 않았던가! 그한참 뒤 노일전쟁 당시 왜국의 총사령관 노기는 출전 직전에 조선의 아니 세계의 군신 이순신에게 정성들여 그들의 승리를 기도하였다.

기원전 260년 장평천하대전에서 40만 대군을 잃고 급격히 내리막길을 걷게 된 강대국 조나라는 영정 19년(기원전 228) 진나라 명장 왕전(王翦)에 의해 수도 한단이 함락되고 멸망했다. 그 과정은 아무리 곱씹어 봐도 도대체 이해가 안 되는 전개였다. 사이비 영웅 조괄을 대장군으로 삼아 40만 대군을 몰살시킨 어리석은 조의 효성왕이 죽고 그의 아들 도양왕이 그 뒤를 이었으나, 도양왕 또한 한심하기는 마찬가지라 훌륭한 아들 태자 조가(趙嘉)가 애비인 자신을 비판하자 태자를 폐하고, 우매하고 아무 생각 없는 동생 조천(趙遷)을 태자로 세웠다. 도양왕이 재위 9년 만에 죽자 조천이 그 뒤를 이었는데, 이 사람이 진나라의 반간계(反間計)에 당해 조나라를 말 아먹은 유목왕이다.

기원전 229년 진나라가 조나라를 공격하자 유목왕은 당대의 명장 이목(李牧)과 사마상(司馬尙)을 보내 진군과 맞서게 했다. 이목은 일찍이 비(肥) 지역에서

왕전 장군 (출처 : 바이두)

진나라 대군을 대파한 공으로 무안군(武安君)에 봉해진 명장으로, 천자문 '기전파목 용군최정'의 진나라의 백기와 왕전, 그리고 조나라의 염파와 더불어 전국시대 4대 명장으로 꼽히는 사람이다. 이목 장군은 수성과 기다림의 전략으로 상대를 지치게 만들고 난 뒤에 적군이 안심할 때 공격하는 전략으로 조나라를 지켜왔다.

이번에도 진나라는 명장 왕전과 양단화를 앞세워 조나라를 공격하는데, 이목과 사마상은 이번에도 꿈쩍도 하지 않고 수성에만 몰두하여 진을 지치게 하였다. 이목의 조나라는 난공불락이었다.

진나라의 이사는 선배 재상들이 써먹던 고전적인 수법을 다시 쓰기로 했다. 이는 이목을 제거하기 위해 유목왕이 총애하는 천하의 간신이자 매국노의 상징 곽개를 또 다시 매수하는 작전이다. 곽개는 이 전쟁에서 자신이 득 될 것이 없다 생각하고 있던 차에 진의 반간계를 접하고는 망설임 없이 이목과 사마상이 모반을 꾀한다고 모함한다. 우매한 유목왕은 조총(趙葱)과 안취(顔聚)를 보내 이목과 사마상을 대신하게 하고, 거기에 이목까지 죽여 버렸다. 도대체 이런 한심한 자들이 지도자가 되어 계속하여 버티고 있는 조나라였다. 이 소식을 들은 진의 장군 왕전은 즉시 조나라 군대를 쳐 조총을 죽이고 파죽지세로 수도 한단까지 밀고 들어가 유목왕을 포로로 잡아 하남 방릉(房陵)으로 유배시켰다. 결국 곽개도 조나라의 뜻있는 인사들에 의해 숨겨뒀던 재산 다 털리고 비참하게 암살당하게 된다. 조가 망한 것은 너무도 당연지사!

이로써 조나라는 할아버지 효성왕과 손자 유목왕이 진나라의 계략에 말려들어 3대에 걸쳐 미친 짓을 하다가 완전히 나라를 말아먹고 말았다(기원전 228년). 이에 조나라의 대신들은 전 태자 조가를 왕으로 옹립하고 대성 지방에서 항거했으나, 기원전 222년 진나라 군대에 의해 대성이 무너지고 대왕 조가는 항복했다. 대마불사의 신화, 강대국 조나라가 이렇게 멸망할 줄 아무도 몰랐다. 사가들은 조나라의 멸망 시기를 실제로 유목왕이 잡혀 망한 기원전 228년으로 본다.

위나라 수도 대량 (출처: 바이두)

진왕 22년(기원전 225년), 영정은 이제 거칠 것이 없었다. 무엇이 두려우랴! 군사를 둘로 나눠 한 쪽으로는 초나라를 치고, 또 한 쪽은 왕분(王賁)으로 하여 위나라 수도 대량을 치도록 했다. 물론 일차 목표는 위나라, 초로 하여금 함부로 협공치 못하게 하려는 뜻이다. 위나라 군대는 성문을 굳게 닫아걸고 나오지 않았다. 진나라 군대는 공격할 방도가 없어 전쟁은 교착상태에 빠졌는데, 원병 요청을 받은 위와 합종의 나라 제와 초나라는 자기 코가 석자인지라 도울 수 없었고, 위나라는 고립무원의 상태였다. 왕분은 연일 큰 비가 내리는 것을 보고 황하와 변하(卞河)의 홍구(鴻溝) 두 강을 이용해 성을 공격하기로 결정, 물길을 터서 두 강의 강물을 끌어와 대량으로 흐르도록 했다.

대량은 성벽이 물에 젖어 허물어지고 말았고, 홍구는 위혜왕(재위 기원전 370~319년)이 도읍을 대량으로 옮긴 후 수리 공정을 위해 팠던 운하였는데, 결국은 위나라를 멸망시키는 결정적인 무기로 변해 버렸다. 위혜왕이 바로 《맹자》에 나오는 유명한 양혜왕(梁惠王)이다. 위혜왕은 수도를 안읍(安邑)에서 대량으로 옮겼기 때문에 양혜왕으로도 불린다. 명군 양혜왕이 맹자의 유가적 덕치주의로 든든하게 만들었던 위나라도 후대 왕의 무능으로 진왕 22년(기원전 225년) 이렇게 무너졌다.

인재의 보고 위나라가 대체 어떻게 이리도 허망하게 멸망할 수 있었을까?

전국 7웅 중에서 가장 먼저 왕을 칭하고, 역대에 걸쳐 경세가, 군사전략가, 정치가 등 가장 많은 인재를 배출했던 위나라가 천하통일은커녕 이렇게 멸망당한 이유는 무엇일까? 그것은 바로 인사의 실패, 소통의 실패에서 기인한 것이다. 인재를 알아보지 못하고 인재를 활용하지 못하고, 오히려 배척하거나 국외로 유출시켰기 때문이었다. 전국시대 스타 중의 스타들인 오기, 상앙, 손빈, 범수, 신릉군 등이 그 대표적인 사람들이다.

또 하나, 위나라의 사례를 봐도 우리는 절감한다. 맹자의 덕치주의와 순자의 법치주의가 피 튀기는 정치 현실에서 부딪쳤을 때의 결과가 너무도 많은 것을 시사한다.

다시 강조하지만, 중원의 한 복판에 자리한 천하의 위나라는 지세가 좋아 예로부터 줄 곧 뛰어난 인물을 배출하여, 군주나 재상들이 조금만 마음이 열리고 세상과 소통하기만 했어도 천하통일을 이룰 기회가 있었다. 그릇이 안 되는 한심한 지도자라는 것들이 인재를 알아볼 줄 모르고 오히려 배척하거나 다른 나라로 유출시켰다. 그 결과 부국강병의 기회를 스스로 놓쳤고, 결국 멸망의 길로 접어들게 되었다.

有粟不食無益於饑, 睹賢不用無益於削

(유속불식무익어기 도현불용무익어삭!)

곡식이 있어도 먹지 않으면 굶주림에 도움이 되지 않으며, 어진 사람을
보고도 쓰지 않으면 망하는 것을 막는 데 도움이 되지 않는다!

영정왕, 강대국 굴원의 나라 초를 멸망시키다!

강대국 초나라는 영토가 넓고 자원이 풍부해 '갑옷을 입은 군사
만 백만(甲士百萬)'이라고 자부할 정도로 막강했다. 그러나 역사가
항상 말해주듯이 외부의 적보다는 내부의 문제로 오랫동안 갈등하
고 있어 국력이 쇠약해졌다. 왕과 대신들이 권력 다툼으로 내란이
끊이질 않았으며, 충신들이 설 자리조차 없어져 갔다. 중국 최초 최
고의 시인 굴원이 마치 구약성서의 이사야처럼 그토록 눈물로 경계
하고 예언했던 대로 초나라는 진나라에 멸망당한다.

초왕 부추 재위 3년째 되던 영정왕 21년(기원전 226년), 영정왕
은 장군들과 함께 초나라를 공략하기 위한 전시 작전회의를 연다.
먼저 영정왕이 묻는다.

"초나라를 치는데 병사 몇 명이면 족하겠소?"

그동안 공을 세워왔던 떠오르는 별, 패기의 젊은 장군 이신이 나
선다.

"20만 명이면 족합니다."

그러나 역전 노장 왕전 대장군의 답은 달랐다.

"초나라를 가볍게 보면 안 됩니다. 60만 명 이상 아니면 안 됩니
다."

"왕장군도 늙었구려. 무엇을 그리 겁내시오. 이신 장군은 과연 기개가 대단하오. 이장군의 말이 옳소."

진왕은 이렇게 이신의 손을 들어주고 이신과 몽염(蒙恬)에게 20만의 군대를 거느리고 초나라를 치게 했다. 왕전은 즉시 크게 절 하고는 병을 핑계로 고향인 빈양(頻陽)으로 낙향했다.

초한지의 영웅 초패왕 항우의 백부인 초나라의 명장 항연(項燕)이 비록 늙었지만 그런 어린 아해 이신 정도의 적수가 아니었다. 이신의 자만은 섣불리 공격에 나섰다가, 초의 대장군 항연의 작전에 말려 초나라 군의 항연과 굴정(屈定)에게 대패하여 진나라군은 거덜 나고 말았다.

패전 보고를 받은 진왕은 잠시도 지체하지 않고, 친히 빈양으로 왕전을 찾아간다. 앞에서 말한 대로 영정왕은 허심탄회하게 자신의 잘못을 인정하고 바로 시정할 줄 아는 사람이다. 공연히 왕의 권위를 내세우는 사람이 아니다. 영정은 왕의 체면이고 뭐고 무조건 사과하며 왕전의 출전을 요청한다.

항연 장군 (출처 : 바이두)

"과인이 경솔했소. 대장군의 말을 듣지 않고 섣불리 판단하여 이신을 보내 초나라에게 욕을 당하고 말았소. 지금 초나라 병사들이 계속 밀고 들어오고 있는데, 장군이 비록 병중이라고는 하지만 과인과 진나라를 버려서야 되겠소?"

왕전은 여러 차례 사양했으나, 결국 60만 대군을 준다는 조건으로 출전을 허락했다.

진왕은 친히 파상(灞上, 혹은 패상(霸上))까지 나와 전송했다. 그때 그곳에서 백전노장 왕전은 두고두고 레전드로 남아 있는 기막힌 멘트를 날린다. 그것은 너무도 엉뚱한 요청이었다. 왕전은 모두가 들리도록 큰 소리로 고래고래 소리치며 왕께 말한다.

"대왕이시여! 전쟁에 나가는 저에게 좋은 전답과 큰 저택을 하사해 주십시오!"
영정왕이 어리둥절하다가 파안대소하며 답한다.
"장군은 이미 전쟁을 하러 나가는 몸인데, 어찌 가난을 걱정하시오."
"제가 옛날부터 대왕의 장군이 되어 공을 세워도 결국은 후(侯)로 봉해지지 않았고, 뭐 이렇다 할 재산도 없게 되었습니다. 그러므로 대왕께서 이렇게 신을 전송하실 때, 전답과 집을 청해 자손들이라도 잘살게 하려는 것이지요."

영정왕은 더욱 큰 소리로 웃었다. 대장군 왕전은 이에 그치지 않고 국경에 이르기까지 무려 다섯 차례나 사자를 함양에 보내 진왕에게 약속하신 전답과 큰 집을 하사해 달라고 졸라 댔다. 부장들이 너무 민망하고 쪽팔려서 대장군 왕전에게 퉁을 준다.

"장군님답지 않게 왕께 너무 심한 것 아닙니까? 무슨 재산 타령을 그리도 심하게 하십니까?"
왕전이 묵묵히 있으니 부하 장수들이 거듭 묻자, 비로소 대답한다.
"너희들은 아무 것도 모르는 소리 하지 말아라. 영정왕은 평상시에는 사람 좋아 보이지만, 사실은 성질이 더럽고 사람을 믿지 않는 사람이다. 지금 영정은 진나라의 모든 무장 병력을 나에게 다 위임

했다. 지금이라도 내가 마음만 먹으면 진나라는 한순간에 내 것이 된다. 왕으로서 얼마나 불안하고 위험한 상황이냐? 그러니 내가 적극 나서서 위험하지 않다는 것을 알려줘야 한다. 그래서 내가 공개적으로 주접을 떨은 것이다. 많은 재산을 자꾸 청하여 자손들을 걱정하고, 내 자신의 신변만을 도모한다는 것을 보여줘서 내가 그릇이 아주 작은 소인배이며, 나에게 다른 뜻이 없다는 것을 왕께 보여주지 않는다면 진왕은 도리어 나를 의심하게 될 것이다. 결국 이것이 다 너희들의 목숨을 살리는 계책이다. 이놈들아!"

왕전이 새로 장군이 되어 60만의 엄청난 병력으로 쳐들어온다는 소식에 초나라에서는 전국의 군사를 총동원하여 이에 맞선다. 왕전을 맞아 싸울 초나라의 장수는 또 다시 항우의 삼촌 대장군 항연이었다. 그런데 왕전의 대군은 진지를 굳게 쌓고 지키기만 할 뿐, 도무지 나가 싸우려 하지 않았다. 초나라 군대가 아무리 싸움을 걸어도 왕전은 이를 거들떠보지도 않은 채, 매일 병사들을 편히 쉬게 하고, 목욕을 하게 하면서 먹을 것과 마실 것을 넉넉히 보급했다. 왕전은 때로는 병사들과 함께 들판에서 식사를 하며 사기를 북돋아주기도 했다. 일 년여가 지난 뒤에 왕전은 병사들이 스스로 돌 던지기와 뜀뛰기를 한다는 보고를 받고, 이제 병사들을 쓸 수 있겠다고 생각했다.

한편 초군에게 들리는 진의 정보는 왕전 대장군이 이제는 늙고 병들어 대충 싸우는 시늉만 하다가 날 잡아서 도주할 것이라는 풍문이 파다했다. 초군 또한 기강도 해이해지고 싸울 의욕도 사그러져 있었다. 초의 항연은 이제는 진나라 대군을 걱정할 필요 없다고 판단하고 급기야 군대를 철수하기 시작했다. 그들은 동쪽으로 이동했다. 왕전은 이 기회를 놓치지 않았다. 급히 초군을 추격하여 기습 공격을 감행하였다. 왕전군은 막강하지만 기강이 해이해지고 전의를 상실한 초군을 산산조각 내었다. 급기야 왕전은 기 지방의 남쪽에 이르러 장군 항연을 잡아 죽이게 되었다. 너무도 전격적으로 이루어진 작전이었다.

총사령관을 갑자기 잃은 초나라 군대는 패주하기 시작했다. 왕전은 승세를 몰아 초나라 각지를 공략했다. 시황제 24년(기원전 223), 초왕 부추(負芻, 재위:기원전 227~223년)는 포로가 되었고 강대국 초나라는 이렇게 너무도 허망하게 멸망했다.

굴원이 구약성서의 이사야처럼 그토록 눈물로 충언하고 예언했던 대로 초나라는 진나라에 멸망당한다.

그로부터 20여년 후, 초패왕 항우는 오늘의 패배를 잊지 않고 절치부심 끝에 진나라에 삼촌의 원수를 아주 처절하게 갚아준다. 투항해온 진나라군 20만 명을 조금의 망설임도 없이 산 채로 묻어버린다. 모두들 너무도 끔찍해서 말도 못 꺼내는데, 항우 홀로 하늘을 바라보며 혼자서 중얼거렸다. 드디어 삼촌 항연의 복수를 끝냈다고. 초패왕 항우는 마음이 울적할 때마다 존경하는 삼촌 항연 장군을 떠올렸다. 갈 길을 알려달라고 …. 그의 마지막 가는 길에서도 만고의 로맨티스트 항우는 사랑하는 연인 우미인을 한 칼에 죽이고 자신도 죽어가면서 백부이자 멘토인 항연을 생각했다.

영정왕, 연나라 자객 형가를 마주하다

사마천의 <자객열전> 중에서도 제일은 누가 뭐래도 형가에 관한 이야기다.

그 역시 인재의 보고 위나라 출신인 형가(荊軻)는 연에 들어가

자객 형가(오른쪽) (출처 : 바이두)

개백정 노릇을 하면서 예술가 고점리(高漸離)와 친구였다. 고점리
는 축(筑, 현악기의 일종)의 예인이다. 형가는 연의 장바닥에서 술
을 마시다 취하면 고점리가 켜는 축의 반주에 맞추어 저자 한복판
에서 노래를 불렀고, 시대를 한탄하며 크게 통곡하는데, 그 행동은
마치 자신의 옆에 아무도 존재하지 않는 것과 같았다 하여, 훗날 이
것이 '방약무인(傍若無人)'의 고사성어가 되었다. 개백정으로 살
면서도 형가는 여전히 독서를 좋아했고 각지에서 찾아온 현인과 호
걸, 덕망 있는 자들과 교분을 맺었으며, 연의 귀족 전광의 빈객이 되
었다.

　기원전 233년, 연의 태자 단(丹)이 인질로 있던 진(秦)에서 도망
쳐 왔다. 단은 자신을 멸시하고 천하를 위태롭게 하는 진의 영정을
죽이기로 결심하여, 자객을 보내기로 하였다. 이러한 단에게 전광은
형가를 추천했다. 자객 의뢰를 받은 형가는 기꺼이 죽기로 결심하
고는 진왕에게 가까이 다가갈 방법을 찾았다. 그 방법이란 첫째로

연에서 가장 비옥한 곡창지대인 독항 땅을 바치는 것, 다른 하나는 과거 진의 장군으로서 정의 노여움을 사서 일족이 처형되고 연으로 망명해 온 번어기의 목을 바치는 것이었다. 태자 단이 차마 자기 손님의 목을 내달라할 수 없다하니, 형가는 직접 번어기를 찾아가 설득했고, 번어기는 천하의 안녕을 위해 망설이지 않고 그 자리에서 자결하여 자신의 목을 형가에게 내주었다. 한편 단은 암살에 쓰기 위한 예리한 비수를 백금을 주고 사서는, 이 비수에 독을 발라 사용키로 했다.

기원전 227년, 태자 단은 자객으로 가는 형가에게 진무양을 동행으로 추천했다.

진무양은 13세의 나이에 사람을 죽여서 장사로서 이름난 자였다. 그러나 형가는 진무양을 소인배로 못미덥게 생각했으나 하는 수 없이 데리고 가기로 했다.

진으로 떠나던 날 태자 단을 비롯해 사정을 아는 모든 사람들이 소복(상복)을 입고 역수(易水, 황하 북쪽을 흐르는 강) 부근까지 전송하러 나왔다. 모두 눈물을 흘리는 가운데 형가의 친구 고점리는 축을 타고, 형가는 그의 심정을 노래하였다.

風蕭蕭兮易水寒 (풍소소혜역수한)
바람은 쓸쓸하고 역수 물은 차구나

壯士一去兮不復還 (장사일거혜불복환)
장사 한번 가면 돌아오지 못하리

이 시구는《사기》중에서도 가장 유명한 것 중 하나로 오늘날까지 사람들에게 회자되고 있는데, 당시 이를 들은 사람들이 모두 그 처절한 축 연주와 형가의 노래하는 소리에 머리카락이 곤두섰다고 하였다.

　진의 수도 함양에 당도한 형가는 진무양과 함께 진의 왕궁으로 들어갔다. 그들이 가져온 선물에 진왕 정은 크게 기뻐하며 구빈(九賓)의 예로 형가 등을 맞아들이게 했다. 그런데 진무양이 진왕 정 앞에서 공포심에 그만 벌벌 떨기 시작했고, 지켜보던 군신들이 미심쩍어하며 어떻게 된 거냐며 묻자, 형가는 웃으며 "북쪽의 촌놈이 천자를 뵈니 어쩔 줄을 몰라 저럽니다"라며 둘러댔다. 형가는 직접 진왕 정에게 지도를 해석해주겠다며 가까이 접근했고, 두루마리로 된 지도를 풀자 두루마리 끝에서 미리 준비해 두었던 검이 나타났다. 형가는 비수를 잡고 진왕의 소매를 잡아 그를 찌르려 했지만, 아슬아슬하게 진왕의 옷소매만 끊어지고 진왕은 피할 수 있었다.

　진왕은 다급히 허리에 차고 있던 검을 빼려 했지만, 검이 너무 긴 탓에 칼집에 걸려 빠지지 않았다. 진의 법률상 궐내에 아무도 검을 가진 자가 없었으므로, 형가는 비수를 가지고 진왕을 뒤쫓았고 진왕은 필사적으로 기둥을 이리저리 돌며 도망쳤지만, 진왕의 검은 빼려고 서두르면 서두를수록 오히려 잘 빠지지 않았다.

　군신들이 맨손으로라도 형가를 제압하려 하는 와중에, 시의(侍醫) 하무저가 갖고 있던 약상자를 형가에게 집어던졌다. 형가가 피하는 사이 좌우에서 "왕이시여, 검을 등에 지고 뽑으소서!"라고 외쳤고, 진왕은 얼른 검을 등 쪽으로 돌려 짊어진 상태로 간신히 검을 빼어 형가에게 휘둘렀다. 형가가 가진 짧은 비수는 장검에 맞설 수 없었고, 형가는 진왕의 검에 다리를 베여 더 걷지 못한 채 마지막으로 진왕을 향해 비수를 집어 던지지만, 비수는 진왕을 비껴가서 기둥에 박혔다. 형가는 웃으며 진왕을 욕했고, 곧 바로 격노한 진왕이 형가의 온몸을 산산이 토막내버렸고, 형가가 죽은 뒤 그 시신까지 참수했다. 진무양은 이 상황을 모두 지켜보면서도 끝까지 벌벌 떨며 아무 것도 하지 못했다. 한심한 놈, 진무양!

생각도 못했던 끔찍한 사건에 진왕은 격노하여 이듬해 기원전 226년, 연을 쳐서 수도 계(薊, 지금의 베이징)를 함락시켰다. 암살 음모의 주모자였던 태자 단은 연왕의 명에 따라 목을 바치게 되었지만, 진은 공격을 멈추지 않았고 기원전 222년 연을 완전히 멸망시켜 버렸다.

그러나 아직 이야기는 끝나지 않았다. 형가의 친구 고점리는 쫓겨났고, 성과 이름을 바꾼 뒤 송자에 숨었다. 한참 후 천하통일을 이룬 뒤, 진왕 정은 동쪽을 순행하여 산동 지방에서 '송자 땅에 축을 잘타는 자가 있다'는 소문을 듣게 되었다. 시황제 앞에 불려온 고점리, 그 또한 친구 형가의 복수를 위해 시황제를 암살코자 하였다. 그러나 환관 조고(趙高)에 의해 고점리는 자신의 정체를 들키고 말았다.

시황제는 고점리의 축 타는 재주를 아껴 그를 죽이는 대신 그의 눈을 멀게 하고 궁중악사로 축을 연주하게 했다. 이에 고점리는 여전히 진왕을 암살하기 위해 축 속에 흉기를 집어넣고 기회를 엿보았다. 연주하는 날, 장님인 고점리는 소리로 영정왕의 위치를 확인하고 축을 집어던졌지만, 축은 목표에서 빗나가서 암살 기도는 실패했고, 고점리는 그 자리에서 붙잡혀 온몸이 걸레가 되었다.

시인 도연명(陶淵明)은 <영형가(詠荊軻)>라는 시를 지어 형가의 장한 죽음을 슬퍼했다!

영형가(詠荊軻), 형가를 읊다

提劍出燕京 (제검출연경)
칼 들고 연나라 서울을 나서고

飮餞易水上 (음전역수상)
역수 가에서 전별주 마실 때,

四座列群英 (사좌렬군영)
자리에는 영웅들 앉아 있네

漸離擊悲筑 (점리격비축)
점리는 비장하게 축을 연주하고,

宋意唱高聲 (송의창고성)
송의는 소리 높여 노래 부르네

心知去不歸 (심지거불귀)
우리는 이미 안다, 그대 가서 돌아오지 못함을

且有後世名 (차유후세명)
그렇지만 후세에 이름은 남으리!

奇功遂不成 (기공수불성)
뛰어난 공적은 마침내 이루지 못하고

其人雖已歿 (기인수이몰)
지금 그 사람 육신은 없어졌지만,

千載有餘情 (천재유여정)
비통한 심정은 천 년을 가리!

IX. 진의 천하통일은
축복일까? 저주일까?

진의 천하통일은 축복일까? 저주일까?

영정왕, 연과 제나라까지 초토화시켜 천하통일을 이루다

진의 대장군 왕전의 군대가 연
나라로 가는 길, 석산(錫山)에 이
르렀을 때의 일이다. 병사들이 밥
솥을 묻으려 땅을 파던 중 오래된
비석을 하나 발견했는데, 비석에
는 '주석이 날 때는 천하 병사들
이 몰려들어 다투고, 주석이 나지
않게 되면 천하가 맑아진다(有錫
兵, 天下爭, 無錫寧, 天下淸)'라고
쓰여 있었다. 이에 왕전은 '이 비
석이 나타났으니 이제부터 천하는

단군 왕검 (출처 : 위키피디아)

평온해질 것이다!' 라고 했다.

연나라는 고조선과 관계가 깊은 나라이다. 까마득한 옛날 고조선 다음 위만조선이다.

사마천은 그의 《사기》에서 말한다.

"조선왕 위만(衛滿)은 원래 연(燕)나라 사람이다. 위만이 망명하여 천여 명의 무리를 모아서 상투를 틀고, 만이(蠻夷)의 의복을 입고 동쪽으로 요새를 빠져 달아나 패수를 건너 진나라의 빈 땅의 아래위 보루에서 살면서 진번·조선의 만이와 옛 연나라·제나라의 망명자들을 점차 복속하게 하고, 왕이 되어 왕검(王險)을 도읍으로 삼았다."

기원전 108년 여름, 한나라는 위만조선의 땅인 요서 지역에 한사군(현도군·진번군·임둔군·낙랑군)을 설치하여 위만조선을 지배하기 시작했다. 우리의 고대사 논쟁은 여기서부터 비롯된다. 한나라가 한사군을 두고 지배한 지역이 어느 곳인가 하는 거다. 한반도에서 북만주 일대에 이르는 광활한 고조선 전체가 아니라, 요서의 위만조선이라는 설, 요동과 한반도에는 고조선이 그대로 있었고, 잃었던 요서 지역의 고조선 땅은 나중에 고조선의 뒤를 이은 고구려가 되찾는다. 이런 주장이 점차 힘을 얻고 있다. 이 부분이 우리 역사에 대한 식민사관과 민족사관이 첨예하게 부딪치는 부분이다. 이 얘기는 이쯤에서 멈추고 다음을 기약한다.

연나라가 늦게까지 살아남은 이유는 연이 강해서가 아니었다. 지리적으로 가장 먼 곳 동북 끝자락의 요동 땅에 자리하고 있었고, 조나 초같은 강대국을 먼저 치기 위해서 연까지 영정의 눈길이 가지 않았기 때문이었다. 그러던 중 연태자 단과 형가의 영정 암살기도 사건이 벌어졌고, 어차피 천하통일의 길이었기에, 조나라를 치는 과정에서 진나라 군대는 요동지역 연나라 국경 부근까지 이르렀다. 이에 연나라 왕 희(喜)는 그야말로 미칠 지경이었다. 연나라 태자 단은 이미 형가와 함께 진왕 암살 기도 사건으로 블랙리스트에 올라 수세에 몰려 있었다.

영정왕 22년(기원전 226년), 그는 대장군 왕전과 왕분 부자에게 군사를 이끌고 연나라 수도 계(薊, 오늘날의 베이징)를 치도록 명령했다. 연나라 왕 희는 태자 단과 함께 요동군으로 피난했다. 진나라 장군 이신은 군사 수천 명을 거느리고 연태자 단을 연수(衍水)까지 몰아갔다. 태자 단은 물속에 잠수, 겨우 목숨을 건졌으나, 이후 연나라 왕 희는 태자 단을 죽여 그 머리를 진나라에 바침으로써 휴전을 제휴하여 연나라를 보전하고자 했다. 그러나 그는 국제정세를 너무도 몰랐다.

진이 초나라를 멸망시킨 후, 왕전 대장군의 아들 왕분 장군은 영정왕 25년(기원전 222년) 요동으로 추격하여 연나라를 짓밟았다. 왕분 장군이 연왕 희를 포로로 잡으니, 연나라는 완전히 멸망했다. 이로써 장강 유역은 전부 진나라에 편입되었다.

이제 6국 가운데 남은 나라는 강태공의 전통의 예의지국 제나라 하나뿐이었다. 영정 26년(기원전 221년), 영정은 왕분으로 하여금 남쪽으로 내려가 전국 6국 가운데 마지막까지 남은 제나라를 치도록 명령했다. 제나라는 특별한 나라였다. 춘추전국시대 500여 년을 통틀어 모든 제후국들의 정신적 지주이자 리더였다. 춘추시대부터 전국시대에 이르는 기간 동안 제나라는 산둥 반도의 부유하고 강대한 나라였다. 그러나 기원전 284년 연·조·한·위·초나라 5개국이 합종하여 제나라를 공격했고, 특히 전국시대의 명장 연나라 장수 악의가 한바탕 휩쓸고 지나가면서 제나라는 멸망의 위기를 겨우 모면했던 일이 있다. 이후로도 제나라는 이전의 강성함을 회복하지 못했고, 제나라 왕 건(建) 또한 한심하고 무능한 인물이었다.

왕분이 연나라를 역사에서 삭제한 여세를 몰아 제나라 수도 임치(臨淄, 산동 임치)까지 쳐들어가 제의하길, 만약 항복을 하면 500리의 땅을 주어 조상의 제사를 받들게 하고 자손들을 길이 보전하게 해주겠다며 제왕을 회유했다. 제왕이 항복하자 약속은 무슨, 즉각 그 제왕을 하남의 공(共) 땅으로 추방하여 산속에서 굶어 죽게 했다.

이렇게 제나라까지 멸망했다.

이로써 진나라는 천하의 군웅을 평정하고 천하를 통일하는 마지막 단계를 완수했다. 영정왕 26년(기원전 221년), 이렇게 천하통일이 이루어졌다! 장강은 굽이쳤고, 태산이 요동쳤다.

기원전 221년, 진왕 영정(政)은 500여 년간 대치했던 여섯 나라를 완전히 멸하고 전 중국을 통일하여 역사상 첫 번째 중앙집권적 봉건국가인 통일 진(秦) 왕조를 세웠다. 전국시대 초부터 무려 250년 이상을 버텨 오던 6국이 진왕 정이 기치를 들자 도미노처럼 쓰러지는 데는 10년이 채 걸리지 않았다. 그들이 멸망한 연대를 다시 정리하면 한(韓, 기원전 230년), 조(趙, 기원전 228년), 위(魏, 기원전 225년), 초(楚, 기원전 223년), 연(燕, 기원전 222년), 제(齊, 기원전 221년) 순이

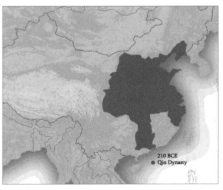

통일 진나라 (출처 : 바이두)

다.

　사가들은 탄식했다. 그들은 진나라의 천하통일의 위업보다는, 이를 막지 못하고 처절하게 패망당한 한심한 6국의 왕들과 인사들에게 통렬하게 탄핵하는 글들을 보냈다. 저 6국의 아름다운 전통과 문화를 지키지 못하고 진의 강대한 무력과 부국강병의 법가정책에 무기력하게 짓밟힌 저들에게 위로는커녕 준엄한 질책을 가했다. 오직 부국강병 법가적 정책으로 천하통일을 이룩한 진나라의 철권정치를 탄핵했으며, 동시에 나머지 6국의 한심하고 무능한 정치를 비웃었다. 그러나 그들은 진나라를 축복하지 않았다.

　그렇다. 진의 천하통일은 축복이라기보다 저주에 가까웠다. 사마천은 《사기》의 <육국세가(六國世家)>에서 진나라의 5배나 되는 땅과 10배나 되는 군사를 가지고도 오히려 진에게 멸망당한 당시의 제후들에게 6국 멸망의 책임을 돌렸다. 당나라의 시인 두목(杜牧)은 《아방궁부(阿房宮賦)》에서 6국을 멸망하게 한 것은 진나라가 아니라 6국 자신들이었다고 탄핵하며 통탄했다.

　특히 당송팔대가의 한 사람인 송나라의 소철(蘇轍)의 탄핵이 준엄하고 신랄하기로 유명한데, 그는 《육국론(六國論)》에서 천하의 대세와 판도를 읽지 못한 당시의 인사들에게 6국 멸망의 죄과를 차겁게 물었다. 소철은 말한다.

　"도대체 6국의 정치가들이라는

소철 (출처 : 바이두)

자들이 주도면밀하지 못했고, 안목이 얕았으며, 게다가 천하대세를 알지 못했다. 천하에 중요한 곳은 한나라와 위나라였는데, 두 나라가 진나라의 요로를 가로막아 동쪽의 제후들을 막아주고 있었는데, 당시 진나라 재상 범수가 원교근공책으로 한나라를 빼앗고, 상앙은 위나라를 멸망시켰다. 한과 위 두 나라를 방어막으로 하여 제, 초, 연, 조 네 나라는 준비하고 있다가 은밀히 두 나라를 도왔어야 했다. 이러한 책략도 모르고 국경의 조그마한 이익만을 탐내어 맹약을 저버리다가 서로 죽이고 말았다. 진나라가 아니라도 천하 제후국들은 이미 스스로 곤궁해져 있었다. 그리하여 진나라 사람들이 여섯 나라를 취하게 했으니 어찌 비통하지 않겠는가!"

영정왕, 진시황제가 되다

영정은 기원전 247년 아버지 장양왕이 재위 3년 만에 죽자 왕위를 계승했고, 기원전 238년 영정왕 9년에 그는 22세의 나이로 고

도 옹성(雍城)에서 대관식을 거행, 친정을 시작했다. 기원전 221년 진왕 26년에 중국최초로 천하통일을 이루었다. 다시 말해 영정왕은 22세에 친정을 시작, 29세에 출병하여 불과 17년 만에 춘추전국시대 5백년간 지속되어오던 제후국들 사이의 혼란을 종식시키고, 중국 최초의 천하통일이라는 역사적인 대업을 완성하였다.

진시황제 (출처 : 바이두)

영정왕은 대신들에게 새 시대에 걸맞은 새로운 제도와 법을 창시하도록 명하였다. 승상인 왕관을 비롯하여 비서실장 격인 어사대부 정위 이사 등이 명을 받들었다. 그리고 그들은 영정왕에게 천하통일의 새로운 시대에 걸맞는 새로운 칭호를 가지라고 건의한다. 물론 이사의 작품이다.

"그 옛날 오제(五帝) 시절에는 땅이 사방 천리에 지나지 않았고, 밖으로는 여러 이민족들이 할거하여 천자가 천하를 온전히 제압할 수는 없었습니다. 그러나 이제 폐하께서 천하를 평정하고 전국에 군현을 두어 하나의 법령으로 다스리게 되었으니, 상고 이래 일찍이 없었던 일입니다. '고대에는 천황·지황·태황 등 3황이 있었는데 그 중에서 태황이 가장 존귀하다'하므로, 신들은 황공하옵게도 존호를 '태황(太皇)'이라 정하여 올리고자 하옵니다."

그러자 진왕이 한마디로 정리한다.

"태황의 황(皇)자만 취하고 오제의 제(帝)를 취하여 '황제(皇帝)'라 하고, 나머지는 그대들의 의견대로 하라."

영정은 천하통일을 최초로 달성한 자신에게 취하여 스스로 존귀케 하였다. 그는 이미 스스로 신의 경지로 올라서고 있었다.

여기서 잠시 삼황오제에

삼황오제 (출처 : 바이두)

대해 간단히 알아본다. 물론 이는 중국 태고의 신화지만 오늘날 중국의 동북공정 같은 간단치 않은 문제가 내재되어 있다.

사마천은 삼황을 천황·지황·태황이라 했지만, 이 부분만큼은 송나라 때까지의 모든 사서 18서를 총정리한 《십팔사략》에 나오는 삼황오제에 대한 학설을 따른다.

삼황은 태호 복희, 염제 신농, 황제 헌원을 말한다. 그들은 각각 인류 발전에 크게 기여한 반인반수의 신화적 존재들이다. 삼황의 첫째인 복희는 뱀 몸에 사람 머리를 하고 있으며, 인류에게 처음으로 사냥법과 불을 활용하는 법을 가르쳤다. 두 번째 삼황인 신농은 염제(炎帝, 불꽃 임금)라고도 불리는데 사람 몸에 소의 머리를 가졌으며, 태양신이자 농업신으로 인류에게 농경을 처음으로 가르쳤다. 그의 성씨는 강(姜)이었다. 세 번째 황제 헌원(軒轅)은 사람들에게 집짓는 법과 옷 짜는 법을 가르쳤으며, 수레를 발명했다. 글자를 처음으로 도입해 천문과 역산을 시작하고, 의료술을 시작하였다. 황제는 특히 그 위세가 대단하였는데, 이러한 황제의 위세에 모든 신들이 고개 숙였으나 오직 치우 신만이 저항하며 당당히 황제와 싸움을 벌였다. 치우는 부하인 풍백, 우사와 함께 저항했으나 결국 황제에게 패했다.

지우천왕 (출처 : 위키백과)

현대의 90년대 이후 중국의 관변 학계는 느닷없이 한족 중심의 민족주의적인 입장에서 황제 신화를 한(漢)족의 국민 설화로 만들면서, 황제나 치우를 역사적 실존 인물로 구축하는 작업을 진행하고 있다. 오늘날 중국 동북공정의 명분도 여기서 나온다.

중국의 소수민족 묘족 등은 치우를 민족의 조상으로 추앙하며, 한국의 일부 야사에서는 치우씨(蚩尤氏) 또는 치우천왕(蚩尤天王) 등으로 부르며 치우 또는 그 부족이 배달민족이었으며 한족과 크게 싸워 이겼다고 주장한다.

오제에 대해서도 역시《십팔사략》의 견해를 따르는데, 오제는 황제의 뒤를 이은 다섯 자손을 뜻하며, 소호 금천, 전욱 고양, 제곡 고신, 제요 도당, 제순 유우의 다섯 명이다. 마지막 두 왕을 따로 떼어 우리가 잘 아는 요순 임금이라고 부르기도 한다.

이렇게 해서 '황제'라는 칭호가 처음으로 등장하게 된다. 영정은 첫 황제라는 의미에서 '시황제(始皇帝)' 또는 '진시황(秦始皇)'이 되었고, 이후에는 왕의 시호를 따로 정하지 않고 '2세, 3세 …' 등으로 숫자만 이어 '만세일계'로 나가기로 정했다. 그러나 실제로 진시황은 이 날로부터 겨우 11년 만에 죽었고, 통일제국 진의 황실은 '3세 황제'가 즉위한 27년째에 항우와 유방의 연합군에 의해 멸망했다. 진나라는 변방의 오랑캐 국가로 출발하여 기원전 777년 주(周)나라의 제후국으로 인정받았다. 그로부터 555년 만인 기원전 221년에 천하통일의 주인공이 되었으나, 그로부터 15년 만인 기원전 206년에 통일제국은 역사에서 사라졌다. 진시황은 시황제면서 동시에 실제로 진나라의 최후의 황제가 되었다(물론 2세 황제 호해와 자영이 있지만).

그의 시대에 봉건제에서 상앙이 시도한 강력한 중앙집권제인 군현제가 정착되었으며, 지방은 전국 36개 군현으로 나눠졌다. 국가와 황제를 상징하는 색깔은 검정색으로 정했는데, 이는 목화토금수(木火土金水)의 오행 가운데 수(水)가 곧 진나라의 숫자로 보았고, 수는 물을 상징하며, 색으로는 검정색이고, 숫자로는 6에 해당한다. 그래서 검정색 깃발을 쓰고, 검정색 옷을 입었으며, 부절과 관을 여섯 치로 규정하고, 여섯 자를 1보(步)로 하는 측정 규격도 만들었다. 중원을 가로지르는 황하(黃河)는 진나라의 덕을 상징하는 큰 물(德水)로 삼았다.

중국인들은 진시황제를 중원을 통일한 황제로 중국의 영토와 역사적 근간을 이룬 인물로 16년이란 짧은 재위 기간에도 불구하고 불가사의한 치적과 불행한 학정과 폭정 등 공과에도 불구하고 가장 위대한 군주로 생각하고 있다.

진시황제(秦始皇帝, 기원전 259년 1월~기원전 210년 음력 9월 10일)는 불로불사에 대한 열망이 컸으며, 대규모의 분서갱유 사건을 일으켜 수 양제와 더불어 중국 역사상 최대의 폭군이라는 비판을 받았다. 하지만 도량형을 통일하였고, 전국시대 국가들이 각자 쌓았던 장성을 이어 만리장성을 완성하였다. 분열된 중국을 통일하고 황제 제도와 군현제를 닦음으로써, 이후 2천년 중국 왕조들의 기본틀을 만들었다. 근대 이전의 중국에서는 유생들에 의하여 폭군이라는 비판을 계속 받았으나, 오늘날 중국에서는 병마용 발굴 이후부터 시황제를 재평가하려는 시도가 활발히 이루어지고 있다.

진시황제 영정은 이사를 승상으로 승진시켜 그와 함께 통일 중국을 다스렸다.

기원전 213년, 진시황 면전에서 박사 순우월이 봉건제와 군현제를 놓고 복사 주청신과 언쟁을 벌였다. 이때, 순우월이 감히 진나라의 법가적 전통에 따른 군현제를 폐지하고 주나라의 구제도인 봉건

만리장성 (출처 : 위키백과)

제를 부활해야 한다고 주장하자, 승상 이사는 이를 새 황실에 대한 도전으로 여겨, 30일 내에 진나라의 역사와 의술, 농경 등에 관한 책을 제외한 모든 책들을 태워버리라 주청했고, 시황제는 이를 받아들여 실행시켰다. 이것이 분서(焚書)다.

이듬해인 기원전 212년, 시황제는 방사 후생과 노생에게 불로장생의 약을 가지고 오라 명하였으나, 도리어 그들은 불로장생이 웬말이냐며 시황제를 순리에 어긋나는 일을 한다고 비판하며 도망쳐 버렸다. 열받아 있는 시황제에게 조정 안에 수상한 학자들이 있다는 정보가 들어왔다. 자신에 대한 비판을 일삼는 학자들을 모두 청소하리라 작정한 진시황은 이들을 모두 잡아들이니, 그 수가 460여 명이나 되었다. 이사는 그들을 한꺼번에 구덩이에 넣고 생매장시켰으니, 이것이 바로 갱유(坑儒)다. 사가들이 이 두 사건을 합쳐 분서갱유(焚書坑儒)라 불렀다. 실로 이야말로 진시황 폭정의 아이

콘이 아닐 수 없다.

진시황, 죽다

　진시황은 이제 거칠 것이 없었다. 아무도 막을 자가 없었다. 그의 숨겨둔 본성이 본격적으로 나오기 시작했다. 어머니 콤플렉스에서 비롯된 누구도 믿지 못하는 괴팍한 성격과 이로 인한 잔인한 성격이 폭발한다. 맏아들 황태자 부소가 분서갱유를 자행하는 아버지 시황제에게 간언했으나, 부소는 오히려 시황제의 분노를 사 대장군 몽염이 있는 국경으로 쫓겨났다. 이에 대해 진시황이 황태자를 위해 제왕학을 가르치려는 심모원려(深謀遠慮)라는 견해도 있지만 이것이 불행의 씨앗이 된다. 만약 인격과 능력을 갖춘 황태자 부소가 진시황의 뒤를 이어 2세가 되었다면 통일 진나라는 달라졌을까?

　시황제는 북방에 흉노의 침입을 염려하여 서쪽 임도로부터 동쪽

천하주유 (출처 : 바이두)

요동까지 만리장성을 쌓도록 명했다. 이 만리장성에 동원된 인부가 150만여 명이나 되었고, 그 중에서 죽은 자는 이루 헤아릴 수 없을 정도였다.

또한, 시황제는 함양 근교에 아방궁을 쌓도록 하였고, 나아가서는 70만 명의 인부를 동원, 함양 근교의 여산 전체에 자신의 능묘를 건설토록 했다. 이런 대 토목공사를 하는 동안, 국가의 재정은 엉망이 되고 말았다. 동시에 진나라에 전통적으로 확립된 법가사상에 기초하여 엄중한 법체계를 시행하였다. 한 사람이 죄에 연루되면 그 친족을 몰살시켰고, 나아가 한 집이 법을 어기면 그 마을의 모든 가구들도 그에 똑같은 형벌을 받도록 하였다. 그리하여, 관청으로 가는 길에는 항상 죄인들의 행렬이 즐비했다고 한다. 백성들의 고통은 말할 수 없이 커져만 갔다. 도대체 이러려고 천하통일을 이루었던가?

시황제는 자신이 불로장생하길 간절히 빌었다. 그리하여, 전국의 명산에 방사들을 보내 불로장생의 약을 얻으려 하였으나 실패했다. 서복이라는 사람이 시황제에게 왜국에 그 약이 있다고 거짓말을 하여, 서복은 소년소녀 삼천 명을 데리고 왜국으로 건너가 다시는 진나라로 돌아오지 않았다. 그 왜국이 제주 서귀포라기도 하고, 일본이라기도 하였다.

시황제는 재위 기간 중 무려 다섯 차례씩이나 전국 곳곳을 순행하였다. 이는 사실상 재직기간 내내 천하를 돌아다닌 것을 의미한다. 이는 심리학적으로 볼 때, 극도의 불안심리와 자기방어 심리의 발로라 여겨진다. 그는 잠시도 가만히 있지 못하였다. 잠자리도 흔들거리는 수레 안이 아니면 깊은 잠을 이루지 못했다. 조용한 대궐 안은 언제나 불안했다. 수만 명의 병사들이 바로 문 앞에서 지키는 수레가 오히려 편안했다. 그리고 바로 옆에는 누구보다 신뢰하는 승상 이사와 내시 조고가 입의 혀처럼 자신을 수행했다. 천하통일의 위업을 달성한 제왕인 진시황 역시 외롭고 두려웠다. 또한 시황제는 순행 시, 언제나 5개의 수레를 군사들이 호위토록 하고, 자신은 아무도 모르게 그 수레 중 하나에 탔다. 시황제는 자신을 죽이려 드는 자객을 두려워했고, 언제나 대비했다.

그리고 시황제의 집권 후반부에는 동남쪽 방향에 이상한 서기가 넘쳐나 진나라를 무너뜨리고 새로운 천하통일의 패자가 출현할 것이라는 점괘가 나와 이를 억누르기 위한 방책이 난무했다. 이를 위해서 자신이 이룩한 통일천하의 방방곡곡에 자신의 송덕비를 세워 자신의 공적을 과시했다. 그러나 점괘가 말하는 그곳은 바로 강소성 패현으로 두 번째 천하통일의 주역 한고조 유방이 일어난 곳이다. 하늘이 하는 일을 어찌 인간이 막을 수 있을까? 그것은 영정 자신이 시황제가 된 것과 같은 이치이다.

시황제는 거의 온 중국 대륙을 돌아다녀 자신이 성공한 군주임을 천하에 과시하였다. 시황제는 기원전 210년에 마지막 순행을 하였다. 여기에는 승상 이사와 환관 조고, 그리고 자신의 26번째 아들이자 막내아들인 호해가 뒤따랐다.

시황제가 돌아오는 도중 일이 벌어진다. 평원진에서 갑자기 유성이 떨어졌는데 그 운석에 누군가가 '시황제사이지분(始皇帝死而地分)' 즉, 시황제가 죽고 천하가 갈라진다고 써놓았다. 이에 충격을 받은 시황제는 그대로 병으로 쓰러졌다. 이것만 보아도 진시황이 얼마나 속으로 심약하고 콤플렉스에 젖어있었는지 알 수 있다.

그리고 시황제는 사구 지방에 이르자 병이 매우 급격하게 위독해졌고, 이에 그는 유언장을 조고에게 쓰라 하고, 그 내용은 옥새를 적장자인 황태자 부소에게 전달케 하고 부소에게 함양에서 자신의 장례를 주관하라 명하였다. 기원전 210년 음력 9월 10일, 진시황제 영정은 50세의 나이로 죽고 말았다. 그의 시신은 자신이 만든 지하 궁전인 여산에 묻혔다. 이 능묘는 1974년 우물공사를 하면서 부장품인 병용(군사 모양의 인형)과 더불어 발견되어 지금까지도 발굴 중이다.

그러나 환관 조고의 주도하에 이사와 호해는 시황제의 죽음을 숨겼으며 시황제의 시신이 있는 수레 옆에 절인 생선을 같이 운반하여 시신 썩는 냄새가 들키지 않도록 했다. 조고는 시황제의 유서를 조작, 심히 망설이는 이사를 협박하여 동의를 받았다. 이때 이사는 망설이고 망설이다가 하늘 한 번 쳐다보고는 결국 조고의 잔꾀에 동의하였는데, 사가들은 이사의 행태에 대해서 식자층의 유약함을 여실히 보여주었다고 통렬하게 비판하였다. 이사의 망설임은 무엇 때문이었을까? 당시의 권력 분포로 볼 때, 그는 능히 조고를 제압할 수 있었다. 그가 당시 마음먹었으면 사태를 정당하게 수습할 수 있었다. 그래서 장자인 부소 태자를 진시황 후임에 앉히고 나라를 제대로 발전시킬 수 있었다. 백성을 안정시키고 잘못된 진나라의 국정을 바로 잡을 수 있었다. 부소와 이사라면 할 수 있었다. 이사의 도저히 이해할 수 없는 침묵으로 진나라는 망하는 길로 들어섰던 것이다. 이사 자신의 망녕된 욕심으로 자신과 나라를 멸망시켰다. 조작된 시황제의 유서는 황태자 부소와 몽염에게 자결을 명하였고, 이에 장자 부소는 그 즉시 자결하였으나, 몽염은 이 명에 대해 의심을 품어 자결하지 않았다. 그러나 군사들에게 체포당해 압송된 후 처형당했다. 얼마 뒤, 시황제의 26남 호해가 황제에 오르니 그가 진 제국 2세 황제이다.

시황제의 사후, 환관 조고가 어리석은 2세 황제를 허수아비 황제로 만들고 권력을 제멋대로 농락하면서 폭정을 하였다. 시황제의 사후 진나라는 혼란에 빠졌고, 다음 해에는 진승, 오광의 반란이 발발하여 전국으로 퍼져나가고, 거대한 분열 조짐이 나타나기 시작했다. 진나라 2세 황제와 조고는 장한(章邯) 장군을 반란군 토벌군으로 보낸다. 장한은 진승군을 격파하고, 그 다음에는 초나라의 항량군도 격파했다. 그러나 항량의 조카 항우와의 결전에서 패배하여 장한은 포로가 된다. 항우는 함양으로 향하는 도중에 진나라 병사 20만 명이 반역의 기색을 보인다는 이유로 그들 모두를 한꺼번에 파묻어버렸다. 이 사건이 두고두고 항우의 발목을 잡게 되고 그의 천하통일 대장정에 금이 가게 되는 커다란 실책이 되었다. 항우여!

장한이 대패한 것을 들은 조고는 낭패해졌고, 2세 황제를 폭정의 오명을 씌운 다음 살해하고, 자영을 세워 민심의 안정을 도모하려고 하지만, 반대로 자영에 의해서 주살당했다.

그 후, 유방이 함양에 들어가자, 자영은 즉시 항복하고 진은 멸망했다. 유방은 자영을 죽이지 않고 방치하였으나, 나중에 함양에 도착한 항우는 철천지 원수 진나라에 대한 복수심으로 즉각 자영을 죽이고, 부하들을 풀어 함양의 궁녀들과 금은보물을 약탈하고 불질러 함양은 아비규환의 폐허가 되었다. 천하의 진시황의 천하통일도 그저 잠시였다. 하늘을 탓할까, 인간을 탓할까?

X. 진시황제, 자신이 세운 통일 진나라를 스스로 멸망시키다

진시황제, 자신이 세운 통일 진나라를
스스로 멸망시키다

　중국을 최초로 통일한 진나라는 통일 이후 15년, 진시황 사후 3년 만에 역사 속으로 사라진다. 도대체 왜 그토록 강대한 힘으로 천하를 통일한 제국이 그 짧은 시간에 그처럼 무기력하게 망했을까? 통일 진 제국을 세우는 데는 백성들과 수많은 사람들의 피와 땀이 있었다. 무수히 많은 제왕들과 천하의 현자들, 그리고 진나라 민초들과 평화와 통일을 갈망하는 모든 백성들의 피와 땀, 희생, 염원까지도 있었다.

　다시 말해 진나라가 통일을 달성하는 과정에서 진시황제의 업적은 사실 특별할 것은 없었다고 할 수 있다. 그는 거의 다 차려 놓은 밥상에 숟가락만 들었다 할 수 있다. 그런데 그는 모든 제왕들이 항상 그러하듯이 이 중요한 사실을 망각하고 자신의 능력에 대한 과

신과 과대망상으로 자신만의 독재와 강압 정치를 계속했다. 그 결과 그는 수많은 사람들의 염원으로 이루어진 통일 중국을 그의 사후 3년 만에 물거품으로 만들어버렸다.

그 모든 책임은 거의 전적으로 진시황제가 져야한다. 그는 통일 진나라의 과실을 백성들과 함께 나눠가졌어야 했다. 그는 모든 영광을 독식했으며, 통일 제국의 목표가 무엇이었는지 잊었다. 왜 천하를 통일했는가를 백성들은 알지 못했다. 더 괴로울 뿐이었다. 법은 더 엄격해졌고 정부는 더 관용이 없어졌다. 황제는 괴물로 변해갔고 천하의 민심은 흉흉해져 갔다.

중국 역사상 이 같은 사례가 하나 더 있는데, 그게 수나라다. 수양제는 쓸데없이 동방의 강국 고구려를 잘못 건드려서 망했고, 지금 진나라는 오직 진시황 개인의 잘못으로 망했다. 이제 진시황제의 공과 실패를 하나하나 따져보기로 한다.

첫째, 진시황은 그가 멸망시킨 명문 6제국의 모든 것을 짓밟았다. 사실 과거의 전승국은 망한 나라의 문화적 전통과 조상에 대한 제사를 이어가게 했다. 이것은 너무 중요해서, 주나라도 은나라 유민을 송나라에 모여 살게 하여 전통을 잇게 했다. 그러나 진시황제는 모두 짓밟았다. 이런 무자비가 결국 민심을 동요시키고 진시황 사후 이들이 다시 들고 일어나게 된 요인이 된다.

둘째, 진시황제는 모든 나라의 백성들 앞에서 기고만장했고, 과대망상으로 신하들을 대하고, 각 제후 출신의 귀족들에게 안하무인의 극치를 보였다. 그는 진의 천하통일의 위업이 모두 자신만의 공으로 여겼다. 그는 그 어느 왕보다도 자신이 뛰어나기 때문에 전무후무한 명칭인 황제로 칭했고, 자신 이후의 왕들도 2세, 3세, 만세에 이르기까지 제위를 무궁하게 전하겠다고 선언하였다. 마치 춘추전국시대 월나라 왕 구천이 갖은 고생 끝에 오나라를 물리치자, 모든 공을 자신에게 돌리고 같이 고생했던 충신들을 가벼이 대하자, 충신들이 구천은 어려울 때 괴로움을 함께 할 수는 있어도 성공을 함께 누릴 수는 없는 자라고 평하며 대부분이 그 곁을 떠나간 것과 같은 역사적 사례다.

아방궁 (출처 : 바이두)

셋째, 흔히 생각하듯이 만리장성은 진시황제가 처음 지은 것이 아니다. 만리장성은 사실 기존에 전국시대의 여러 나라의 장성을 진시황 대에 이르러 모두 연결하고 새롭게 보수한 것이다. 사실 이는 엄청난 작업이었다. 만리장성이 만들어진 이후에 '장성의 남쪽은 모두 중국이다' 라는 관념이 생겼다.

만리장성이 가지는 의미는 중국을 북방 오랑캐로부터 지킨다는 의미도 있겠지만 오히려 만리장성을 쌓아서 스스로를 외부와 고립시켜버린 소통 부재의 의미가 더 크지 않을까?

그리고 당시 만리장성의 건설로 희생된 백성들의 피가 결국 진나라를 멸망시켰다.

만리장성 건설에 150만, 아방궁과 여산의 진시황 묘를 건설하는데 70만, 기타 광대한 도로, 교량, 수로 건설에 투입된 인원 등 모두 합쳐 엄청난 숫자의 백성들이 동원되었다. 이는 그 당시 전체 인구

약 2천만의 10퍼센트를 상회하는 끔찍한 숫자다. 당시 농민 사회에서 장정들을 이처럼 동원하면 소는 누가 키우나?

넷째, 진시황제 당시를 규정하는 말이 여럿 있지만, 특히 저의반도(楮衣半道)와 도로이목(道路以目)이란 말이 유행했다. 저의란 죄수가 입는 붉은 옷을 말하는데, 곧 길거리에 반이 죄수라는 말이다. 도로이목이란 백성들이 길에서 서로 만나도 눈치 보느라 할 말도 못하고 눈짓으로 의사소통을 했다는 말이다.

이는 진시황제가 천하통일을 이룬 후에도, 오히려 더 나라를 경직되게 운영하였다는 것을 말해주는 예다. 법가의 대가 승상 이사의 통치이념이 법가적 엄벌주의와 준엄한 정의 구현이었기에 더욱 그랬다. 그들 두 사람은 죽이 맞아서 백성들을 괴롭혔다.

결과적으로 진 정부는 백성들의 마음을 얻지 못하고 백성들과 격리된 고립무원의 정부가 되어버리는 결과를 초래했다.

결국 천하통일은 누구를 위해서 왜 했는가? 백성들의 마음을 얻지 못하고 오히려 버림을 받게 돼서는 그 고통스런 통일 과업을 안 하니 만도 못했다. 전국 7웅의 각국은 저마다의 문화와 역사의 전통 위에서 잘 살고 있었다.

진승, 오광이 반란을 일으킨 것도 엄한 진나라 법 때문이었다. 진나라 관리로 인부들을 호송하던 임무를 맡았던 이들은 큰비로 정해진 기일에 도착할 수 없게 되자, 그들을 기다리는 것은 무조건 사형이었다. 그러니 이판사판 반란을 일으킨 것이다. 한고조 유방도 한적한 시골에서 개망나니로 읍장 정도의 낮은 벼슬하다가, 죄인 호송 임무를 게을리 하여 임무를 달성할 수 없게 되자 동네 술친구들과 할 수 없이 들고 일어난 케이스였다.

다섯째, 진나라는 로마와 마찬가지로 엄청난 도로를 건설했다. 이는 지리적 통일이란 이름으로 말할 수도 있겠지만, 그 규모가 워낙 크니까, 치적으로 불릴 수도 있겠으나, 백성들의 노고가 이만저만이 아니었다. '우리가 이러려고 통일했나?' 라고 저마다 불만이었다. 도로의 종류 또한 많다. 도로 건설은 점차 경제적으로 큰 의미가 있게 되었지만, 백성들 노역이 강제적으로 이루어졌다는 것이 큰 문제였다.

도로의 종류도 다양해서, 그 명칭과 용도가 복잡하다. 우선 치도라 해서 황제 전용도로를 건설했고, 다음 직도로 수도 함양에서 구원으로 연결되는 직통 도로로 길이가 1800리에 달하는 군사용 도로다. 오척도는 파, 촉 지역에서 운귀 고원으로 통하는 도로인데, 도로 폭이 5척이어서 오척도라 하였다. 신도는 남부지방에 건설한 도로로 대부분 지금의 강서성, 광동성, 호남성 지역에 걸쳐있다. 원래는 군사용 도로였지만 점차 진의 경제발전에 큰 도움이 된다. 영거는 군량미 수송을 위해 판 수로로 총 길이가 34킬로미터로 남북 두 개의 수로가 있다. 이 두 개의 수로가 장강과 주강을 연결해서 중원과 영남지역을 관통한다. 이 또한 백성들의 노고가 컸으며, 또한 진

영거 (출처 : 바이두)

의 경제발전에 크게 기여했다.

전국시대 내내 진나라가 몇 십만 명의 대군을 일으켜 매년 계속해서 전쟁을 수행할 수 있었던 저력은 정국거를 이용하여 생산된 농업 생산물에 의한 든든한 식량의 생산에 있었다. 그 밖에 진시황이 6국을 멸하고 통일제국을 창건한 지 2년 후인 기원전 219년 호남성에 순수 나갔을 때, 호남성을 남서에서 대각선 방향으로 흘러 동정호로 흘러 들어가는 상강의 상류지역에 이르렀다가 주강의 지류인 계강(桂江)과 연결했던 영거(靈渠)라는 운하가 있다. 영거는 착공한지 5년 만인 기원전 214년에 완성되었는데, 이 운하의 총 길이는 33킬로미터에 달했고 이 운하는 결국은 장강과 주강(珠江)을 연결한 것이 되었다. 진시황은 이 운하를 건설하여 50만의 대 병력과 군수물자를 강남으로 운송하여 당시 백월이라고 부르던 지역을 점령하고 중국의 영토로 편입시켰다.

특기할 것은 상강과 계강의 수위가 서로 달라 선박의 왕래가 불가능한 것을 갑문식 운하를 만들어 배가 다니도록 만들었다는 것이다. 세계적으로 갑문식 운하로 유명한 것이 파나마 운하다. 파나마 운하의 전장은 85킬로미터지만, 이는 주로 평지를 굴착하여 만든 것이고, 기원전 3세기에 만들어진 운하 영거는 중국의 상수와 계강의 상류지역인 해발 1000미터 이상의 산악지역에 건설된 것이라는 차이가 있다.

어쨌던 대단한 중국이다.

병마용의 주인은 진시황이 아니다?

병마용 (출처 : 위키백과)

　항상 그러하듯 역사상 커다란 유물, 유적은 기획된 발굴보다는 너무도 우연히 마주친다. 운명적 만남이랄 수밖에 없다. 1974년 중국 여산 지방 옥수수밭에서 우물 파기 공사가 한창 진행 중이었다. 마을 사람들이 부드러운 밭을 한참을 파내려가던 중 갑자기 단단한 지층이 나왔다. 이것이 대체 뭔가?

　조용하던 시골 땅이 갑자기 전 세계적으로 유명해지는 순간이다. 2천년 넘게 숨겨져 왔던 진시황의 부장능이 그 웅장한 모습을 드러내는 순간이다. 파도 파도 끊임없이 엄청난 병마용이 나오기 시작한다. 흙으로 빚은 각양각색의 표정을 가진 시황제의 근위병과 호위병들! 병마용의 병사들은 장인들에 의해 머리, 몸통, 팔, 그리고 다리가 각각 제작된 후 결합되었다. 제각기 다른 얼굴을 위해 8 종류의 틀이 사용되었다. 다른 부위도 각기 여러 종류가 있어 이들을 조합하여 다양한 형태의 병마용을 제작한 것이다.

병마용갱(兵馬俑坑)은 중국 산시 성 시안 시 린퉁 구에 있는 진시황릉에서 1.5킬로미터 가량 떨어져 있는 유적지로 흙을 구워 만든 수많은 병사, 말 등의 모형이 있는 갱도이다.

능묘는 그 자체가 또 하나의 살아 있는 궁전이었다. 궁전, 누각, 회랑 등이 갖추어 있고, 돔식 천장에는 보석과 진주를 박아 일월성진이 반짝이고 있으며 고래 기름으로 만든 조명이 있다. 그냥 살아 있는 왕과 근위병들이 거처하는 궁전이었다.

또한 도굴꾼이 함부로 접근하는 것을 막기 위한 화살 장치와 각종 함정 장치 등이 설치되어 있다.

그러나 이 부장능에 대한 것은 아무도 몰랐다. 철저한 비밀의 능이었다. 어떻게 그것이 가능했을까? 그렇다. 이 능 건설에 동원된 인부들은 능묘 완성과 더불어 순식간에 모두 사라져버렸다. 이 능묘에 관련된 병사들은 2세 황제 호해가 베푼 하사주를 마시고 그대로 직사하거나, 한꺼번에 능속에 묻혀버렸을 것이다. 진나라는 갱유와 갱병의 달인들이었다. 여산릉 건설에 동원된 백성은 연인원 7만여 명이었다. 그들은 모두 사라졌다.

진시황릉에서 남동쪽으로 1.5킬로미터 떨어진 지점 지하 4~5미터에서 발굴된 병마용갱은 진시황릉 동쪽 끝을 보위하는 동부순위대로 추정됐다.

발견 당시부터 병마용은 전차전의 전투대형으로 배치되어 있었고 실물 크기의 진흙으로 만든 상과 말은 아주 섬세하게 만들어졌다. 모두 6천여 개쯤 되었다.

1호갱은 거대한 돔으로 덮인 것으로 신장 178~187센티미터 크기의 병사가 3열 종대로 늘어선 병마용과 40여승의 목조 전차가 안치되어 있다.

1호갱보다 규모가 작은 2호갱의 병마용은 주력부대를 보조하는 부대일 것이다.

제일 작은 3호갱은 서로 머리를 맞대고 토로 양측에 정렬해 있어 경호부대로 보이는데 그곳에서는 사슴뿔, 짐승 뼈 등이 출토되었다. 중국정부는 1987년 진시황릉을 유네스코 세계문화유산으로 등재했다.

그러나, 너무도 놀랍게도 그 방면의 최고전문가인 당시 시안대학 고고학과 주임교수였던 천징웬은 학술잡지《대자연 탐구》1984년 겨울호에서 '병마용의 주인은 진시황이 아니다'라고 주장하는 논문을 발표했다. 중국 역사학계는 발칵 뒤집어졌다.

긴 얘기 다 빼고 그의 주장부터 들어보기로 한다.

첫째, 병마용의 군진은 진시황 당시의 군진과는 전혀 다른 양상을 띠고 있다. 1호, 2호갱에서 병사들은 전차를 중심으로 사열하고 있는 모습인데 사기를 위시한 모든 사적은 진시황의 군사는 기동력이 강한 기병을 활용하여 천하를 통일했다고 기록하고 있다. 즉 진시황 당시 전차전을 벌였다는 역사기록은 찾아 볼 수 없다. 따라서 병마용의 군진은 진시황 시대 이전의 전국시대 초창기인 구시대의 것이라고 할 것이다.

둘째, 병마용의 병사들은 각양각색의 머리 모양을 하고 있다. 일부는 모자까지 쓰고 있으나 전쟁 필수품인 투구를 쓴 병마용은 볼 수 없다. 병사들의 차림새가 너무 허술하다. 즉 병마용은 진시황을 위한 것이 아니다.

셋째, 병마용의 모든 칼라는 진시황 정부의 그것이 아니다. 진시황은 검은색을 통일제국의 색깔로 정하고 의복, 깃발, 휘장에 전부 검은색을 사용할 것을 규정했다. 그러나 병마용의 병사들은 진한

빨간색, 진한 녹색의 도포와, 파란색, 보라색, 흰색 등의 화려한 긴 바지를 입고 있는 게 이상하다.

넷째, 병마용에서 출토된 도끼와 모자와 여성처럼 쪽진 머리 모양, 병마용에 새겨진 문자 등은 진나라보다는 오히려 초나라의 풍속과 많은 유사점이 보인다.

천징웬은 다음과 같은 결론을 내렸다.

병마용의 주인은 당시 막강한 권력을 휘둘렀던 진나라 28대 소양왕의 모친, 즉 진시황의 고조할머니인 진선태후이며, 병마용은 진선태후의 유해를 그녀의 고향 초나라로 운구하는 행렬이다.

또한 저명한 진·한시대 전문사학자 임검명은 1985년에 발간된 학술지 <문박 제 1기>에서, <진용지미>라는 제목의 논문을 발표하면서 아래 두 가지 이유를 들어 천교수의 주장에 부분적 지지를 보냈다.

"병마용이 진시황릉의 일부라는 것을 증명해주는 결정적 문헌자료는 아직까지 발견하지 못 했다."

"병마용에서 출토된 병기의 대부분은 청동기인데, 이것은 철제 무기를 보편적으로 널리 사용하던 진시황 당시의 전비 상황이나 야금기술 수준과 부합하지 않는다."

그 후 수많은 학자들이 병마용에 관해 연구한 내용을 종합해보자,

첫째, 사마천의 《사기》 <진시황본기>에서도 병마용갱에 관해서는 단 한 구절의 기록도 찾아볼 수 없다. 사기 외에 회남자, 문헌통보 등 중국의 웬만한 고서에도 진시황 병마용에 대해서는 기록이 없다.

둘째, 진시황릉은 그 규모에 있어서 어느 것과도 비교를 불허한다. 세계 최대였던 쿠푸왕 피라미드보다 10배 이상 크고 넓다. 병마용 6천 개 정도가 아니라 그 몇 백배를 묻어 두어도 남을 만큼 광활한 진시황릉을 그대로 놔두고 1.5킬로미터 떨어진 다른 곳에 따로 묻어둘 필요가 있을까? 또한 진시황릉에서 병마용 부근까지 1.5킬로미터 외곽으로 더 나아가 거기서 원을 그려 산출되는 총면적은 19.925킬로미터로 왠만한 소도시 규모로 어마어마하다. 황릉이 이렇게 넓어야 할 이유가 대체 무엇일까?

셋째, 순장이나 부장품은 능원 안에 있지, 능원 밖에서 발견된 예는 중국에 없다. 어떠한 순장이나 부장품도 능원에서 5리나 떨어진 지하에 묻어 둔 적이 없다. 최근 1999년 9월28일 일반인에 개방된 시안의 한양릉의 도용과 장쑤성 쉬저우의 한양묘의 병마용도 전부 능원 안에 있다.

넷째, 병마용의 주인이 정말 진시황이라면 동서남북 4방을 다함께 중시해 온 중국이 동쪽에만 병마용을 묻어 두었을 리 없다.

다섯 번째, 병마용의 정확한 위치는 진시황릉의 정동쪽이 아니라 남동쪽에 있다는 점이다. 진선태후의 고향 초나라는 진나라의 남동쪽에 있다.

여섯 번째, 진나라에는 순장의 폐습이 존재했다가, 목공 이후 서서히 그 악습은 사라지고 없었다. 그러나 남쪽의 초, 월, 오등에서는 순장 대신 도용, 목각, 옥기 등 각종 부장품을 매장했다. 진선태후가 초나라 사람이었다는 사실과도 맞아 떨어진다.

그러고 보면 1990년대 이후에 나오는 중국사 연구서에는 '진시황병마용'이라는 말 대신 그냥 진용(秦俑)이라 표현하는 사례가 많아졌다.

병마용은 계속 미스터리로 남아있다.

XI. 다시 시황제를 생각하다

다시 시황제를 생각하다

진시황제는 모든 일을 정력적으로 추진했다. 오직 자신과 진의 영광을 위해서다. 승상 이사 역시 자신의 온갖 능력을 다해 시황제를 도와 일했다. 결과적으로 이 또한 백성들을 괴롭히는 결과를 초래했지만 진시황이 만들고자 했던 통일 중국은 어떤 것이었을까? 그의 원대한 구상은 무엇이었을까?

진시황제는 '말은 소리가 다르고, 문자는 모양이 다른' 통일시대 상황을 타개하기 위해 문자 통일을 먼저 추진하여 진나라 글자체인 소전체를 통일 서체로 정했다. 서체 통일 문제 또한 긴 이야기를 필요로 하지만 이를 간단히 설명하면 다음과 같다.

중국의 글자체의 역사는 복잡하다. 우리가 그 모든 것을 다 알아야할 필요는 없고, 진시황의 문자 통일과 관련된 대전(大篆)체와 소전(小篆)체 두 가지 글자체를 알아본다. 대전체 글자는 협의로는 단지 주나라 때의 주문만을 가리키고, 광의로는 갑골문·금문·주문과 춘추전국시대에 각국에서 통용되던 문자를 두루 가리킨다.

소전체는 대전체에 대립되는 호칭으로 진나라의 글자체 즉 진전(秦篆)이라고도 한다. 이는 주문의 기초 위에서 발전하여 형성된 것이다. 진의 시황제가 중국을 통일한 후, 승상 이사(李斯) 등이 진나라 문자를 기초로 하여 표준글자체로 전국 문자를 통일했는데, 이것이 바로 소전이었다. 이사는 각 지역의 다른 글자체를 모두 추려내어 한자의 규범화에 노력했다. 소전의 형체는 둥글고 가지런한데, 이사가 쓴 것으로 전해지는 <낭아대각석(琅琊臺刻石)>·<태산각석 <泰山刻石>이 남아 전해지고 있는데, 이는 역대로 소전서법 글자예술의 최고봉으로 평가된다.

중국 최고의 통일 영웅으로 일컬어지는 진시황(기원전 259~210)과 마오쩌둥(1893~1976)은 동시에 강력한 통일제국의 힘을 바탕으로 한자를 개혁한 두 주인공이다. 사가들은 말한다.

"진시황은 천하를 통일한 뒤 승상 이사를 시켜 당시 진나라에서 쓰던 문자와 자형(字形)이 다른 문자를 사용하지 못하게 함으로써 문자를 통일했다. 진나라에서 밀어붙인 소전체는 통일 전 진나라의 문자인 대전체의 자형을 대부분 따르되, 어떤 글자는 필획을 줄이거나 자형을 고쳐 만들었다."

그러나 마오쩌둥의 문자 개혁은 기본적으로 한자의 표음(表音)화를 주장한 것이었다.

그는 1953년 "초서체(草書體)를 바탕으로 간체자를 만들되, 한자의 수도 대폭 줄여야 한다. 형체와 수를 동시에 줄여야 비로소 간체자라고 할 수 있다"며 문자 개혁을 지휘했다.

마오쩌둥은 1955년엔 지방 사투리를 없애고, 베이징 표준 발음으로 통일하는 문자개혁을 단행했다. 이듬해엔 5만 자 가까운 한자를 2238자의 '간체자'로 정리했다.

문자 통일에 그친 진시황과 달리 마오쩌둥은 문자와 함께 발음과 표기도 통일하는 삼중의 문자개혁을 단행한 것이다.

통일제국에는 사상과 문자의 통일이 반드시 뒤따르는 것인가 보다. 우리도 통일 이후엔 어떤 사상과 무슨 문자로 통일될까?

진시황은 화폐 개혁령을 공포해서 진 화폐인 반량으로 통일하였다. 나아가 도량형을 통일하고 전국에 통일된 도량형 기구를 보급했다. 도량형이 가장 먼저 쉽게 통일되었다. 상거래를 위한 규격통일이었다. 그러나 문자의 통일은 쉽지 않았다. 서로 다른 문자와 말을 쓰던 사람들이 하나로 통합되는 과정에서 진 이외의 타국인들은 적지 않게 불만이 있었을 것이다. 특히 지식층들의 불만은 상상을 초월하는 것이었다. 이는 마치 일제 때 왜어사용을 강요한 것과 같은 상황이다. 물론 앞장서서 왜어를 자랑스레 배우고 익힌 자들도 상당수 있었지만.

더욱이 화폐의 통일은 오늘날 국제경제에 있어서의 환율 재조정 문제와도 같아서 진에 흡수된 천하 6국의 상인이나 재산가들은 아무래도 재산평가액이 크게 줄어들었을 것이다. 여기에서 가진 자들의 불만이 팽배해지고 있었다. 이 화폐 통일은 사실 진시황제가 죽기 한해 전인 37년에 이루어졌는데, 결코 쉽지 않은 일이었다.

분서의 문제는 조금 깊게 생각해보면 결국 사상 통일의 문제다. 순우월과 이사가 논쟁을 벌였는데, 그것은 요즘의 어느 나라처럼 헌법 개정 문제 특히 체제 개편의 문제였다. 이사는 강력한 중앙집권제와 이를 위한 군현제를 밀어붙이기를 주장했다. 반면 순우월은 과거처럼 봉건제로 돌아가야 한다고 주장했다. 왜냐하면 천하통일이 이뤄진 지금 너무도 넓어진 중국을 중앙정부에서 왕이 혼자 다스린다는 것은 불가능하다고 생각했기 때문이다. 이는 쉽게 말해서 지방분권의 문제로서 봉건제 국가를 채택했던 유럽의 여러 나라들이 비교적 지방분권이 잘 이루어진 이유이다. 반면 중국이나 우리의 경우 강력한 중앙집권제를 채택하여 오늘까지 내려오고 있다. 프랑스나 일본은 외양은 지방분권이지만 내실은 그보다 더 강력한 중앙집권제 국가가 없다.

이사는 자신이 밀어붙이는 체제를 비판하는 것을 용서할 수가 없었다. 즉각 진시황께 건의하여 이제 더 이상의 논쟁이나 비판은 필요 없다며 실용서적을 제외한 방대한 서적을 불 지른다. 진은 실제로 분서를 통해 각국의 문화와 역사를 말살하려한 것이다. 춘추전국시대 제자백가의 서적을 불태워 없애 진나라에 대한 정책 비판의 이론적 근거를 없애고자 하였다. 이는 당연히 체제에 대한 비판이 전면 금지된 것이다. 그리고 진 이외 다른 나라의 역사 모두를 부정한 것이기도 하다.

갱유 사건은 술사(術士) 후생과 노생이 진시황을 비판하고 도망친 일에 대해서, 수도 함양 내의 모든 유생에 대한 검열을 실시하여 약간만 문제가 있어도 잡아가둔 460여 명의 유생을 생매장해버린 사건이다. 진시황제의 큰아들 부소가 이에 대해 간언하다가 부친의 분노를 사서 몽염이 주둔하는 최전방으로 유배되었다.

이런 사건이야말로 진시황의 진수를 보여주는 폭군 전제정치의 극을 보여주는 사례로 진나라가 망한 가장 큰 이유로 거론되기도 한다. 특히 춘추전국시대의 백화쟁명 자유 언론을 향유하던 유학자들이 이런 꼴을 두고 볼 수가 없었다. 이러한 분서갱유를 주도한 법가 이사는 두고두고 유학자들의 원한을 쌓게 되었다. 이렇게 한비와 이사 두 사람은 법가적 정치철학으로 인해 그 공에 비해 지나치게 폄하되고 말았다.

진시황제 38년 7월 천하를 순수하던 진시황제가 죽음을 맞이했는데, 진시황이 곧 진 제국을 상징하였기에, 그의 죽음은 곧 진 제국의 멸망이었다. 그동안 억눌리고 참았던 모든 세력들이 스프링처럼 일거에 튀어나오게 되었다.

자신의 죽음을 앞두고 진시황제는 큰아들 부소에게 편지를 써서 함양으로 돌아와 장례를 주관하라고 명한다. 시황제의 죽음은 그를 호종하던 아들 호해, 환관 조고, 대신 이사 등 세 사람만 알고 있었다. 환관 조고는 문서를 위조하기로 마음먹고 호해를 설득하고 다시 이사를 설득한다. 이사는 결국 '하늘을 향해 탄식하고 눈물을 흘리고 한숨을 쉬며' 복잡한 심경으로 음모에 참여한다. 조고는 마침내 위조된 유언을 부소에게 보낸다.

'부소는 아들 된 도리를 다하지 못했고 효성스럽지 못하다. 그래서 칼을 내리니 자결하라' 했고, 더불어 수십만 대군을 지휘하던 몽염에게도 자결을 명한다. 몽염은 자결하려는 부소에게 황제의 뜻을 확인하고 결정하자고 설득한다. 그러나 착한 아들 부소는 자결해버린다. 결국 몽염은 사로잡히고 만다. 함양에 돌아와 시황제의 죽음을 발표한 호해는 2세 황제가 되었다. 이때가 진나라가 멸망 직전에 다다른 때이다.

승상 이사를 말하자면, 안타까운 마음 금할 수가 없다. 그 훌륭한 법가 사상가로서 이렇게밖에 할 수가 없었을까?

사마천의 《사기》 <이사열전(李斯列傳)>에서는 이사에 대해 다음과 같이 말한다.

"이사는 작은 마을의 미천한 몸으로서 제후를 유세하고 진에 들어가 진왕(秦王)의 신하가 되었다. 열국(列國)의 분쟁을 교묘히 이용하여 공작을 하고 진왕을 보좌하여 마침내 진왕으로 하여금 시황제가 되게 하였고, 자신은 삼공(三公)이 되었다. 진실로 귀중하게 쓰였다고 말할 수 있다.

이사는 경전의 근본 뜻을 잘 알아 정치를 공평하게 하고 임금의 모자라는 점을 잘 보충하였으나, 높은 벼슬과 녹(祿)을 가지고서도 황제에게 아첨하고 영합하였으며, 백성들에게는 명령을 지나치게 엄하게 하고 형벌을 혹독하게 하였을 뿐 아니라 조고의 요언에 현혹되어 적자를 폐하고 서자를 세웠다. 세상 사람들이 모두 이사는 나라에 충성을 다했으면서도 오형(五刑)을 받아 죽었다고 하지만, 꼭 그렇지는 않다. 제대로만 일했던들 진실로 이사의 공적은 그로 하여금 주공(周公), 소공(召公)과 어깨를 나란히 하였을 것이다."

이사는 진승과 오광의 반란 시 조고의 탄핵으로 비참하게 죽었다.
이제 통일제국 진나라도 사실상 끝났다. 모든 것이 끝나고 다시 역사는 새로이 시작되고 있었다. 또 다른 장편 서사시 초한지가 이미 써지기 시작하였다.
중원에서 또 다른 피바람이 불어대기 시작하고 있었다. 역사는 그렇게 흘러간다.
장강은 말없이 흘러가고 있었다.

≪추록≫ 초한지를 생각하다

　기원전 202년, 길고도 긴 5년간의 전쟁을 끝내고 마지막 해하 전투에서 항우를 물리치고 천하 패권을 차지한 한고조 유방. 그러나 천하통일의 유방보다 오히려 후인들의 가슴을 치는 천하 영웅 항우 이야기가 훨씬 더 드라마틱하고 멋있다. 마치 일본 전국시대 천하통일의 장본인 도쿠가와 이에야스보다 당대의 멋쟁이 오다 노부나가가 훨씬 일본인들의 가슴속에 살아있듯이.

　진나라 말기, 진승과 오광의 농민 반란 후 기원전 206년 천하제일의 황제국 진나라가 멸망한 이래, 초패왕 항우와 한왕 유방이 천하를 다투면서 5년 동안이나 싸움을 한다. 항우는 24세에 거병 31세에 자결, 유방 38세 거병 45세 한나라 건국, 항우 7년간 70회 전투 전승, 마지막 오포강 전투 대패(거병한 기간 7년, 초한이 싸운 기간 5년). 그 막강했던 항우의 초나라 군이 한신의 한나라 군에 초토화되고, 백만 대군을 잃고 오직 친위대 병사 28명만 살아남아, 진퇴양난의 상황에 처한 항우. 마지막에 항우가 우희를 죽이고 자신

유방(좌)과 항우(우)　(출처 : 바이두)

도 자결한다.

초한지의 마지막을 장식하는 이야기다. 7년간의 전쟁으로 너무
도 지칠 대로 지친 쌍방은 싸운 지 4년째 되는 해의 가을, 서로의 필
요에 의해서 휴전협정을 체결한다. 홍구의 동쪽을 초나라의 영토로,
서쪽을 한나라의 영토로 하며, 항우가 인질로 잡고 있던 유방의 가
족들을 돌려보내는 것을 조건으로 하는 휴전협정이었다.

항우는 사나이 약속대로 인질을 풀어주고 동쪽으로 철수하기 시
작했지만, 이런 면에서 많이 치사한 유방은 장량과 진평의 계책에
따라 협정을 위반하고 항우를 뒤에서 공격한다. 열받은 항우는 해
하에 진을 치고 한군과 대치한다. 항우는 평소 유방을 싸움 상대가
안 되는 별 볼일 없는 인간으로 치부하여 개무시하기 일쑤였다.

"유방, 너 같이 하찮은 놈이 감히 나를 상대로 사기를 쳐?!"
이때 항우의 군사는 10만, 한나라 군사는 명장 한신(韓信)이 이
끄는 30만 대군, 유방의 20만 대군, 팽월의 3만, 경포와 유가의 군
사를 모두 합쳐 약 60만 대군이었는데, 주력은 한신의 군대였다. 천
하를 놓고 진검승부를 펼치는 건곤일척의 싸움이었다.
물론 한신 군의 대승으로 끝났다.

항우는 너무 포기가 빨랐다. 능구렁이같은 유방하고는 종류가 다
른 인간이었다. 항우가 로맨티스트라면 유방은 리얼리스트이다. 인
간적으로 보면 항우가 훨씬 윗길이다. 항우는 눈물도 많았고 동시에
한칼에 수십만 명도 파묻었다. 반면 유방은 언제나 질질거렸다. 목적
을 위해서는 수단과 방법을 가리지 않았다. 체면이고 뭐고 없다. 비
굴이고 뭐고 일단 살고 봤다. 여자만 보면 사족을 못쓰고 게걸거렸

고, 수 백여 명을 거느렸다. 항우는 평생 오직 우희 한 사람뿐이었다. 그러나 이런 천하쟁패의 전쟁에서는 당연 리얼리스트가 유리한 법이다. 유방은 세 불리하면 즉석에서 무릎 꿇고 용서를 구하고 눈물 흘린다. 부하들에게도 툭하면 나 좀 살려달라고 애걸복걸한다. 길을 지나다가도 예쁜 여자를 보면 길을 멈추고 그곳에서 유한다. 평생 친구이자 신하인 소하가 이를 걱정하여 말린 게 한 두 번이 아니다.

항우의 노래 <역발산혜기개세(力拔山兮氣蓋世)>를 다시 들어도 사나이 지금도 목이 멘다. 그가 사랑하는 여인 우희 앞에서 처절하게 노래하는 모습이 눈에 선하다.

力拔山兮氣蓋世 (역발산혜기개세)
힘은 산을 뽑고 기개는 세상을 덮을 만한데

時不利兮騅不逝 (시불리혜추불서)
때가 불리함이여 추도 달리지 않누나

騅不逝兮可奈何 (추불서혜가나하)
추마저 달리지 않으니 어찌할거나

虞兮虞兮奈若何 (우혜우혜나약하)
우여, 우여, 너를 어찌해야 할꼬

한편 천하쟁패의 싸움에서 승리하고 돌아온 유방이 신하들을 불러 모아놓고 물었다. 대저 윗자리에 있는 인간들이 아랫것들에게 뭘 물어볼 때는 아주 조심해야 한다.
역사상 이럴 때 하는 질문은 대개 의도가 뻔한 질문인데도 여기에 많이들 넘어가서 몸을 다치곤 한다.

"나는 황제의 자리에 알맞지 않으니 나보다 더 나은 사람을 추천하여 황제의 자리에 오르게 하는 것이 어떻겠느냐?"

이 말을 들은 신하들은 모두들 몸 둘 바를 몰라 큰절을 올리며 말했다.

"주군이시여! 저희들이 목숨을 다해 보필하겠으니, 부디 황제의 자리에 오르소서."

신하들의 간청을 못 이긴 유방은 '하는 수없이' 황제의 자리에 올랐다. 황제가 된 유방이 신하들에게 물었다.

"항우가 천하를 통일하지 못하고 대신 내가 통일을 이룬 까닭이 뭘까?"

그러자 한 신하가 대답했다.

"그 이유는 항우는 자기보다 현명한 이를 질투하고, 또 장수가 싸움에서 승리해도 그를 소중히 여기지 않았으며, 땅을 빼앗아도 다른 사람에게 맡기지 않았기 때문입니다."

그 신하의 말에 유방은 웃으며 말했다.

"좋은 말이요. 그러나 그것 말고 많은 것이 더 있소. 나는 지략에 있어서는 장량(張良)을 따르지 못하고, 아랫사람을 관리하고 다스리는 데는 소하(蕭何)보다 못하며, 군사를 일으켜 싸우는 데는 한신(韓信)의 책략을 능가하지 못하다네. 그래서 이 세 사람에게 중책을 맡겨 각자의 능력을 마음껏 발휘하도록 했던 것이다. 그 결과 내가 천하를 통일할 수 있었지. 그렇지만 항우는 범증이라는 훌륭한 인물을 옆에 두고도 그의 능력을 제대로 활용하지 못해 나와의 싸움에서 패한 것이라네."

후세의 많은 사가들도 항우의 패배와 자결을 안타깝게 여긴다. 시인들도 수많은 시를 항우에게 헌정했는데, 그중에서도 당나라 말기의 대표적 시인 두목(杜牧)의 시 〈제오강정(題烏江亭)〉이 대표적이라 하겠다. 두목은 항우가 유방과 패권을 다투다 패하여 자살한 오강(烏江) 앞에서 노래한다.

勝敗兵家事不期 (승패병가사불기)
승패란 병가에서 기약할 수 없는 일이니,

包羞忍恥是男兒 (포수인치시남아)
부끄러움을 안고 참을 줄 아는 것이 사나이라네.

江東子弟多才俊 (강동자제다재준)
강동의 젊은이 중에는 준재가 많으니,

捲土重來未可知 (권토중래미가지)
흙먼지 일으키며 다시 쳐들어왔다면 어찌 되었을까

항우가 오강의 정장 권유대로 팔리는 쪽을 참고 또 참으며 그 사람이 노 젓는 조각배 타고 강동으로 건너가서 패전의 좌절을 딛고 훗날을 도모하였다면 어찌되었을까? 시인은 그리했으면 다시 한번 천하패권을 얻을 기회를 얻을 수 있었으리라는 아쉬움을 토로한 것이다.

여기서 유래한 '권토중래'는 어떤 일에 실패하였으나 좌절하지 않고 힘을 축적하여 다시 그 일을 시작하는 도전정신을 말한다. 이기기도 하고 지기도 하는 것은 병가에서 항상 있는 일이다. 싸움에서 이기기도 하고 지기도 하는 것처럼 일에도 성공과 실패가 있으므로, 승패에 크게 개의하지 말고 최선을 다하는 것이 중요하다는 말이다.

지금 너무도 당연한 하나마나한 소리를 괜히 하고 있나? 인간사가 그렇다는 말. 우리가 말하는 거의 대부분의 말들이 당연한 일을 두고 하는 것이지!

《천하통일 후기》

진실로 힘든 작업이었다. 참고문헌은 도처에 편편이 존재할 뿐 이를 거대한 물줄기로 만들어 장강의 물결을 이루기가 쉽지 않았다. 그 방대한 자료를 어디에 주안점을 두고 어떤 관점으로 이야기를 전개시킬까 무수한 고민을 했다.

다행히 수많은 독자들이 열렬히 성원해주었다. 특히 판결문보다 더 자세히 천하통일을 정독한다는 법조인 친구, 지역구민들에게 일일이 퍼나른다는 여의도 의원님, 한국과 중국의 일반 독자들에게 널리 읽혀 필히 한중문화교류에 기여해야 한다고 주장하는 교수 친구, 그리고 매회 끝날 때마다 다음 편을 빨리 쓰라고 재촉하며, 책으로 빨리 출판하라고 응원하는 수많은 독자들, 이들 모두 때문에 괴롭고 힘들었지만 계속 쓸 수 있는 커다란 힘이 되었다.

초한지를 계속 쓰라고 강요하는 많은 독자분들에게는 나 말고도 이미 많은 작가들이 썼으니 나만은 정말 쓰고 싶어도 자제해야 한다고 말씀드리고 싶다.

Adios Amigo!

천하통일

1판1쇄 발행 2018년 2월 20일

저자 강철근
디자인 김정아

발행인 이 병 덕

발행처 도서출판 꾸벅
등록날짜 2001년 11월 20일
등록번호 제 8-349호

주소 경기도 파주시 한빛로 11, 309-1704
전화 031)946-9152(대)
팩스 031)946-9153

isbn 978-89-90636-84-3(03900)

※ 이 책의 어느 부분도 발행인의 승인 없이 일부 또는 전부를 무단복제시 저작권
법 제 98조에 의거 3년 이하의 징역이나 3,000만원 이하의 벌금에 처합니다.
※ 이 도서의 국립중앙도서관 출판예정도서목록(CIP)은 서지정보유통지원시스템 홈페이지
(http://seoji.nl.go.kr)와 국가자료공동목록시스템(http://www.nl.go.kr/kolisnet)에서 이
용하실 수 있습니다.(CIP제어번호: CIP2018003275   )